·上海海事大学学术著作出版基金资助·

翻译选择与顺应过程的语用综观

Choice and Adaptation:
A Study of Translation Process from the Pragmatic Perspective

宋志平　著

上海浦江教育出版社

图书在版编目(CIP)数据

翻译选择与顺应过程的语用综观/宋志平著.——上海：上海浦江教育出版社有限公司,2014.1
ISBN 978-7-81121-315-7

Ⅰ.①翻… Ⅱ.①宋… Ⅲ.①翻译—语用学—研究 Ⅳ.①H059

中国版本图书馆 CIP 数据核字(2013)第 309594 号

上海浦江教育出版社出版

社址：上海海港大道 1550 号上海海事大学校内　邮政编码：201306
电话：(021)38284910(12)(发行)　38284923(总编室)　38284916(传真)
E-mail：cbs@shmtu.edu.cn　URL：http://www.pujiangpress.cn
上海双宁印刷有限公司印装　上海浦江教育出版社发行
幅面尺寸：170 mm×228 mm　印张：11.5　字数：203 千字
2014 年 1 月第 1 版　2014 年 1 月第 1 次印刷
责任编辑：黄丽芬　曹莉琼　封面设计：赵宏义
定价：45.00 元

前　言

近几十年来,由于语言学研究的长足进步,以语言转换为实体的翻译理论研究空前繁荣,20世纪90年代初期的文化转向为翻译研究带来崭新的研究视角和方法。从引入语言学研究方法到目的论、多元系统理论、翻译规范、解构主义、后殖民主义、女性主义、译者主体以及机器翻译、机辅翻译、语料库翻译等,翻译研究可谓流派纷呈,让人目不暇接,在研究者从各个不同的层面和角度考察翻译活动的同时,翻译研究的范式方法也从以规定性研究为主逐渐转向以描写性研究为主,并且向解释性研究发展。

毫无疑问,翻译涉及的学科很多,如语言学、文艺学、文化学、思维学、心理学、符号学等,但其研究对象却是特定的,即跨语言、跨文化交际的过程和规律。这一对象是个复杂多变的系统,历史证明这是以往任何单一学科都难以诠释的,因此我们必须把翻译看作对翻译活动中诸多要素进行整体研究的综合学科,强调研究原文与译文、源语与译语、原作者和译者与读者、心理与社会文化等各因素之间相互影响的复杂关系。面对如此复杂的关系网络,不能只用传统研究的原则和方法,而应探讨新的研究思路和途径。

对于翻译研究的跨学科性质而言,人们一直在尝试从不同学科借鉴新的理论和方法,从各种不同的角度讨论翻译问题。每一种方式都为研究者提供了一个特定的视角,凸显出翻译现象的某一方面,但与此同时也局限了研究者的视野,使其很难触及视野以外的现象。每一个视角都能起到作用,只是无法展示翻译现象的全貌。今天的翻译研究以多元化为主要特点,一是引起学者关注的课题多元,二是用来研究这些课题所使用的视角和方法多元;因此,引用综合性的视角对于翻译学科发展的作用不可低估。

鉴于现有的翻译研究从不同的角度和层面入手形成多元化的局面,以及各种不同译论都可用于解释同一现象的问题,本研究试图寻找更为综观的视角,建立连贯统一的框架,描写并解释翻译过程及其基本问题,尽可能包容翻译作为交际事件所涉及的各个层面和领域,又不至于把翻译研究领域推衍到无法控制的境地。具体地说,本研究引入了语用学的综观论和顺应论,采纳其从认知、社交、文化的整体角度研究语言现象的视角,将翻译看作不断选择与顺应的过程,并在理论演绎和语料分析的基础上,尝试性地探讨该过程的相关机制、基本特征和规律,论述影响该过程的制约因素,并对翻译标准、译者地位、翻译教学培训等提出新的描述和解释。

回顾30年来传统语用学的发展及其在翻译研究中的指导和应用,可以发现对语用与翻译关系的探讨多是从某一语用因素出发研究其对翻译的影响,难以构成连贯统一的翻译理论模式。翻译学要想成为一门真正的学科,必须探求建立新的理论框架,使诸多翻译问题在这个框架内都能得到比较满意的解释。语用综观论的视角有望对翻译研究提供更多的指导和借鉴作用。

1987年,著名语用学研究者耶夫·维索尔伦(Jef Verschueren)在 *Pragmatics as a Theory of Linguistics Adaptation*(《语用学:语言顺应理论》)一文中首次提出"顺应理论",以全新的视角理解和阐释语言使用,1999年又在 *Understanding Pragmatics*(《语用学诠释》)一书中进一步完善和发展了该理论。维索尔伦认为,语言使用是一种社会行为,考察语言使用必须从认知、社会、文化的综合角度将语言现象与其使用联系起来。维索尔伦的语用综观论思想始于20世纪80年代后期,形成于90年代中期,完善于90年代末期。维索尔伦的语用综观论从认知、社会、文化的综合角度,全方位考察语言现象及其运用的行为方式。相对于英美传统语用学的"语用分相说",语用综观论试图为语用学研究提供连贯统一的理论框架,这一目标无疑对翻译研究有指导和借鉴作用。

语用顺应理论认为,语言的使用说到底是"一个连续的选择语言的过程,任何语言在使用过程中都要作出动态顺应"。基于此,我们提出假设,将翻译看作是译者在不同意识程度作用下不断作出的跨语言转换活动的动态选择过程。该过程包括翻译过程语境相关成分的选择和顺应、翻译过程语言结构成分的选择和顺应、翻译过程选择和顺应的动态特性以及翻译过程选择和顺应的意识突显度四个方面,这些方面的探索都会给我们以崭新的启示。

例如,在翻译过程语境相关成分方面,通过探讨翻译过程中译者的各种选择顺应活动,描写并解释翻译过程中译者与语境选择顺应的关系。如果把翻译过程看作由源语语篇向译语语篇的转换过程,翻译过程的选择所要顺应的就不是一般意义上的语境,而是译者语篇语境,这一新概念将语篇语境和翻译语境有机结合起来,并植入译者语境视野,以选择顺应为主线,构成应用综观顺应论研究翻译过程的基本框架。该框架不仅重新组合各种语境因素,而且揭示翻译的双重语境化过程中翻译与语篇的互动关系,也为描写、解释与翻译选择过程相关的基本问题提供思路。

有了理论框架,还需寻找有效的研究手段。其实,把人类的一切行为都视作选择或作决策的过程,已是许多人文社会学科的研究课题。心理学研究方法中的有声思维数据分析法和选择网络分析法的应用已经取得了令人瞩目的成果,尝试从选择顺应的角度探讨这两种方法应用于本研究中的可行性,探讨如何发现、证明译者翻译时选择和顺应现象的存在,并解释翻译选择过程中呈现的非线性、复杂性、不确定性、不可预测性等特征,也是本研究提高选择顺应模式可操作性的有力支撑。

以语用综观顺应论为基础的翻译选择顺应模式可以帮助我们从新的视角认识和解释许多翻译现象,并在该模式指导下重新审视翻译标准、译者地位、教学培训等理论及其应用问题。本研究着重讨论翻译选择顺应论涉及的几个焦点课题:① 指出译者选择哪一种翻译策略和原则会受到译者和译文读者的语境视野制约,因而译者通常在认知、社交、物理世界等方面作出顺应,同时认为由于语境的动态生成特性,翻译策略和原则的选择呈现动态顺应性;② 鉴于译者意识突显程度不同,优化的翻译策略原则只能是相对的,正确理解最小最大原则才会提高选择顺应论的解释能力;③ "翻译常态"是描写译学的核心概念,被认为是决定翻译选择的最主要因素,通过与顺应论中的"社会心智"相比较,可以将其合理地纳入翻译选择顺应框架中;④ 借助综观论的语境视野概念,针对译者中心论,提出译者的焦点地位说,并以此为依据解释译者选择过程中的顺应性叛逆现象;⑤ 探索翻译选择顺应模式对翻译教学的启示,以过程为导向,强化翻译语篇语境意识,提高学习者以选择为特征的翻译能力。

概而言之,本研究的贡献体现在:① 首次在语用综观顺应论框架内系统论证翻译活动的选择顺应过程;② 尝试移植研究译者选择行为的两种实证方法,明确阐述翻译选择的性质;③ 对语用综观论的语境概念加以扩展,构建以译者为视野焦点的翻译语篇语境框架;④ 在翻译选择顺应理论模式指导下,探讨该模式对革新翻译教学理念及方法的指导意义。

虽然引入综观视角对于建立连贯统一的翻译研究框架具有特殊意义,但毋庸讳言,翻译选择不存在理想化的模式,译者必须正视选择过程所伴随的潜在风险或不完备性,认识到每一项选择都有可协商性,这是完整理解翻译选择顺应模式的重要前提;然而,这并不妨碍我们对翻译现象的科学认识,就如概率论也是公认的科学一样。

目 录

第一章　绪论
第一节　翻译研究的描写性和解释性转向 …………………………… 1
第二节　翻译研究的多学科及多视角转向 …………………………… 3
第三节　本研究的目的、思路、内容及意义 …………………………… 5

第二章　翻译研究的语用学取向
第一节　语用学的分相论 ……………………………………………… 7
第二节　分相论视角下的语用翻译 …………………………………… 9
第三节　语用学的综观论 ……………………………………………… 15
第四节　小结 …………………………………………………………… 22

第三章　翻译过程研究的语用综观视角
第一节　翻译过程模式及评析 ………………………………………… 25
第二节　语用综观视角下的翻译过程：选择与顺应 ………………… 35
第三节　翻译在选择与顺应过程中的四维视角 ……………………… 41
第四节　小结 …………………………………………………………… 63

第四章　译者语篇语境视野对选择和顺应的制约
第一节　语篇语境与翻译语境 ………………………………………… 65

第二节　语境顺应模式下的译者语篇语境视野 …………… 74
　　第三节　译者语境视野与选择顺应过程 …………………… 76
　　第四节　从语用理论结构看翻译中的语篇及语境 ………… 82
　　第五节　小结 ………………………………………………… 83

第五章　选择与顺应模式的研究方法及性质

　　第一节　有声思维数据分析法（TAPs）………………………… 84
　　第二节　选择网络分析法（CNA）……………………………… 89
　　第三节　翻译选择的性质：非线性特征 …………………… 93
　　第四节　小结 ………………………………………………… 107

第六章　选择与顺应模式下翻译焦点问题研究

　　第一节　翻译策略的选择：动态顺应 ……………………… 109
　　第二节　选择顺应论及翻译原则探讨 ……………………… 117
　　第三节　"翻译常态"的选择顺应论解读 …………………… 125
　　第四节　译者在选择顺应中的焦点地位 …………………… 132
　　第五节　选择顺应论对翻译教学的启示 …………………… 139
　　第六节　小结 ………………………………………………… 148

第七章　余论

　　第一节　综观论视角的价值 ………………………………… 150
　　第二节　选择的风险意识 …………………………………… 153
　　第三节　相关课题研究前景与展望 ………………………… 155

Abstract ………………………………………………………… 158
参考文献 ………………………………………………………… 162
后记 ……………………………………………………………… 173

第一章 绪 论

近几十年来,由于语言学研究的长足进步,翻译理论研究空前繁荣,20世纪90年代初期的文化转向更是带来崭新的研究视角和方法。从语言学研究方法到目的论、多元系统理论、翻译规范、解构主义、后殖民主义、女性主义、译者主体以及机器翻译、机辅翻译、语料库翻译等,翻译研究可谓流派纷呈,让人目不暇接。在研究者从各个不同层面和角度考察翻译活动的同时,翻译研究的范式方法也从以规定性研究为主逐渐转向以描写性研究为主,并且正向解释性研究发展。

第一节 翻译研究的描写性和解释性转向

正如语言学的发展经历从规定性(prescriptive)到描写性(descriptive),再到解释性(explanatory)的过程,过去二三十年翻译研究的发展也出现从规定性研究向描写译学转向的趋势,并已开始向解释阶段发展(Chesterman 1998:201)。

规定性翻译理论,无论在我国还是外国,一直是翻译界不可动摇的指导思想。传统翻译研究基本上都由"忠实""准确"等观念主导,以语言分析和原文对照为主,局限于微观的静态语言转换机制。规定性翻译理论从一开始的归纳式经验总结,如严复的"信、达、雅",到后来借助语言学一些基本原理的演绎式科学研究。例如,奈达(Nida)基于转换生成语法建立翻译过程核心结构模式和动态对等原则(Munday 2001:39),详细规定翻译的步骤,用以指导翻译实践。规定主义研究取向把原文的意义看成作者事先设定的先验实体,该实体可以从一种语言到另一种语言、一个语境到另一个语境而保持不变,致力于寻找跟原作对应的超越时空的理想译文和理想翻译模式。

规定性翻译标准的主要不足之处在于总认为自己的标准是唯一正确的,并想把其应用范围推广到所有翻译中去。它把视角局限在表现原文和译文的语言实体这个狭小的圈子里,过于重视微观研究,把翻译仅仅看作是一种语言艺术,而不太考虑翻译的主体及其依附的文化大环境,即使偶尔涉及文化,最终的目标还是落在具体的翻译技巧上,专注于翻译技巧的钻研。也许正是由于这个原因,规定性翻译研究总是脱离不开直译与意译之争(林克难 2001：44)。传统的规定性翻译理论总是在强调应该如何翻译，探讨的是一些理想的翻译标准，没有认真地分析和研究大多数译者究竟在干什么，究竟在怎样翻译，翻译的过程到底如何(廖七一 2001：389)。

由此可见，以往翻译理论把规定性翻译研究看成翻译研究的全部，缺少对现实翻译现象全面系统的描写，常常以偏概全，致使理论缺少必要的概括性和普遍性。以简单化和绝对化为主要特征的规定主义研究造成理论跟实践脱节甚至背道而驰的局面，限制了理论的发展。翻译是一门经验学科，我们应根据其特点，对其现状进行客观的描述和解释，翻译理论的任务就是解释和预测翻译活动中出现的各种现象；所以要建立翻译学，实现对翻译现象全面、正确的认识，必须采用与规定主义研究完全不同的新角度，即描写的角度。

外国的描写性翻译研究(Descriptive Translation Studies，DTS)，即描写译学，始于 20 世纪七八十年代，其理论目标是通过对翻译语篇的客观描写，寻找和重现译者在翻译过程中作出的种种决策和选择，进而寻找某一时期某一文化系统中一系列制约翻译的因素和规律。这种研究方法突破由单纯的文本构成的封闭空间，将翻译视为一种文化和历史现象，在目的语社会文化大环境中研究翻译，考察翻译与译入语文化的互动关系，其着重点不在于制定规范或进行价值判断，而在于客观地描述实际发生的翻译现象，承认原文和译文的语言差异。任何事物都有局限性，翻译也是如此，不存在绝对的翻译标准。描写翻译理论给了译者巨大的空间，使翻译行为更具实用性。描写翻译研究把翻译放到文化的背景下，为翻译研究提供新视角，并把译者放在中心地位，强调翻译是译者对原文不同程度的操纵，将翻译研究提到道德的层面。

此外，描写翻译研究的方法有利于我们更清楚地认识翻译现象。描写性翻译研究不像规定性翻译研究那样将视野局限于静态、封闭的文本体系，而是将目光投向更为广阔的领域——目的语的社会文化环境，探索翻译与目的语社会文化环境之间的互动关系。描写译学是对在此之前长时间占统治地位的规定性翻译研究的"反动"，是翻译研究领域的重大转折。正因为有了这种转折和新角度，翻译学才成功地发展成为一门独立的学科，并且随着研究深度和广度的不断扩大，出现了令人激动的繁荣局面(Gentzler 1993：ix；Bassnett 1993：160)。

翻译研究有两个目标：一是实现对语言转换现象的描写，二是实现对语言转换现象的解释。翻译研究者的任务不仅要描述在一定的语言和社会文化条件下译者在做什么、采取的策略是什么以及扮演什么角色等问题，还要在系统描写的基础上努力实现更高的目标——解释的充分性，解释译者为什么这么做、遵照什么规定和标准、为什么会发生某种现象以及为什么某种现象具有一般性质等问题,即回答有关翻译的一系列问题,尤其是一些根本性问题,例如源语是如何过渡到译语的、翻译过程是怎么一回事、为什么同一原文往往有多种译文等问题。倘若翻译研究对这些根本性问题不作回答,那么其研究的科学性就很可能大打折扣。解释之所以高于描写,是因为描写仅仅使人知其然,而解释能使人知其所以然。如果说描写偏重从微观、表象上对翻译事实作客观反映,那么解释则偏重从客观、本质上对翻译事实作理论阐述,旨在说明翻译现象产生和规律运作的原因。只有解释充分,才能认识充分,而解释充分不在乎其量多或细微与否,而在乎其深度和力度(黄忠廉 2006:64)。

解释性的研究范式关注的不是具体的翻译方法,如直译与意译、形式对应与功能等值等,而是翻译的本质和特征的揭示,其焦点是解释为什么会发生一系列的翻译现象;同时,它坚持心理优先原则,而不提倡某一种翻译模式或某一种翻译的意识形态。翻译理论研究如同自然科学研究,只要人类大脑这个"黑匣子"的密码还未被破解,解释性翻译理论就有其存在的必要和理由,而且就其研究目标而言,它比描写性翻译理论更具有挑战性。

随着翻译理论研究的发展,目前学术界已经就翻译的研究方法应该从规定性研究转向描写性研究达成共识,而近几年的翻译研究,如关联翻译理论,在研究目标上出现转向解释性研究的新趋势。

第二节 翻译研究的多学科及多视角转向

翻译涉及两种语言的转换,与之最直接相关的学科是语言学,翻译文本的产生又与广阔的社会、文化等因素密不可分;因此,许多翻译理论家已经认识到翻译不仅仅是比较语言学的研究范围,从两种语言结构的差异上来分析翻译的研究方法已"过于狭隘"。奈达认为"翻译远远超出了语言的异同",语言反映文化,并在"许多方面构成文化的类型"(Schäffner 1995:1),所以,纯语言学理论在翻译研究中所占的比例逐步相对缩小,其他相关学科的理论模式不断引入翻译学领域,从而形成翻译研究的多种模式,使"当今的翻译研究成了相互重叠的多种视角的集合体"(Neubert 1991:6)。与语言相关的交叉学科,诸如社会语言学、心理语言学等,都获得长足发展,这为翻译研究的跨学科移植活动提供了条件,以翻译研究为受体、以语言学相关学科的某些观点为供体的跨学科移植随之出现。自20世纪60年代以来,外国一些翻译研究者开始将相关学科(主要是现代语言学、心理学、信息论、认知科学、社会学、文艺学等)的研究成果引进翻译研究,从不同的视角对翻译实践进行观察、总结和原则性阐述。纵观自那以后的翻译研究,可以说它采取的是一条跨学科移植的途径。可以预测,翻译的多学科综合研究、翻译研究向文化研究、翻译理论的多元互补以及东西方翻译理论的交汇融合发展将是翻译理论发展的主要趋势。

现有的翻译理论从不同的角度和层面研究翻译,形成一个多元的局面:有的重视原文文本,有的专著译文功能,有的强调语言的客观性,有的突出译者的主体地位,有的强调翻译过程和干扰,还有的把重点放在译文读者、翻译发起人及其对译文的影响上等;然而,这些研究都只是从某个侧面说明翻译的某些问题,而未从更高的层面对翻译活动进行全面剖析。例如,语文学范式的翻译研究只关注字词的翻译方法,偏重译者的个性禀赋和感悟,轻视理性,排除对客体构成规律的认识;文艺学范式的翻译研究着眼于艺术语言的创造性,对于非文学类语篇的翻译来说显得过于灵活而不可捉摸;结构主义语言学视角的翻译研究将研究范围局限于双语转换的语言范畴,对翻译涉及的风格、文化、交际问题缺乏解释力;文化学翻译理论则将眼光投向文本之外的宏观文化语境因素,因其翻译标准太过宽泛而使得翻译过程难以操作。虽然这些研究都不同程度地取得可观的成果,但都缺乏整体性观察,甚至得出的结论相互矛盾,彼此抵触。许多译论学者已意识到现有理论研究的缺陷,如沃尔夫拉姆·威尔斯(Wolfram Wilss)指出,"过去几百年来有关翻译的种种论述不过是一大堆互不协调的议论而已,尽管有些精辟见解,但终究没能连贯为一体"(2001:11);詹姆斯·霍姆斯(James Holmes)认为,"迄今为止的大部分翻译理论实际上只不过是一般性翻译理论的序言而已"(1988:72);劳伦斯·文努蒂(Lawrence Venuti)认为,采用语言学为工具来研究翻译总会产生大量的分析细节,造出大量令人生畏的概念,大有把翻译研究变为应用语言学的分支,即为语言研究而非翻译服务的语篇分析之势(胡庚申 2004:32)。

毫无疑问,翻译涉及的学科很多,包括语言学、文艺学、文化学、思维学、心理学、符号学等,但它有一个特定的研究对象,即跨语言和跨文化交际的过程及规律。这一对象是个复杂多变的系统,历史证明这是以往任何单一学科都难以诠释的,因此我们必须把翻译看作对翻译活动中诸多要素进行整体研究的综合学科,强调研究原文与译文、源语与译语、原作者和译者与读者、心理与社会文化等各因素之间相互影响的复杂关系。面对如此复杂的关系网络,不能只用传统的原则和方法,而应探讨新的思路和途径。

翻译研究的功能从规范走向描述和解释,翻译研究的途径从单纯的语言角度转向多学科的综合研究,这两大趋势既与当代人文科学发展潮流相契合,又为未来翻译研究的深入发展开阔了思路,指明了方向。

第三节 本研究的目的、思路、内容及意义

　　鉴于现有的翻译研究从不同的角度和层面入手形成的多元化局面,以及各种不同译论多可用于解释同一现象的问题,本研究试图寻找一个更为综观的视角,建立连贯统一的框架,描写并解释翻译过程及其基本问题,尽可能包容翻译作为交际事件涉及的各个层面和领域,又不至于把翻译研究领域推衍到无法控制的境地。具体来说,本研究引入语用学中的综观论和顺应论,采纳其从认知、社交、文化的整体角度研究语言现象的视角,将翻译看作不断选择和顺应的过程,并在理论演绎和语料分析的基础上,尝试性地探讨该过程的相关机制、基本特征和规律,论述影响该过程的制约因素,同时对翻译标准、译者地位、翻译教学培训等提出新的描述和解释。

　　建立连贯统一的框架来描写并解释翻译过程及其基本问题的研究工作是否有意义很大程度上取决于研究方法的科学与否。美国科学家库恩认为,把科学看成一种研究范式必须包括三项内容:① 对研究客体的一定的假设(assumption);② 基于这种假设发展出一套特定的分析方法;③ 由这种方法决定的一批焦点课题(吴义诚 2000:58)。按照这种研究范式,本研究提出"翻译就是在译者语篇语境视野制约下的选择顺应过程"的假设,相关的分析方法包括有声思维和选择网络分析,由此衍生出的研究课题有选择的非线性、策略原则的非确定性、选择的风险意识、对教学法的启示等。具体研究框架如下:

　　第一章简要介绍翻译研究的发展趋势,即从规定性研究转向描写性和解释性研究,呈现多学科、多视角的特征,为引入综观论奠定基础。

　　第二章阐述翻译学研究的新范式——语用学翻译研究,这是本研究引入综观论和顺应论的背景。英美学派的经典语用学理论为翻译研究提供不同的、有益的视角,从不同方面加深对翻译现象的认识。

　　第三章提出语用综观视角对翻译研究的重要意义。语用综观论意在建立一个连贯统一的框架,且将语言使用看作选择顺应的过程,其目的和对语言交际的看法与翻译研究正好相吻合。既然翻译过程存在大量选择顺应现象,尝试利用语用综观论审视翻译过程就是自然而然的。

　　第四章讨论翻译选择顺应框架下的译者语境视野,提出译者的语篇语境概念,这一特殊的语境概念与选择顺应互联互动,起到制约作用。

　　第五章阐释翻译选择顺应论的性质以及研究翻译选择顺应现象的认知心理手段,表明选择顺应论既具有高度抽象的理论特征,又具有切实可行的操作性。

第六章对翻译研究的一些核心问题进行综观视角下的阐释,体现该译论对翻译基本问题的解释功能。

　　第七章重申综观视角的重要作用,提出不可忽视选择的风险研究,并提出一批新模式下的相关研究课题。

　　本研究的意义在于,借鉴从全新角度理解和诠释语用学的综观论和顺应论,创建翻译理论的选择顺应框架,探讨该框架中的译者语篇语境视野及相关因素、基本性质和研究方法,并重新审视翻译标准等基本问题。从检索到的文献来看,到目前为止,国内外还没有这方面比较系统的研究。本研究不囿于简单地引入国外的语用理论于翻译研究,而是力主兼容并蓄,敢于创新,大胆吸收其他理论的长处,走综合互补之路,在拓宽研究领域的同时,不断深化研究理论和实践。可以说,本研究是一个从崭新视角探索翻译活动的尝试,从这方面来说,本研究具有一定的创新性。

第二章 翻译研究的语用学取向

翻译研究是探讨译者解读原文和在译文中重构原文意义的学问。奈达说过"翻译即翻'意'(Translating means translating meaning.)"(1982);王宗炎(1984)先生也说:"辨义为翻译之本。"语用学正是对话语如何在情景中获得意义的研究,是"推断语言在语境中的意义的学问"(Leech 1983)。由此来看,翻译与语用学有着基本相同的研究任务,即语言的理解和表达;不同的是,语用学更重视同一语言文化背景下的口语交际及其动态特点,而翻译研究更关心的是跨语言、跨文化的文本和书面语言。这种差异性并不妨碍翻译理论研究者借鉴语用学理论来探讨翻译活动,因为借鉴语用学的研究成果,能使人们对翻译作为特殊交际活动有更科学的认识,并取得更好的效果。然而,翻译研究引入语用学的目的是仅仅满足于发现指示语、言语行为、隐涵、前提等语用学概念对翻译活动的指导价值,还是借助语用学的视角对翻译全过程加以审视,进而从崭新的角度为描写和解释翻译现象建立一个连贯统一的框架?纵观语用学流派及其研究模式,我们应对更高目标的实现充满希望。

第一节 语用学的分相论

语用学的主要研究对象是语言的使用及其使用者,旨在阐释人们通过交际希望达到的目的,以及如何运用语言达到该目的。语用学作为语言学的分支领域,历史并不长,然而,由于该学科研究的是实际使用中的语言及其使用者之间的关系(或称符号与符号解释者之间的关系),其已跨越传统的语言学理论框架,对语言进行动态的、更具有实际价值的研究。

语用学可以分为两大流派:其一是英美学派,其二是欧洲大陆学派(Levinson 1983:5)。前者受英美语言学和哲学的影响,将语用学看成是语言学的分相研究[1]，像对待音系学、句法学、语义学那样，也将语用学看作是语言学的一个分支，故称微观语用学(micro-pragmatics)或者语用学的分相论；后者研究语言系统或某一特定语言的社会及心理现象，主张与语言理解和使用相关的都是语用学的研究对象，将语用学看成是语言功能的一种综观，故称宏观语用学(macro-pragmatics)或者语用学的综观论。分相论一直是语用学界普遍接受的看法，认为语用学是语言学的学科分相之一，指示语(deixis)、预设(presupposition)、会话隐涵(conversational implicature)、言语行为(speech acts)、会话结构(conversational structure)等是语用学的基本内容，语用学的任务是对这些语言构成成分进行动态研究。该学派理论框架的经典构建主要有奥斯汀的"言语行为三分说"(1962)，塞尔的"间接言语行为"(1969)，格赖斯的"会话隐涵"和"合作原则"(1975)，列文森的"面子论"(Brown & Levinson 1978；Levinson 1983)，以及利奇的"礼貌原则"(1983)等。

语用学与语义学一样也研究语言的意义，但是语用学的研究对象不是抽象的语言系统本身的意义，而是交际者在特定交际情景中传达和理解的意义以及理解和传达的过程。分相论语用学的主要研究内容可以粗略地概括为以下四个方面的语用意义问题(何自然，吴亚欣 2001：12)。

第一，着重研究特定语汇和语言结构的语用属性，属于语用-语言学的研究领域，是介于语用学和语义学之间的跨面研究。此研究面的内容包括一些与特定言语行为有关的在遣词达意时可能出现的词汇变异，比如 so 和 well 等话语标记语(discourse markers)在意义和功能上的语用制约，manage 和 forget 等含蓄性动词、criticize 和 charge 等评价性动词、even 和 just 等聚焦性副词(focusing adverbs)所表明的语用前提与逻辑-语义前提(或预设)的差异，some 和 but 等词语所表示的常规含意，then 和 there 等指示词语的不同理解及导致这些理解差异的因素，以及某些语用含糊现象的观察和分析等。例如，说些什么话才算谎话？Peter is bald(彼得是秃子)是不是说 Peter 一根头发也没有了？Could you tell me when we get to Birmingham, please？这一类句子的歧义[2]应如何排除？

第二，研究说话人意义(speaker meaning)，即说话人如何通过特定的话语表达特定意图，研究重点是影响这种意图表达和理解的语言、语境和语用因素。这

---

[1] 早在 20 世纪 80 年代，许国璋先生就在湖南教育出版社《语言学系列丛书》总序中提出语言本体研究的诸相说，如语音相(音系学)，语法相(语法学)，语义相(语义学)，语用相(语用学)，语篇相(语篇分析)，语形相(语相学)，语型相(类型学)等，语用学被看作是普通语言学中的分相研究。
[2] 此句在不考虑语境时，既可理解为："请告诉我们什么时候能到伯明翰？"也可理解为："等我们到伯明翰时再告诉我们好吗？"

方面的研究内容包括如何确定诸如请求、建议、拒绝、道歉等直接或间接表达言语行为的施为用意(illocutionary force),如何为实施某特定言语行为而使用的语用策略,如何分析说话人信息增删的意图,以及礼貌策略及其运用条件等。

第三,研究听话人意义(hearer meaning),即听话人如何对说话人发出的话语进行理解,这个研究面的重点包括说话人的话语特征,听话人利用语境因素理解说话人所表达的信息意图,听话人对说话人所说话语产生误解的原因以及这些话语对听话人产生的影响等,主要涉及言语交际中的认知问题。当前关联理论的研究和实践是听话人意义研究层面的重要内容。

第四,研究语篇意义(discourse meaning),研究内容包括:话题变换标记;参与谈话的人如何对话语的观点进行论辩和阐述;对特定的言语行为如何表达其顺序和层次,研究其是否在听话人意料之内;如何认定说话人的态度是真诚还是讨好;说话人使用何种手段来取得说话的机会。这个研究面的热点是会话分析。

第二节 分相论视角下的语用翻译

语用学发展过程告诉我们,直到20世纪60年代,语言学家中很少有人提及语用学,即使有人提及语用学,也只是将其比作"杂物箱"(ragbag)或"废纸篓"(waste-paper basket),接纳人们因语义学容纳不下而要抛弃的内容,凡是不能以明确的句法和语义探讨的问题都可以纳入语用学研究领域(Leech 1983;Bar-Hillel 1971)。直到20世纪70年代末,语用学这个"杂物箱"或"废纸篓"才从所谓的"帮闲学科"跃升为语言学中的一门新兴的独立学科。

无独有偶,翻译活动及研究也以"杂学"著称。吕叔湘先生早在20世纪50年代初就以"翻译与杂学"为题撰文说:翻译时"理解原文要过的第三道关,就是字典不能帮忙的那些东西:上自天文,下至地理,人情风俗,俚语方言,历史上的事件,小说里的人物,五花八门,无以名之,名之曰杂学"(1951:2)。陈福康也在《中国译学理论史稿》(2000)中说,翻译不仅要克服语言的障碍,还要攻克知识的堡垒。要很好地做到这一点,首先要博览群书,增加自己的"杂学",当知识的杂家。要搞好翻译,无论是对原文的理解,还是译文的表达,翻译工作者都须有丰富的百科知识,就算对天文地理、古今中外达不到通晓的程度,也要了解其中的基本常识。若没有一定的常识,译者的语言水平再高也难以做好翻译工作。语言是知识和信息的载体,不懂得"杂学",搞翻译很有可能会闹出笑话。

语用学和翻译学研究对象之"杂"还体现在各自定义之难。语用学定义从狭窄的"语用学研究会话中语言运用的原则和实践"到宽泛的"研究语义学未能涵盖的所有意义",使语用学成了一个"宽泛、松散、杂乱无章"的领域(沈家煊 2000:278;2001:604)。列文森在《语用学》(*Pragmatics*)一书中列出语用学的近十种定义,都认为难以令人满意。许钧在其新著《翻译论》中罗列的关于翻译的新旧定义也多达20余种(2003:59-65)。语用学和翻译迄今没有一致公认的定义,充分表明各自研究内容的多面性以及由此带来的各自概念的复杂性和综合性。然而,语用学定义虽各有侧重,但仍不失共同之处,即语用学是对语境中的意义的研究,翻译研究的对象也绝不是抽象的、没有交际意义的源语文本和译语文本。正如冉永平所说,"虽然有关翻译的界定众说纷纭,可谓见仁见智,但我们亦可从中略见其语用视角"(2006b:58)。

不仅如此,当代翻译研究与语用学的发展轨迹也极为相似,几乎是齐头并进。翻译研究(Translation Studies)兴起于20世纪60年代初期;70年代,翻译研究引起学界的特别关注,不再被视为次要的、无科学可言的探究领域;80年代,翻译研究作为一个研究学科,其羽翼渐丰;进入90年代,翻译学科终于盛行。如今,翻译研究在全球迅猛发展,研究视角形形色色、各领风骚,相关的专著、杂志、百科全书、研究机构层出不穷(Bassnett 2002)。"语用学"一词虽早在1938年就由莫里斯(Morris)提出,并于1959年由卡纳普(Carnap)阐释为研究符号与使用者之间关系,但真正有意义的研究要从1962年奥斯汀出版的《论言有所为》(*How to Do Things with Words*)开始;到了20世纪70年代,语用学异军突起,《语用学杂志》正式出版发行,语用学成为一门独立的新兴学科,确立了其在语言学研究中的地位;20世纪80年代,语用学迅猛发展,成为当代语言学研究的主流;20世纪90年代是语用学研究的成熟丰满期,除了大量学术论文外,一批各有侧重的语用学专著相继问世(杨忠,张绍杰1995:107-116;何兆熊2001:110-111)。更为巧合的是,语用学与翻译学的研究领域划分也几乎别无二致:语用学研究领域可分为纯语用学(或称形式语用学)、描写语用学和应用语用学等三部分(何自然1987:2);翻译学则由纯翻译学和应用翻译学组成,其中,纯翻译学又分为理论研究和描写研究两大部分(Baker 1998:278)。

这样来看,以研究对象内容繁杂为特征的语用学和翻译几乎天生具有一切人文学科的复杂性,并且在兴起发展的进程和研究领域的划分上也如同人文研究领域中的双胞胎,因此,我们完全有理由相信,二者在研究思路、观察视角上相互借鉴,肯定对各自学科的发展大有裨益。

既然语用学主要研究语言的使用与语言使用者的关系,阐释人们希望通过交际达到什么目的以及如何运用语言达到其目的,那么,语用学显而易见地与翻译活动中译者对原作的理解和再现有直接的关系。事实上,在翻译活动的全过程中,翻译者和翻译策略的实际运用均不同程度地受到诸多语用因素的制约和影响。例如,对于言语行为的各种语境和方式、合作原则和礼貌原则、语义前提和语用前提、已知信息和新信息等因素的考虑,都能帮助译者在译文的整体把握和细节处理上作出抉择,以获得译文与原文之间的"语用对等(pragmatic equivalence)"(Hickey 1998：1-8),从而最大程度地使译文读者获得与原文读者同等的理解和感受。

一、言语行为理论与翻译研究

奥斯汀的言语行为理论认为所有的语句都带有言内(locutionary)行为、言外(illocutionary)行为和言后(perlocutionary)行为等三种语力(language force)①,并区分了表述性(constative)意义和施为性(performative)意义。根据奥斯汀的言语行为理论,语言交际的基本单位是诸如陈述、请求、命令等行为,而并不仅仅是句子,说话者通过语句及语境执行言语行为,并在听话者那里产生交际效果,由此可见,该理论中的关键概念是言外之意。塞尔将奥斯汀的言语行为理论拓展为间接言语行为理论,并将格赖斯的会话隐涵理论与言语行为联系起来。塞尔的间接言语行为理论分为规约和非规约两种。规约性间接言语行为指通过字面语力的一般推理得出的间接言语行为,即依据句子的语法形式,按照语言的使用习惯立即可以推断出用意。非规约性的间接言语行为主要依靠说话双方共知的语言信息和所处的语境来推断并实施。

根据奥斯汀和塞尔的言语行为理论,翻译者必须通过挖掘原文的"言外之力",尽可能将这种"弦外之音"传达给译文读者,这就有助于推动翻译理论中语用翻译模式的出现。语用翻译模式同语义翻译相对应,是一种等效翻译观,力求翻译中的语用语言等效和社交语用等效。② 语用语言等效翻译要求译文在语言学的词汇、语法、语义等不同层次上,不局限于原文的形式,只力求保存原文的内容,用译入语中最贴切、自然的对等语将内容表达出来,以求得等效。

翻译中要获得语用语言的等效,就必须注意原文文本的语用用意,即言语行为理论中以言行事行为的用意,也就是言语的意向。语用用意有表示字面用意的明说性语用用意(explicit)和表示言下之意的暗示性语用用意(implicit)。翻

---

① 也有人把这三个概念分别译作话语行为,话语施事行为和话语施效行为或语谓行为,语用行为和语效行为或说话行为,非言行为和由言行为,还有人把后二者译为言外之力和以言取效。
② 语用学可以从语用语言学和社交语言学两方面进行研究,语用翻译也可以通过两种语言的对比,研究语用语言等效和社交语用等效的问题(何自然 1997：187)。

译时应认真研究原文文本的暗含用意,力求使译文真实表达出作者的真正用意。译文与原文对等意即译文与原文在源语功能上的对等,即在意图或用意上的对等(杨忠,张绍杰 1995:195)。翻译中社交语用的等效,要求译者既要具有跨语言、跨文化交际的知识,全面了解源语和目的语社会、文化背景,又要兼顾译文不同的读者群体,考虑读者的接受程度。

二、指示词语与翻译

指示词语可以通过表示时间、空间、与说话人位置等的词语将话语与语境连接起来,因此译者必须根据语境、发话人、受话人等因素,推断出指称与所指的关系,再按照译文语言的指示词语使用习惯来重现原文信息,比如有时需注意原文和译文读者的视角差异带来的人称指示差异等。

下文是国际环保组织制作的某幻灯片的文字说明(Baker 1992:266-268):

Many of the species growing wild here are familiar to us as plants cultivated in European gardens——species like the exotic lily.

有人译作:

这里野生的许多种类我们很熟悉,是欧洲园林内种植的种类——像这一奇异的百合花等种类。

中国的译文读者可能对"我们"一词的使用感到迷惑不解,特别是后面加上"欧洲园林"后:"为什么'欧洲园林内'的植物'我们中国人'会很熟悉呢?"如果考虑语用等效的话,此处"我们"似乎可改为"西方游客"或"西方人"。又例如,英汉语在时间指示上的先后概念有所不同:英语用"back"指称过去的时间,而用"forward"指未来的时间,而中国人的思维方式与此相反,以"前"指过去的时间,用"后"指未来的时间;所以,翻译时应遵从各自的使用习惯,才不致带来误解。

三、合作原则与翻译

语用翻译是一种交际行为,如果想成功地实现这个交际过程,就必须遵循交际中的"合作原则"。译者本着"合作原则"来领会和把握原文,其实只是译者与原文作者交际的成功,译者还必须用译语准确地把译者从原文中领会到的意思准确无误地传送给译文读者,让他们产生与原文读者对原文的反应类似的反应,这是翻译的第二次交际过程,而且是最重要的过程。

"合作原则"包括人们必须遵守的诸如真实、充量、关联、清楚等准则。"质的准则"要求译者话语要真实无误,不要说缺乏足够证据的话,体现在翻译中就要求译者对原文进行尽量忠实的传达,不得胡译乱译。"量的准则"要求译者话语正好符合交际对信息的要求,不要增加多于需要的信息或减少原本的信息量,尽可能做到"不增、不减、不改"。"关联准则"要求翻译根据信息量和语境,在译语中寻找信息的关联性并符合译语要求,以取得相应的语用效果。"方式准则"要求译文简洁,有条理,避免晦涩和带歧义的表达方式,也就是说,面对连贯的原文,译文也必须是连贯的。

中西民族思维的差异必然会导致其对于合作原则中某些准则的理解存在较大差别。例如,对于什么才是"量的准则"中的"需要的信息",双方理解是不同的:汉语表达的华丽溢美与英语表达的直观明快形成鲜明的对比,汉译英时要适当运用删减和省略来处理汉语中的"同义反复""大词"和"华丽词藻"的表达,而英译汉则需大量使用增译、重复等翻译技巧,才能顺应汉语的表达特点。可见,分别以形合和意合为特征的英汉两种语言在相互转换时,严格遵守所谓"量的准则"有时既做不到,也没有必要。

四、语用预设与翻译

语用预设指对语境敏感,并且与说话人的信念、态度、意图等有关的前提关系。人们在会话时,必然要对会话对象、环境等诸多方面进行一系列预设,否则会话便不能成功。例如,某人若问:"Where is the salt?"这里至少有两个预设,一是说话者视野之内没有盐,二是他认为听话者可能知道盐放在哪儿。对交际语境中各种因素的综合研究对于翻译工作者有特殊意义。语用预设与翻译的关系最早由福赛特(Peter Fawcett)在《预设与翻译》(*Presupposition and Translation*)一文中进行阐述。他在文中讨论语用预设的定义、构成、分类、特征等基本概念,探讨语用预设在跨文化交流中的作用,并对不同文化下预设的表现及意义进行分析,探讨在翻译中对语用预设的处理等问题。在翻译中,预设主要表现为一种推理,表现为在已有背景知识基础上对相关信息进行感知。翻译工作者需要研究原文的预设与译文的预设是否一致,如果一些语用预设难以完全复制到译文中,则需考虑如何在译文中采用语法的、词汇的手段,如省略、加注、改写等方式对之进行补偿(Hickey 1998:114-123)。例如,在美国断代史名著《光荣与梦想》(*The Glory and the Dream*)中有这样一句话:

If you are expecting the stork to visit your home this year and he has to come by the way of Royce City, he will have to bring a check-book to pay his bill before delivery.

文中"the stork"原指"鹳",一种外形像鹤且嘴长而直的水鸟,但在西方社会有"鹳给父母带来孩子"的传说,类似于中国民间关于送子观音的传说。为把这

一文化预设传达给译文读者,王宗炎先生用改写手段将全句译为:
如尊夫人有喜,要来罗伊斯城待产,请备足款项缴费,才能接生。特此通告。

早在1990年,国外学者哈蒂姆与梅森(Hatim & Mason)在《话语与翻译》(*Discourse and the Translator*)一书中就提到语用学与翻译研究的密切关系。作者从语境的语用学翻译角度讨论言语行为与翻译、合作原则与翻译之间的关系等问题,认为译者应根据语境对源语的语义进行推理,综合考虑译者与读者的不同文化语境、源语与译语的关联、译文与读者的关联程度等,充分挖掘原文的意图,然后在译语中把原文的意图充分传达出来。1998年,列奥·希基(Leo Hickey)主编出版了《语用学与翻译》(*The Pragmatics of Translation*),所收的13篇文章①从多方面探讨语用学对翻译实践的制约和影响,涉及合作原则与文学翻译的关系、言语行为的各种语境和方式、语义和语用前提、礼貌原则、关联原则、新信息和旧信息、前提和指示、时间和空间提示、模糊限制语、话语连接词等制约翻译的因素。这种从语用语言学方面入手,通过对比两种语言实现等效翻译的理念属于语用语言等效翻译(lingua-pragma translation),其特点在于不受原文形式的约束,唯求保存原文的内容。语用语言等效翻译与奈达的"动态对等翻译"相仿,即以最切近且最自然的对等译语来再现源语内容,以达到等效的目的。相比之下,社交语用等效翻译从社交语用学的角度切入,通过对两种语言的对比来达到社交语用等效,该视角下的翻译是为跨语言、跨文化的双语服务的等效翻译(何自然1997:185-191;冉永平2006b:61-62)。这类语用翻译可以通过多途径来实现等效,途径的选择可依据翻译的目的而定。如果翻译的目的是为了使读者领会异国风貌,增长域外见闻,那么译者致力于再现原作的风格与文化背景;如果翻译的目的是使读者准确理解原作的内容,那么译者需要根据原作提供的语境,依从读者的文化习俗,在忠实原内容的前提下将原作转化为读者乐于接受的译文,而不必拘囿于原文的形式。

语用等效翻译通常将语用学中的某个研究课题引入翻译,因而只能描写解释复杂翻译现象的某个侧面,有一定的局限性,例如,将建立在面对面会话分析基础上的合作原则用于解释跨时空的文本翻译常常显得力不从心。哈蒂姆和梅森的理论较少涉及实际的翻译操作,列奥·希基的著作也没有形成翻译语用学

---

① 这13篇文章的题目分别是《翻译方法论中的言语行为和言后功能》《合作原则与文学翻译》《从关联理论看语用翻译》《礼貌原则与翻译》《文本中的礼貌原则:更为互动的符号学视角》《新/旧信息与翻译》《预设与翻译》《指示特征与翻译》《动词替换与谓语所指》《话语连接词、省略与标记性》《从翻译视角看政治文本模糊语》《诗体语用翻译》和《言后对等:突出、阐释与语境重构》(Hickey 1998:v-vi)。

研究所需的基本概念和可操作的翻译理论,未对该领域内这些概念的相对重要性进行探讨(曾文雄 2005:36)。更为本质的问题是,语用分相论中的许多课题均建立在同一语言文化背景之下,在得出结论的时候很少考虑跨语言、跨文化交际情况,而话语的语用意义与文化环境关系密切,某些具有典型语用意义的话语总是以特定的社会文化背景为前提;一旦失去社会文化这个大背景,原有的语用意义就无从体现,或者一旦在不同的文化背景中被赋予始料不及的不同意义,文化的差异将成为语际交流的最大障碍。

当我们借用语用理论探讨翻译问题的某个侧面或某个枝节,或者用不同的语用学核心要点来讨论同一翻译问题时①,在不同的语用研究单元后面似乎隐藏着更为宏观、更有包容力和解释力的视角,可以将所有语用因素纳入其中,同时为"杂乱无章"的翻译研究提供连贯统一的框架。

第三节　语用学的综观论

以语言分相论为指导思想,在国际语用学界占统治地位的英美语用学派的基本分析单元说(钱冠连 2003:1)认为,语用学与语音学、音位学、语义学等语言学并列分支一样,有基本的分析单元;欧洲大陆学派则将语用学与涉及语言使用和理解的学科(如社会语言学、心理语言学、认知科学、人类文化学等)结合起来研究。从近年的研究情况来看:英美语用学派似乎日渐式微;欧洲大陆学派由于主张学科的交叉研究而赋予了其语用学理论更强的解释力,因此,该派的理论影响日渐扩大,并被广泛接受。例如,关联理论是西方近年来很有影响的认知语用学理论,该理论认为人们在交际过程中理解自然语言时,不自觉地利用"示意(即明示和暗示)-推理"这一认知过程,即说(写)者提供关联性最大的信息,明白无误地或含蓄地示意,听(读)者则挑选关联程度最大的假设进行逻辑推理;对话语和语境假设的思辨、推理越成功,话语的内在关联就越清楚,人们在思辨和推理的过程中无须付出太多的努力就能取得较好的语境效果,从而达到正确理解话语的目的。

---

① 例如,讨论语用与翻译的关系时,许多文献中常有这样一个例子:"It is as significant as a game of cricket."就既可以用预设(A game is significant.)来解释,又涉及译者的文化知识(英国人酷爱板球),还要联系指示词(it),更离不开揣摩原发话人的意图(强调某事的重要性);此外,译者还需要考虑读者的认知关联而变换形象(将玩板球变换为吃饭)。因此,上句可译成:"这件事如同吃饭睡觉一样重要。"不过,具有讽刺意味的是,金隄先生曾请教两位以英语为母语的专家,他们都认为该句英语有否定含义,意思竟是"这事并不真正重要"(金隄 1998:20)。

欧洲大陆学派代表人物之一、国际语用学会秘书长耶夫·维索尔伦(Jef Verschueren)独辟蹊径,从全新的角度理解和诠释语用学,试图在两派之间走出一条中庸之道。他认为语用学既不处在语音学、音位学、形态学、句法、语义学等组成的对比集相之内,也不属于诸如神经语言学、心理语言学、社会语言学、文化语言学等跨学科领域,因为其中每一学科都有自己与语言研究联系的相关对象,但却不可能为语用学指派某个基本分析单元,也不可能鉴别出一个具体的相关对象。于是,维索尔伦提出语用综观论视角(the pragmatic perspective)(1999:2,15)①和语言顺应论(adaptability/adaptation)(1999:12,61-68)学说,并在其代表性著作《语用学新解》(*Understanding Pragmatics*,又译《语用学诠释》)中系统地用语用综观论和语言顺应论搭建起完整统一的语用学理论框架,将英美学派与欧洲大陆学派的理论结合起来,既承认英美学派传统研究课题的价值,同时也主张语用学研究应联系认知、社会和文化因素。

一、如何看待语用学传统研究领域

语用学传统研究课题大致包括:指示现象(指通过现实世界维度,如时间、空间、社交、语篇等变项,将语言使用"锚定"于现实世界之中);言语行为(句子结构层面上的"言有所为");内隐意义(通过预设、暗含和隐涵的方式传递出来的超出字面的意思);会话结构(作为二人或以上之间协调性或合作性社交活动的语言交流)。维索尔伦认为,这四个研究领域看上去各个不同,但深入分析会发现其都是用不同的方式讨论相同的现象(1999:42)。例如:言语行为理论是着眼于句子结构的处理表意过程的方法,而隐涵理论则强调表意的过程性(可推理性)本质;言语行为规则往往可看作对更具普遍意义会话准则的具体应用;间接言语行为不是言语行为理论与内隐意义研究之间的唯一联系,其与预设之间因都侧重语言功能而相互关联(1999:43-46)。维索尔伦通过多个能体现上述课题之间相互联系的实际例子,进一步阐明传统研究课题之间存在内在的、密切相关的共同之处,而它们之间的差异则是偶然的、非本质的(1999:16)。

面对课题之间相互联系的事实,维索尔伦从根本上意识到不同的观点必须

---

① 本文作者之所以把"the pragmatic perspective"译为"语用综观论视角"是因为维索尔伦在反复引用语用学创始人莫里斯(Morris)关于"语用学"的论述后,将"语用学"明确定义为**"一种与人类诸种行为中的语言现象的使用相关的,并从认知、社会和文化的整体角度对语言现象的综观"**(1999:7)(黑体部分原文为斜体,表示强调)。另外,为方便起见,本文以后凡出自维索尔伦 *Understanding Pragmatics* 一书的引文,皆略去作者 Verschueren,只标年份和页码。

结合起来才能有助于完整、充分的理解,综观论的观点正有助于我们对语言使用的不同方面进行连贯的研究(1999:16,43-44)。

二、如何看待语用学的跨学科性质

语用学创始人莫里斯在讨论"语用学"定义时指出:

由于大多数(甚至全部)符号的释话人都是生命体,因而完全可以将语用学定性为研究符号起指代作用过程的生命特性,即符号发挥功能的过程中出现的心理现象、生物现象和社会现象(1999:6)。

这个定义告诉我们,语用学研究离不开对相关的人类学科和社会学科的研究,那么,语用学是否因此可看作与语言学相关诸多跨学科领域(如神经语言学、心理语言学、社会语言学、人类语言学等)相并列的研究领域呢?维索尔伦认为,从能否确定明确的语言分析单元这一标准来看,回答是否定的。语言学跨学科领域中的每个学科都有与语言研究联系的相关对象:神经语言学试图揭示"说"和"听"(或与之相关障碍)的神经生理学基础及过程;心理语言学或认知语言学研究语言与抽象心智之间的关系;社会语言学关注社会关系、社会地位、社交模式、社交网络与语言结构和语言使用之间的互动关系;人类语言学则以研究语言与文化之间的关系为己任。然而,我们难以为语用学指派基本的分析单元或鉴别具体的相关对象,因为与语用学相关的语言、文化、社会、认知、心理、生理等无一不与语言使用发生关系。认知问题的研究不可能脱离社会和文化,同样,文化的研究也撇不开认知基础和认知带来的启示,如果将语用学置入语言学的跨学科领域,会导致在实际研究活动中研究主题和研究方法出现较大程度的重复。

语用学的位置究竟在哪里呢?维索尔伦认为,语用学在语言学跨学科领域中的主要功能可能在于保证各种跨学科之间有一个趋同点或总体画面,并以此画面为背景,确定各种具体研究的总的相关性。

三、综观论:语用学新视角

由上所述,维索尔伦主张语用学无须囿于语言学来考察和探讨话语意义及其相关的语言问题,应在更高的理论层面上综合各相关学科领域的各种因素来理解和把握语言问题。语用学没有基本分析单元,但语用学覆盖其他语言学科,在所有语言层面都有值得语用研究的方面;因此,语用学可以具体化为与人类诸种行为中的语言使用相关的且从认知、社会和文化三位一体角度对语言现象的综观(1999:7-8)。

综观论主张凡是与语言理解和使用有关的都是语用学的研究对象,将语用学看成是语言各个层面的功能性综观,故也称宏观语用学。其实,综观论的出现并不晚。早在20世纪70年代,欧洲大陆学派另一代表人物梅耶(Mey)就提出了语用综观的想法,认为语言学的语用学是看待语言现象的新途径,而不是表明要同其他学科划清界限(Verschueren 1995:12);然而,语用综观论在当时并未引起人们注意,直到1985年维索尔伦在意大利召开的"国际语用学研讨会"上发表《语用综观》一文,才明确提出了语用学是对语言的综观的观点。后来维索尔伦在《语用学:语言顺应理论》(*Pragmatics as a theory of linguistic adaptation*)中又详细阐述了综观论。1999年,维索尔伦在《语用学新解》一书中进一步修订和完善原有的理论,系统地论述了语用综观论和语言顺应论(何自然,吴亚欣 2001:11)。

语用综观论的基本理论起点是区分语言资源的语言学和语言使用的语言学,前者构成现代语言学各分支学科,后者则是对语言使用的语用综观。维索尔伦认为语用学不能安身在语言资源学之内,原因在于无法确定其所利用的固定语言资源,也无法确定其研究对象,其作用在于提供不同的研究语言的视角。虽然语用研究离不开语言结构单位,但其旨趣不在对语言资源的利用,而在从语用综观的视角去对其加以审视(钱冠连 2000:231)。维索尔伦认为语用学既不在由语音学、音位学、形态学、句法学、语义学等构成的对比集之内,也不适合列入由神经语言学、心理语言学、社会语言学、人类语言学等学科组成的跨学科领域集合,他主张将之视为对语言现象的综(合)观(察),即以一种更高层面的视角来研究语言现象,这是一种研究方法上的革命。

语用综观论只是一种研究方法论观点,算不上完善的理论体系。① 这正应和了近年来在语言研究中出现的重方法、重宏观分析、重跨学科研究的新趋势(成晓光 2006:153)。维索尔伦吸收欧洲大陆人文思想和语言哲学的精髓,高屋建瓴地从人文学科这个广阔的视域来讨论相关语言问题,并通过对语境意识程度动态顺应等问题的讨论,将文化认知和情感等各个层面的相关因素包容在一个宏大的体系之中。可以说,语用综观论理念在很大程度上丰富和拓展了语用学乃至语言学研究人文属性的内涵,同时,这一无所不包的宏大体系无疑会给号称"杂学"的翻译活动研究带来前所未有的借鉴意义。

---

① 有人认为,维索尔伦的语用综观论突破语用学乃至语言学的边界,进而对其讨论的问题是否仍属语用学范畴产生怀疑;因此,他们认为语用综观论作为新的理念或范式还缺乏相对明晰和稳定的概念体系(鲁苓 2006:7-9)。

四、语言选择顺应论

为构建统一的语用学理论，维索尔伦以综观论为视角建立语言顺应论（the theory of linguistic adaptation）。他追问语言使用的根本问题，即人在使用语言的时候到底在做什么或人在使用语言时发生了什么事，并对之作出回答，即使用语言就是不间断地进行语言选择，所以，真正关于语言使用的理论应该能对语言选择现象加以解释。在维索尔伦看来，这个理论就是顺应论。那么，选择与顺应是怎样的关系呢？

首先，语言选择可能是在不同意识程度下的一种活动，可能是由于语言内部原因或外部原因驱动的，并具有以下特点：① 选择发生在语言结构的任何一个可能的层面，包括语言、语码、语体、语音、词汇、语法、语篇类型、言语行为命题等；② 语言使用者作出的选择不仅包括语言形式的选择，而且包括语言策略的选用，其在选用语言策略时表现出的风格（语体）会在一定程度上影响语言形式的选择；③ 选择是在不同的意识程度下的行为；④ 话语的生成和解释均涉及选择，语言选择对于话语的产生和理解具有同等重要的意义；⑤ 语言选择是强制性的，语言交际一旦发生，交际者就要尽选择的义务；⑥ 可供语言使用者选择的语言手段和策略是非等同的，因为具体的选择手段和策略受到社会和文化等因素的影响和制约；⑦ 语言使用者在作出某一种选择时会引出或联想到其他未选项。

其次，选择能够进行的原因主要是因为语言本身具有某些属性，其中较为重要的是语言的变异性（variability）、协商性（negotiability）和顺应性（adaptability），这三个属性是与语言选择相关的关键概念。变异性指语言选择得以进行的一系列可能性范围，它受到外来因素或自身内部因素的作用而变幻不定，因而不应将语言选择看作静态稳定的现象。协商性指语言选择不是机械地或按照严格功能关系进行，而是在高度灵活的原则和策略的基础上进行。协商性使语言的选择具有强大的解释力，以至于语用学可以不向不合语法或不可接受的结构作出让步；同时协商性暗含着存在于发话人和释话人中的各种各样的不确定性。顺应性指"能够让语言使用者从可供选择的项目中作灵活的变通，从而满足交际需要"的特性，选择的环境与所作的选择之间的顺应是双向的而非单向的。语言的变异性、协商性和顺应性是语言的基本属性，三者合而为一（1999：62 - 63）：变异性和协商性是顺应性的内容，即语言的变异性和协商性为语言的顺应提供条件，没有语言的变异性和协商性就没有语言的顺应性；选择是手段，顺应是过程、目的和结果，即选择和顺应相伴相随，发生于语言结构的任何一个可能的层面上。人类之所以能够在语言交际过程中不断地作出各种选择，是因为语言具有变异性和协商性。如果说语用综观论是在语言结构所有层面上对语言的选择和顺应的综合观察,是语用学学科的性质,那么,选择和顺应则是言语活动的性质。

最后,以顺应性为出发点,语用描写和语用解释有四个研究任务或研究视角,即顺应性的语境相关性、顺应性的结构对象、顺应性的动态性和顺应过程的意识突显(salience)程度。

五、语用综观论和选择顺应论的启示

语用综观论针对传统语用学分相研究的不足,从认知、社会和文化三位一体的角度,对凡是与语言的理解和使用相关语言现象的各个层面进行功能性综观,力图为语用学构建连贯统一的框架,这与翻译研究的发展历程颇为相似。

翻译研究至今没有形成一个统一的学科,究其原因,主要还是在于翻译现象本身的复杂性、翻译研究对象的多样性以及现有翻译理论来源的差异性,因此,很难形成为多数人认可的统一理论。翻译研究借鉴的每一种理论都对翻译本体研究的某一方面有所启发和认识,并从总体上对翻译研究有所推动。在过去30多年里,文艺学、语言学、语用学、认知语言学、比较文学、文化研究等领域的研究成果被运用于翻译研究,取得令人瞩目的成就。新译论拓展了我们的视野,提高了对翻译现象的解释力;但是,它们仅限于对翻译现象某一方面的认识(因为它们都有各自的理论目标,并不是为解释翻译现象和翻译过程而存在和发展的)。将解释一类现象的理论扩展用于解释其他现象,必然会出现缺陷,也就是说,无论持何种观点,均只是就翻译活动的某些方面而言的。例如:语言学理论可以解决语言转换机制的翻译技巧问题;语用学理论可以解决语用含义的等值问题;文艺学理论可以解决行文修辞等美学问题;文化研究可以解决宏观翻译策略问题。同时,很多理论往往用来解释同一翻译现象,例如,对于译者有意无意背叛原文这一现象,描写理论、多元系统论、规范论、操纵论、改写论、后殖民理论、目的论等不同理论均可对之予以解释,只是分析角度各有不同(王大伟,王跃武2004:70)[①]。

---

① 王大伟等(2004:69-74)曾以莎剧《罗密欧与朱丽叶》(*Romeo and Juliet*)中"He made you for a highway to my bed; but I, a maid, die maiden-widowed."一句的两个不同年代的译文为例,分别介绍译介学(medio-translatology)、描写翻译学、目的论(skopos theory)、赞助人、诗学、意识形态(patronage, poetics and ideology)三因素,解构主义(deconstruction),阐释学(hermeneutics),阻抗(resistant)和归化译法,食人主义(cannibalism)以及许渊冲先生的优势竞赛论对这一现象的分析。笔者对此例的具体分析见本书59页。

各种不同译论可用于解释同一现象,究竟哪种理论是真正具有特色且不可或缺的呢?如果不能回答该问题,就意味着当前的译论仍处于群雄割据的初级阶段,尚须从局部上升到全面、从个性上升到共性来进一步综合探讨,对此一些国内外学者已形成共识。例如:方梦之先生认为,由于翻译研究对象的高度复杂性,强调综合性原则尤为重要,对同一问题的讨论固然可以多管齐下,但从各门学科各自为政地进行探索,往往影响整体研究的成效(1996:22);许钧教授明确指出,翻译作为一种复杂的活动,若仅仅局限于一个领域进行研究,是无法揭示其性质及活动规律的,各种理论指导下取得的研究成果存在致命的弱点,也就是说每个理论流派认识的翻译在很大程度上具有片面性,揭示的只是翻译活动的一个方面,如同"盲人摸象",因此,翻译研究必定要具有综合性(2007:7)。玛丽·斯奈尔-霍恩比(Mary Snell‐Hornby)也曾指出,过去几年里"整合原则"(holistic principle)①已在语言研究中越来越占主导地位,而在近来的翻译理论研究中也极为重要(1988:29)。海提姆则把众多的研究途径比作"翻译研究大厦里的许多房间"(a house of many rooms),不同房间里的人往往从不同的视角,用不同的话语,对共同感兴趣的话题(即翻译)进行评述(Hatim 2001:8)。然而,现在的问题是,房间有了,容纳这些房间的大厦却还没有建起来。由这些房间我们能分别看到大厦的不同方面,但还需要有高屋建瓴的视角,才能看到事物的全貌和本质。因此,我们对输入的理论要持批判的态度,对借来的理论的作用要有清醒的认识,在应用理论时应该有所选择。翻译研究的现状从另一个侧面说明,人们对翻译现象的认识还不够全面,仍有待深化,需要继续从其他学科中汲取养分。理论输入不仅不会导致目前局面变得更加混乱,反而会加深对翻译现象的认识,或者为加深对翻译的认识提供新的视角、新的思考方法。

语用综观论全面考虑语言在认知、社交和文化中发挥功能的复杂性,将其纳入连贯统一的框架,这种"提出问题-解决问题"的模式、观点和目的与翻译研究过程十分类似,具有很大的通融性。在翻译研究正需要一种能综观一切因素的视角,以将语言、社会、认知等尽纳其中,从而全面提高翻译理论的描写解释力的时候,语用综观论及支持该框架研究的选择顺应论正好为之提供一个有意义的角度。

美国数学家、诗人、人文主义者雅可布·布伦诺斯基(Jacob Bronowski)在其著名的《科学进化史》(*The Ascent of Man*,又译《人类的攀升》)一书中有一句

---

① "holistic"与语用综观论中常用的"gloabal"和"general"的意思基本相同。

名言：

"科学的本质是：提出一个不恰当的问题，你就踏上了通往恰当答案之路。"（Bronowski 1973：153；李斯（译）2002：132）

维索尔伦的追问——"人在使用语言的时候到底发生了什么事"似乎既与谈论语用学问题无关，又显得简单肤浅、缺乏智慧、没有学术性，然而，"人的本性和语言本性一致"（海德格尔），正是在对这一"鲁莽大胆、很不恰当"（1999：55）的问题寻求答案的过程中，他发现使用语言即"不断作出选择"，并以此导出构建统一而连贯语用学理论所必备的关键概念，进而形成以综观论为视角、以语言选择顺应论为基础的统一连贯的语用学框架。

如果遵循"提出问题-寻求解答"的模式，我们也不禁要问：译者在翻译活动中到底在做什么？或译者在翻译时到底发生了什么事？换言之：翻译的过程是什么？既然使用语言就是"不断作出选择"，那么，使用两种语言进行转换翻译活动在本质上也必然是一个不断选择的过程，该过程既有单语使用过程的共性，又会呈现双语转换时的特殊性和复杂性。将维索尔伦的综观论和选择顺应论应用于翻译研究中，或许有助于我们扩展对翻译过程中诸多领域的认识。①

第四节 小　　结

本章从语用学途径探讨翻译问题，并试图说明二者的结合是语言学和翻译学发展的必然结果。语用学翻译研究将语言使用置于自然世界、社会世界和人文世界的广阔语境中，探索动态交际牵涉的因素及其多元的关系，透视翻译过程中语言使用的本质、语言使用的意义及语用价值。

语用学对翻译有很强的解释力，使我们能从新的角度解释翻译中的诸多矛

---

① 维索尔伦本人也希望并相信能将他的理论应用于包括翻译研究在内的诸多领域。他在为 Understanding Pragmatics 中文版所写的序中表示："愿读者诸君能从此书引出一二有所裨益之启示。在下之所诚信者，乃读者能用拙著促进科学知识之扩展。在涉及许多应用领域——诸如语言教学、翻译、电脑交际系统、跨文化与跨国度交际、语言疾病等方面时，有助拓展科学知识，毕竟为主要之目的矣"（钱冠连，霍永寿 2003：18）。不仅如此，维索尔伦还身体力行，在 2006 年 7 月于南非开普敦召开的"国际翻译与跨文化研究协会（IATIS）"大会上提交了一篇题为《翻译与/即(再)语境化》（Translation and/as(re)contextualization）的论文，尝试从语用综观视角探索翻译与语境化过程的关系。他认为："与其说翻译是语言使用的独特类型，不如将其看作一种交际活动，与其他以言行事的活动有很多共同之处。所以，语境综观论不仅意在研究一般意义上的语言使用，也会对认识翻译现象大有好处。翻译与其他语言使用形式之间存在着一个连续体，也就是说，任何人使用语言都存在某种意义上的翻译，该连续体的特征就是语境化和再语境化。"（Verschueren 2006）

盾；翻译与语用学的融合将提供新的翻译理论模式，为翻译学的建构提供理论和方法的指导。语用翻译研究是体现多角度、多维度的综观研究，例如，在语用学综观框架下，可以从认知、社会、文化、语境乃至词汇运用、语篇学等角度，多角度、多维度地分析语用学对翻译的解释力、局限性等。

语用学理论能够对语言使用和交际的各个方面加以描写和解释，已经使其成为理论输出学科，正逐渐应用于语言教学、语言习得、翻译、人际交际、跨文化交际、语际语言研究以及人工智能等领域，其理论指导作用为越来越多的学者所认识。如前所述，语用学分相研究领域所取得的研究成果均可以为翻译研究提供科学的、微观的语用学分析方法，这些课题涉及语言使用的各个方面，对于解决翻译中有关语言使用的各种问题都有所帮助，因此都能够被运用到翻译研究及其实践之中。语用学不仅给翻译研究和实践提供微观的语言学分析方法，而且还提供有关翻译研究的宏观理论，对翻译研究的学科定位和翻译研究的方法论等方面都有借鉴作用。

翻译理论要发展，就必须研究翻译过程，这是因为先有翻译过程，后有翻译产品。只有达成对翻译过程的理解，才能了解翻译的本质，译者才能有望提高翻译技能。翻译过程是一个极其复杂的动态过程，语用翻译强调的正是翻译的动态性，从语用综观论的选择顺应角度进行研究，应能给翻译过程研究带来新的启示。

第三章 翻译过程研究的语用综观视角

英语"translation"一词具有三重意义,既可指静态意义的翻译结果(a translation/translations),又可指动态意义的翻译过程(translating),还可以作为一个抽象的概念兼指翻译的过程和结果(translation)。[①] 汉语"翻译"不仅也具有上述含义,还可指翻译活动的主体——译者,这是翻译研究领域中概念容易混乱的原因之一。翻译兼指产品和过程的双重涵义使翻译研究中出现两种不同的取向,即以产品为取向(product-oriented)的研究和以过程为取向(process-oriented)的研究。如果把翻译活动视为产品的生产加工过程,至少应包括 3 个主要环节或因素,即原文(原料)、翻译过程(加工)和译文(产品)。翻译研究传统上只重视原文、译文以及二者的关系,体现在如何分析理解原文、如何忠实传达原意、译文是否通顺易懂、是否顺乎读者的期望上,可译性、对等度等概念也主要与原文和译文有关。强调"原料"和"产品"的研究当然重要,但仅仅研究这些还远远不够,因为不关注翻译的生产"过程",我们就无法了解翻译的本质。换言之,要对翻译活动具有完整认识并探索翻译活动的本质特点,就必须观察、研究翻译过程。翻译研究文化学派的代表人物巴斯内特和勒菲弗尔(Bassnett & Lefevere)认为,认识翻译过程中所发生的事情对于我们认识身处的世界至关重要,因为翻译的每个环节无不处在与原文、译文相关的各种影响力所组成的关系网络之中(1998:137)。翻译理论要发展,就必须研究翻译过程,就必须对这一过程进行描写和解释。我们不仅要回答译者在翻译时做了什么,而且要回答翻译过程为什么是这样而不是那样的问题(Bell 2001:22)。基于上述认识,描写

---

① "Translation"一词指"翻译结果"(即"译文")时是可数名词,而当其指抽象的"翻译行为及过程"时则为不可数名词,但上述区别常被汉语译者所忽视,以至于常把英语中定义何为"译文"的阐述误读为何为"翻译",造成不应有的概念混乱。最典型的例子是把当代描写翻译理论代表人物吉瑞·图里定义"译本"的那一句"A translation will be any target language which is presented or regarded as such within the target system itself, on whatever grounds."翻译成"什么是翻译?'翻译就是在目的语系统中,不论由于何种原因,表现为翻译或者被人视为是翻译的任何一段目的语文本'"。该译文令人十分费解,有循环定义之嫌,更主要是译者忽视了句首"A translation"中的"A"!(曹明伦 2007:257 - 262)

译学的创始人詹姆斯·霍姆斯(James S. Holmes)于1988年发表《翻译研究之名与实》(*The Name and Nature of Translation Studies*)一文,提出功能取向研究、过程取向研究和译文取向研究等三种不同类型的译学范畴。他认为所谓过程取向即详细探讨与翻译行为相关的心理过程(1988:72)。

与传统研究相比,当代翻译研究对影响翻译过程的各种因素及其相互关系的充分重视是一种根本性的变化(Longa 2004:208)。传统翻译研究由于主要关注译文与原文的关系,在很大程度上都是产品取向研究,这也正是翻译研究在长时期内少有突破的重要原因之一。由于产品取向研究将翻译过程简化为从原文产品到译文产品的过程,研究范围局限于对产品的研究,忽视对过程及过程中影响译者翻译行为各种动态因素的研究,往往容易依据个人的评判标准对某一翻译产品进行主观的谁是谁非、孰优孰劣的判断,是一种规定性的研究。相比之下,过程取向研究考虑到各种动态因素对翻译活动的影响,从而深入到具体的语言、社会、文化、认知环境中考察翻译过程,让我们清楚地看到从原文产品到译文产品这一过程中影响翻译行为的各种动态因素,以便对之进行描述和解释,而不致作出主观判断的结论。语用综观视角可以将这些动态因素纳入统一框架,为合理"描述和解释"翻译现象提供可能性。

第一节 翻译过程模式及评析

对翻译过程进行全面的考察,并以某种理论为基础进行模式化探索,是翻译研究从规定性向描写性转变的重要标志。近年来的翻译过程研究或从语言学角度,或从文化传播角度,或从心理认知角度,提出许多新颖独到的见解。

将翻译过程研究与模式创建结合起来,既可从理论上更全面地把握翻译活动过程中起主要作用的各种要素,也可在实践中探索一套可资借鉴的翻译程序。从现有文献来看,有关翻译过程和翻译模式的研究很多,如口译程序和模式的研究、文学翻译程序和模式的研究等。有必要说明的是,有的程序和模式的制定主要基于对翻译实践过程的考察和描述,有的程序和模式的制定则是以一种理论假设为基础的。

一、语言学角度的翻译过程研究

长期以来,翻译一直作为语言学的附属学科而存在,因为只要研究翻译问题,起码要从某个层面上的语言分析入手,大部分翻译研究都绕不开这一步;因此,很多学者从语言转换的角度来研究翻译也就不足为奇了。奈达(Nida)、威尔斯(Wilss)、卡德(Kade)及斯坦恩(Stein)等提出的翻译过程模式基本都建立在语言学理论基础上。

奈达认为"翻译科学,更确切地说,是对翻译过程科学的描写"(1975)。在1964年出版的《翻译科学研究》(*Toward a Science of Translating*)一书中,奈达首次以图表形式提出自己的翻译过程模式(见图1)(转自 Dollerup 2007:81)。

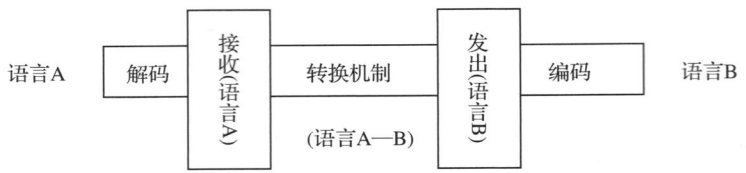

图 1　奈达的翻译过程模式

在该模式中,语言 A 表达的信息由接收者解码为语言 A 的其他表达形式,然后将其通过转换机制转换为语言 B,译者作为信息源再将信息以语言 B 的形式重新编码表述出来。1969 年,奈达借鉴经典转换生成语法理论中的核心句、转换等概念,提出了著名的逆转换翻译理论。具体来讲,首先就是在对原文进行语法、语义分析的基础上,将其表层结构逆转换为深层结构,然后传译到译文深层结构,最后再从译文深层结构转换为译文表层结构。他认为比较复杂的翻译过程需要经过分析(analysis)、转换(transfer)和重构(restructuring)三个步骤。翻译过程模式的具体步骤如图 2 所示(Nida 1969:484)。

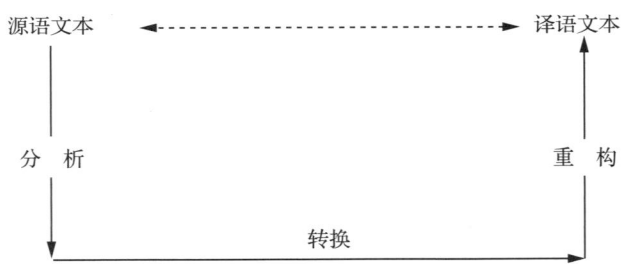

图 2　奈达的翻译过程模式的步骤演示

在这一模式中:翻译的第一阶段是对源语文本意义(词汇、句法和修辞意义)的分析;第二阶段是转换,在核心(kernels)或近核心(near-kernels)层运行;转换之后是重建(或合成)阶段,在此,核心层被转入目的语的表层结构。在该模式中,奈达本人未界定"核心"这个概念,因此,核心层或近核心层的所指十分模糊。① 鉴于此,需要译者自己决定核心层或近核心层,以及如何把复杂的结构转

---

① 奈达的"核心层"概念来源于转换生成语法中的深层结构,所以不像表层结构那样易于观察。

换为简单的结构,而译者是有个人差异的,难免会导致翻译的混乱。此外,奈达将翻译过程仅仅看作"分析—转换—合成"三步式的活动,比较简单笼统,没有揭示译者在翻译时的心理过程,特别是对于转换环节译者是如何分析源语文本、如何将源语转换成目的语的解释不够详尽。奈达自己也承认,翻译过程还涉及许多在模式中未体现出来的其他因素,比如在翻译过程中起重要作用的文化因素。由此可见,该模式不能很好地描述翻译过程,对翻译具体操作的指导作用有限。

德国学者威尔斯以描述语言学和生成语法为基础,从信息论的角度,将翻译视作一种语际信息传递过程,如图3所示(Wilss 1982:55)。

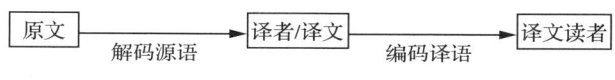

图3 威尔斯的翻译过程模式

威尔斯提出的翻译过程如下:源语代码由原文发出传达到译者(即第一个接受者),再由译者利用自己的双语交际能力将信息加以分析和切分,然后对信息进行语言上的重新编码或转换编码系统;为了传递用译语重新组织的信息,译者必须从特定的话语类型选择译语符号和组合符号的规则,然后将经过重组的话语传达到第二个接受者(即译文读者),由译文读者把译语话语破译出来。用信息学术语来讲,译者语言代码的接受和发出结为一体,起到调解语言间差异的作用。

威尔斯的翻译模式吸取语篇语言学在功能方面的研究成果,强调翻译是语际信息传播的过程,这就将原作者的意图与接受者的意图联系起来,使其成为译者必须考虑的重要因素。但该模式只是一般意义上的语际信息传递过程,缺少对译者的心理认知功能的探讨,也未涉及语境因素的作用。

如图4所示,另一德国学者卡德的翻译过程模式则建立在译者与原文作者和译文读者关系的基础之上(Lörscher 1989:55)。

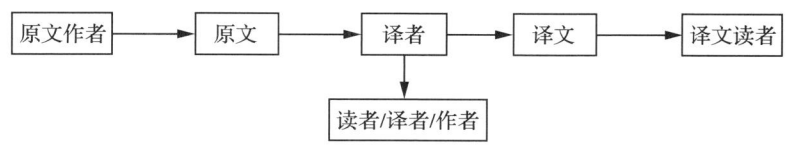

图4 卡德的翻译过程模式

卡德把翻译过程分为三个阶段:第一阶段,作为源语发送者的原文作者将源语文本呈现给译者;第二阶段,作为源语接收者的译者将文本从源语转换成译入语;第三阶段,作为译入语发送者的译者把译入语文本呈现给作为译入语接收者的译文读者。卡德把翻译活动放到交际理论的大框架里,明确区分译者在不同阶段扮演的不同角色,即作为源语接收者的译者、作为由源语向译语转换的译者以及作为译语文本作者的译者。卡德的翻译过程模式以"人"(作者、译者、读者)为中心,形成有别于其他模式的研究视角,但至于译者的身份转换如何进行、其心理状态怎样以及其与普通意义上的作者和读者有何不同等问题,无法从卡德的翻译过程模式中觅得答案。

针对翻译研究中某些理论的不足,尤其是可操作性缺乏的特点,斯坦恩将语篇理论引入到翻译过程模式中(见图5)。

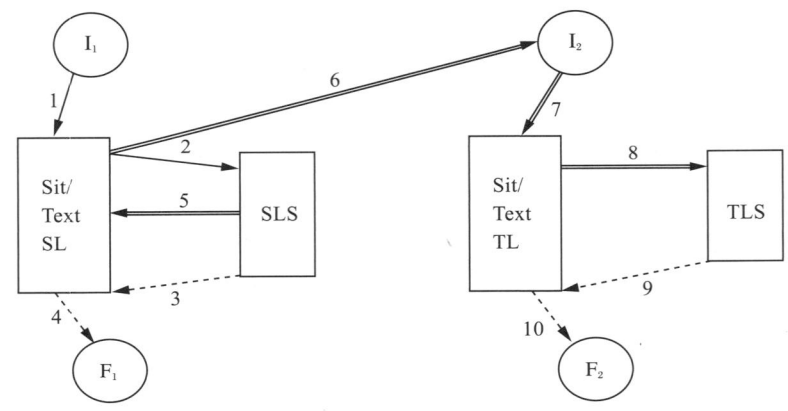

图 5　斯坦恩的翻译过程模式

图 5 中:I_1 和 I_2 分别表示源语语篇作者和译语语篇作者(即译者)的交际意图;F_1 和 F_2 分别表示源语语篇和译语语篇的交际功能;SLS 和 TLS 分别代表源语语言符号和译语语言符号;Sit 代表情景;1 和 2 来自源语语篇作者;3 和 4 来自源语语篇读者;5,6,7,8 来自译者;9,10 来自译语语篇读者。

斯坦恩认为孤立的语篇没有任何意义,语篇只有在交际中才能获得意义,把语篇看成由一系列指令构成的概念会使翻译研究富有成果(Lörscher 1989:59)。译语语篇与源语语篇的产生过程相似,但译者的交际目的是充当交际的媒介或中间人,因此,翻译的过程是一个选择和优化的过程(a process of selection and optimization)。例如:要使两个语篇交际意图对等($I_1 = I_2$),需要考虑情景和语篇模式;选择译语语言符号时需要结合译语语篇的交际功能(F_2),以便作出最佳选择。

斯坦恩的翻译过程模式在双语符号转换的基础上引入交际功能,这种翻译模式在很大程度上取决于翻译的目的。该模式把翻译过程定位为源语语篇接收和译语语篇产生,比较接近翻译行为;然而,作为一种行为模式,其未充分考虑两个语篇相互作用时的复杂现象,也未指明译者是如何将不同因素联系起来的,所以,该模式描述的只是一个理想的译者在理想化情况下的翻译过程,完全建立在理论假设基础之上,根本未考虑不同译者的认知心理状况。由于理想的译者是不存在的,因此,该模式缺乏真实性和可操作性(Lörscher 1989:60-63)。

二、心理认知角度的翻译过程研究

以上模式均体现了翻译过程的语言学特征,并暗示了原文与译文、源语与译语、接收者与发送者等必要成分及作用,勾画出翻译过程的阶段特征和功能特征,但由于这些模式采取的是静态的、思辨的论述方法,其心理现实性受到质疑。实际上,将"翻译作为一种过程进行研究,应当探讨的是双语转换的认知心理过程,即在翻译时译者大脑'小黑匣子'里发生的活动"(Holmes 1994:72)。早在20世纪30年代,林语堂先生就指出"其实翻译上的问题,仍不外乎译者的心理及所译的文字的两样关系,所以翻译问题,就可以说是语言文字及心理的问题"(罗新璋 1984:419)。双语转换是一个比较复杂的认知心理过程,不管是对源语的理解还是译语的产出,都要受到心理表征的影响,亦即认知心理的制约。翻译是人脑对语言、文字内涵信息进行加工处理的过程。语言与思维密切联系,只研究语言而不探讨思维不能解释翻译的本质(肖辉 2001)。国内外翻译研究界在这方面的研究成果很有启发意义,其中较早进行系统研究的首推英国著名翻译学者罗杰·贝尔(Roger Bell)。

贝尔在于1991年出版的《翻译与翻译过程:理论与实践》(*Translation and Translating: Theory and Practice*)一书中写道:"翻译理论若要具备综合性和实用性,就必须尝试描写和解释翻译的过程和产品。然而,目前的状况是,翻译理论大都集中探讨翻译产品而排斥翻译过程。我们有责任去描述和解释翻译的过程;这个过程基本发生在人的大脑之中而非大脑之外。假如承认上述两点,那么我们就应当运用心理学的规律,具体说即在有关感觉、信息处理、记忆及认知科学等心理研究的框架内来探讨翻译的过程。"(1991:13)

贝尔认为翻译即是由译语语篇把源语语篇的内容和意义重新表达出来的过程,并试图利用图示(图6)说明译者是如何把源语语篇转换成译语语篇的(1991:21)。译者首先把带有语言特征的文本(即源语语篇)分析成普通的(没有语言特征的)语义表述,然后再把抽象的语义表述表现为带有另外一种语言特征的语篇(即译语语篇)。显然,在这一转换过程中,译者大脑"那个小小的黑匣子如何运作"(Holmes 1988:67)是语篇转换的关键。

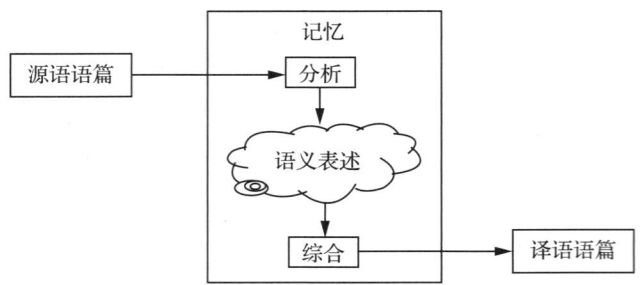

图 6 翻译语篇转换过程

在这种思想的指导下,贝尔建立一个包括"一系列复杂的生理过程和心理过程"的翻译模式。贝尔将翻译过程分为分析过程和综合过程两个阶段,每个阶段包含三个不同的操作领域,即句法、语义和语用(见图 7)(Bell 2001:59)。

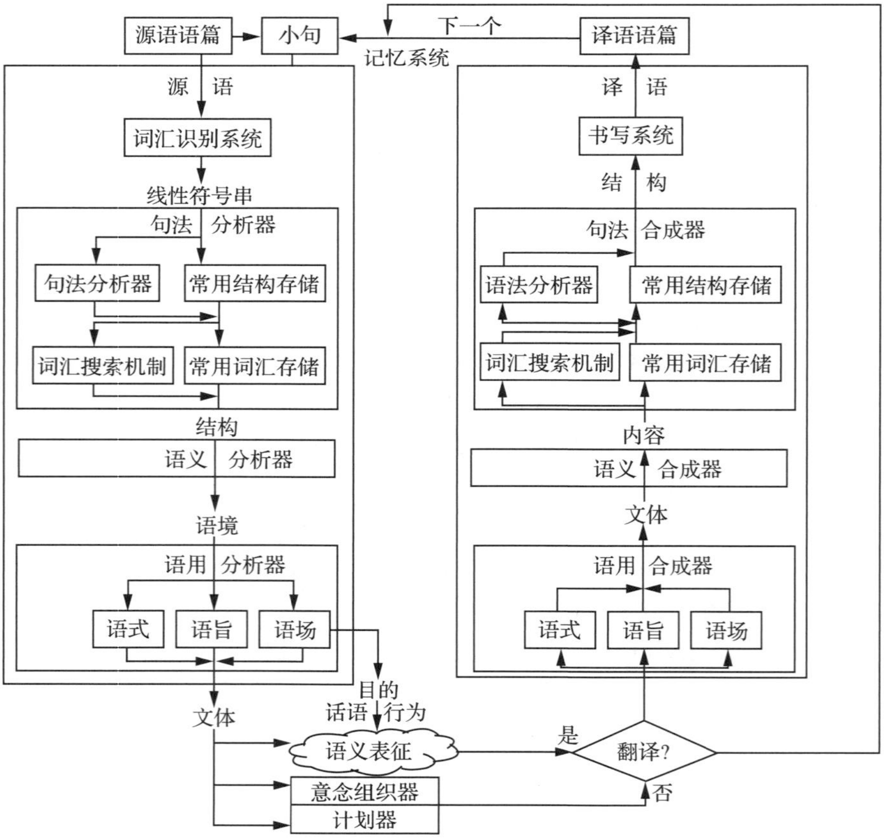

图 7 贝尔的翻译过程认知心理模式

由图7可见，在对原文的分析或解码阶段，译者阅读原文，经过"词汇识别系统"，该系统将有形的刺激变成一串线性的符号，再通过句法、语义、语用分析获得原文的语义表述。首先进行句法分析，句法分析器根据词汇辨认系统输出的一串线性符号来推导出其结构，句法分析器由常用结构存储、常用词汇存储、句法分析器和词汇搜索机制四个部分组成；然后进入语义分析器，其作用是从句法结构中得出内容；最后进入语用分析器，分解述位结构和提供语域分析。经过上述分析之后获得的小句信息及文体描述往下移动，构成了不受特定语言限制的语义表述。语义表述由小句所表达的全部思维意义构成，包含句法、语义和语用信息，并以此作为在另一语言中构建可选择小句（即翻译）的基础。获得语义表述之后，如果读者决定进行翻译，就进入合成阶段。合成或重新编码阶段与解码阶段次序相反，译者通过综合语用、语义、句法产生译文。首先译语语用综合器接收语义表述中的所有信息，解决三个关键问题：① 如何处理原文的目的；② 如何处理原文中的述位结构；③ 如何处理原文的风格。然后进入译语语义合成器，接收显示出来的施为力（目的），创造容纳命题内容的结构，提供满意的命题，以传递至下一个合成阶段。最后进入译语句法合成器，接收来自语义阶段的输入，扫描常用词汇存储，寻找合适的词项，并在常用结构存储中寻找能表述命题的句型；如果常用结构存储中没有小句结构能表达特定的意义，命题就传递到语法分析器（这时它起句法合成器的作用），激活书写系统，形成小句。一个小句处理完以后，翻译过程即回到原文，开始处理下一个小句。

贝尔的翻译模式把翻译过程看作人类信息处理过程的一个特例，因此应遵循信息处理的基本规律；另外，翻译过程以自下而上和自上而下的方式同时进行。贝尔的翻译模式是一个系统的、综合的模式，描述面覆盖翻译过程的方方面面。同时，由于有信息理论和心理学作为理论基础，该模式也很好地揭示了译者在翻译过程中的心理过程。当然，由于翻译过程是一个隐性的流变过程，对其进行研究无疑要比研究翻译结果困难得多；因此，对于贝尔的翻译模式是否就是译者在翻译过程中完整的心理真实过程，可能还无法下一个非常肯定的结论。但是，心理现实性本身就是非常重大的理论问题，对其进行探索的任何努力都是难能可贵的。由于贝尔的翻译过程模式部分地借鉴了人工智能的研究成果，虽然与前述一些翻译模式相比较为复杂，但却精确科学得多，尤其是对翻译过程的每一阶段和步骤都进行了详尽、可供验证的分析，因此，其在机器翻译领域具有很强的可操作性（廖七一 2001：229）。

不过，贝尔的翻译模式表明其对小句的解读为：一个小句经过分析合成加工成译语小句后，下一句的加工分析才开始。这似乎表明翻译过程呈现出具有先后次序的线性运动过程(例如分析过程的句法→语义→语用和综合过程的语用→语义→句法),而这不太符合翻译的实际过程,因为小句的加工未必都是线性的(详见本书第五章第三节)。当我们将语境、作者、作品、译者、译作、读者等要素放到翻译过程中来考察时,就会发现翻译是一个循环的过程,而且是各要素彼此相关甚至有重迭的无数次过程。①

如果说贝尔的翻译模式是建立在心理学基础上的,那么厄斯特-奥古斯特·固特(Ernst - August Gutt)的关联翻译观则与认知研究密不可分。关联理论将交际活动归结为认知行为,这是因为关联理论关注人的认知环境,并将其看作交际的基础;因此,翻译作为交际活动是脱离不了人的认知的。从表面上看,翻译是两种语言符号之间的转换,但在转换背后却牵涉着极为复杂的认知活动。从关联理论的角度来看,翻译实际上就是认知环境的转换,译者需要考虑原文的认知环境能被译文读者共享的程度。关联理论认为人的认知环境是交际双方共处的世界,交际双方可以共享认知环境。

1991年,固特在关联语用理论基础上写成专著《翻译与关联——认知与语境》(*Translation and Relevance*:*Cognition and Context*),提出了关联翻译理论,该理论旨在研究翻译过程,探讨如何达到翻译交际的目的和效果。关联翻译理论认为翻译是一个认知过程,是建立在关联原则认知推理基础上的交际过程(Gutt 1991,2000)。译者应根据关联原则从潜在的认知语境中选择正确的相关语境假设,从源语的语音层、句法层、语义层和语用层等各交际线索中推断出原文作者的交际意图,并对译文接受者的认知语境作出正确的假设,从而选择适当的译语,努力使原文作者的意图(intentions)与译文读者的期盼(expectations)相吻合。翻译过程包含两轮示意-推理过程,涉及三个交际者,即原文作者、译者和译文读者。在第一轮示意-推理过程中,译者通过原文语境进行关联推理,认知原作意图和意义,与原文作者达成认知上的共识;在第二轮示意-推理过程中,译者通过译文将自己认知的原作意图及其相关信息与译文读者交流,从而完成这种"三元关系"间的跨文化、跨语言交流。最佳关联性是译者力争达到的目标,译者的责任是努力做到使原文作者的意图与译文读者的期盼相吻合。关联翻译理论的核心是语境效果,关注的焦点是翻译的效度,其次才是翻译的信度,即是否

---

① 尽管贝尔后来声明不要用线性观点,而应从整体角度理解他的模式,既不能将其理解为一个简单、单向和线性的过程,也不能说上一步完成之后方能启动下一步(1991:18,45),但有时却自相矛盾(也许是表达上的无可奈何),仍不时使用"第一步""第二步"等词语来解释他的理论(1991:45),这在一定程度上削弱了该模式的解释力。

忠实于原文。

关联理论开辟了翻译研究的新视角,对翻译有着强大的解释力(赵彦春 1999:273-295)。例如,对于不可译性问题,关联理论中抽象的思维定势使理论中的争论和矛盾现象得到有效解决。关联翻译理论认为,翻译作为特殊言语交际形式,在语际转换中确实存在着许多难以逾越的障碍,但这并不等于障碍不可逾越,只要译者不断进行推理、演绎、掂量、权衡、比较、取舍,总能在两种语言中寻找到信息的最佳关联,促使交际成功。

关联翻译理论和其他翻译理论一样也存在局限性。关联理论作为语言交际理论,尤其是单一文化背景下的语言交际理论,揭示人类语言交际的某些本质,其理论基础是相同的文化认知心理图式,但对于最佳关联赖以存在的缺省模式之一的文化缺省模式,在翻译过程中是如何传递到另一个文化认知心理图式中去的,关联理论无法给出令人满意的解释。若文化缺省的传递得不到解决,对跨文化的翻译交际也就难以作全面的解释,关联理论能够解释的翻译现象仅包括同化翻译、可译性和重译,而这绝不是翻译的全部(王斌 2000:43-45)。

三、文化传播角度的翻译过程研究

文化传播角度的翻译过程研究以20世纪70年代发展起来的文化翻译学派为代表,他们不满足于微观的语言层面研究,而是把翻译看作宏观的文化转换,并认为跨文化的文本转换绝不仅仅取决于文本本身的内在价值,而应考虑翻译活动受制于语境、历史、规约等更为宏大的文化大背景。他们认为翻译过程的每一步骤——从原文文本的选择到翻译策略的实施,再到译本的编辑、评论和阅读,都受到目的语系统中各种通行文化价值的调整,受到权力关系、赞助者、意识形态、诗学、审美取向等多种因素的影响和制约;"翻译过程研究与具体翻译实践的结合可以让我们明白复杂的文本操纵过程是如何发生的,包括翻译如何选择文本,在选择过程中译者起何作用,编辑、出版者和赞助商起何作用,什么标准决定译者的翻译策略,译作在目的语系统中是如何被人接受的"(Basssnett & Lefevere 1998:123)。

著名翻译理论家乔治·斯坦纳(George Steiner)关注翻译中文化、社会和伦理的冲突,认为翻译即阐释,强调翻译过程的复杂性和主体性,提出颇具影响力的翻译过程四部曲——信任(trust)、侵入(aggression)、吸收(incorporation)和补偿(restitution),以凸显阐释过程的复杂矛盾。信任指判断原文是否有翻译的价值;侵入指对原文的解码和理解;吸收指译文语言的语义场对原文形式和内容的接纳;补偿意在保持前三步中失去的平衡(许钧 2003:96-103;廖七一 2001:

109-112)。

　　较之语言学派的翻译过程观,文化学派的翻译过程论更为宏观,他们将翻译过程看成是"文化传播和移植的过程",是"两种不同文化的接触,乃至不同程度的文明的接触"(杨仕章 2001:15)。诚然,这种过程观可以让人们跳出原文和译文组成的狭小圈子,注意到交织在一起、影响翻译过程的诸多因素;不过,这些因素再多,也必须通过译者的思维活动才能体现出其影响。译者是主导翻译思维过程的主体,其余一切因素都只是间接通过译者发生作用。至于翻译在文化传播中体现的作用,则属于广义的翻译过程范畴。另外,一方面,我们应重视在翻译过程中介入的文化因素(或层次);另一方面,我们更要研究这些文化因素在翻译过程中是如何影响译者作出选择的。对于第一个方面,文化派的许多学者已经谈得很多了,而第二个方面到目前为止还极少有学者谈到(文军 2005:81)①。

　　由于文化学派的研究出发点与语言学派完全相反,因而对语言学派采取全盘否定的态度。事实上,即使从外部因素讨论翻译也不应把语言转换排除在外,否则就脱离了翻译的根本——语言内部研究,翻译成了无源之水,翻译本身也就不存在了。其实,文化研究也需要在源语和译语文化语境下,对语义、语形、语用等层面的语言转换和互动过程进行描写和解释。文化学派远离内部研究而完全倾注于外部的研究,甚至认为这才是翻译的发展方向,显然是片面的、错误的。文化学派没有形成普遍的翻译理论,也没有合理地描写翻译过程,对以外部因素切入翻译研究的结论也只是经验性的归纳(曾文雄 2006:90);所以,文化学

---

① 文军先生的这篇论文探讨翻译过程中的文化介入问题,主要涉及以下两方面:一是有哪些文化因素可能介入翻译过程;二是这些文化因素是怎样介入翻译过程并影响译者的决定的。该文试图通过实验更深入地探讨翻译过程中的文化介入,并结合翻译活动的特性和翻译过程的特点,设计多层互动文化模式(见图8),但探讨文化因素怎样介入翻译过程,还算不上对翻译过程的本体研究。

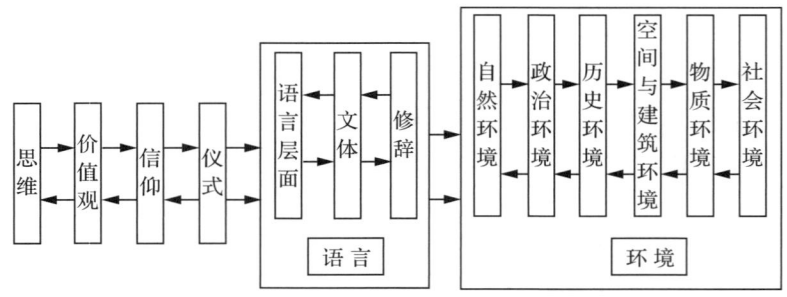

图 8　多层文化互动模式

派的过程研究只是拓展了翻译过程研究的外延,对于狭义的翻译过程研究并无多大助益。

上述不同视角的翻译过程研究都有一定的合理性和真理性,但还不够全面客观:有的侧重语言转换层面,而一旦进入文化、风格、交际等领域,解释力就无从显现;有的侧重心理认知,探讨译者大脑中的"黑匣子",但由于无法直接观察而使所得结论过于复杂繁琐且难以验证;文化视角虽然立足宏观,注意到文本转换的外部因素,却又矫枉过正,翻译标准过于宽泛,使得翻译过程难以操作。虽然翻译是"宇宙进化史上最复杂的东西"(Richards 1953:247),但"这并不意味着我们不能把复杂性逐步简化以寻求对复杂性的把握"(1999:55)。鉴于此,我们有必要在上述研究的基础上,采取更高层次的综观视角,将语言、文化、认知等因素整合起来,归结到一个框架之内,对翻译过程进行全局把握。维索尔伦的语用综观论从社会、认知、文化的整体角度考察语言使用现象,促使我们思考探索以综观论为视角,以选择顺应论为理论基础,寻求为翻译过程研究建立起连贯统一的框架。

第二节 语用综观视角下的翻译过程:选择和顺应

维索尔伦认为:"与其说翻译是语言使用的独特类型,莫如将其看作一种交际活动,与其他以言行事的活动有很多共同之处;所以,语用综观论不仅可用于研究一般意义上的语言使用,而且对认识翻译现象大有好处。翻译与其他语言使用形式之间存在着一个连续体,也就是说,任何人使用语言都存在着某种意义上的翻译。"(Verschueren 2006)语用综观论将人使用语言进行交际的过程看作连续不断地作出选择的过程,话语的产出和理解都涉及选择(见第二章第三节)。翻译是一种特殊的语言交际活动,要使使用不同语言双方的交际得以进行,就既要理解原文,又要产出译文,从这个意义上来看,翻译过程也必然充满选择。为更有针对性地将引入综观和选择的观点应用于翻译研究,我们有必要理清使用语言的一般交际与翻译作为特殊交际的关系。

一、翻译是双重交际活动

不可否认,翻译是一种交际活动,既有一般交际意义上的特征和交际要素,又具有自身的特殊性和复杂性。一般的语言交际只限于一种语言,发话人将信息编码并发出信息,受话人接受并将信息解码,双方编码和解码时使用的是同一种语言,至少在语言的核心部分用的是相同的词语表达库(inventory)和同一系统的句法横组合规则,信息发出者和接受者在语言上有直接联系,故这种交际也称单语语内交际(见图9)。

图 9　单语交际模式

翻译属于双语语际交际,信息发出者和接受者使用两种不同的语言,由第三者进行信息的编码和解码,与单语交际相比似乎只多了一种语言和一个信息传递人(见图10)。然而,双语交际模式并未完全显示出翻译交际的本质特点。首先,如果我们把信息从发出者到接受者的过程看作一级(primary)交际,那么它须经两个二级(secondary)交际才能完成,即译者作为信息接受者和信息发出者(sender)的交际以及译者作为信息发出者和信息接受者的交际,从这个意义来看,译者既是源语信息接受者又是译语信息发出者。其次,信息发出者和译者在解码时使用语言 A(如英语),而译者解码后获得的信息必须以信息接受者使用的语言 B(如汉语)进行重新编码。再次,用译文语言 B 重新编码并解码后的信息与用源语言 A 编码并解码的信息之间必定存在变异而不可能完全重合。然后,原文信息发出者与译文信息接受者之间没有语言上的直接联系。最后,在翻译的两级交际过程中,译者交际的对象(即原文作者和译文读者)都不在场,甚至译者与原文作者不属于同一时代的人,由于作为交际主体得到回应、反馈的时间间隔比较长,译者的选择顺应很难根据双方的反馈作出调整。如图 11 所示,翻译是由三个参与者、两次交际和两种代码组成的三元双重语际交流活动。

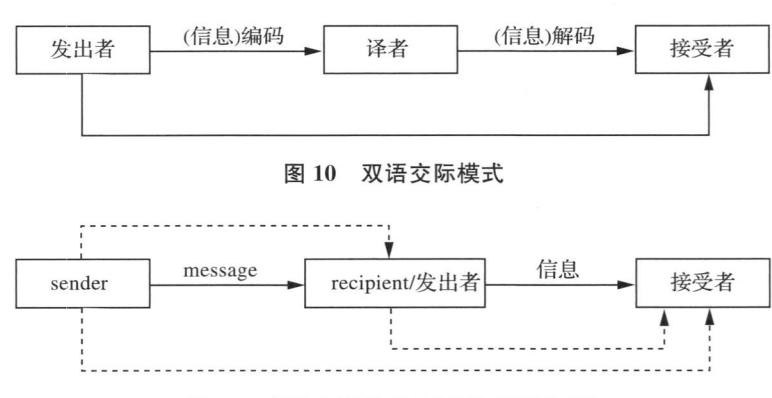

图 10　双语交际模式

图 11　翻译交际模式(以英汉翻译为例)

如果说单语交际中的听和读是为了理解,双语交际中译者的听和读则是为了翻译。虽然二者都以获得信息为主,但前者以获取信息为第一要义,后者则还要将所获取的信息用另一种语言呈现出来。单语交际者可以为某个词语而喜怒哀乐,当然译者也可能如此,不过译者更关心这种表达法在翻译时是否棘手,是否能够处理得体。

单语信息接受者与双语信息接受者的角色亦不相同:前者以信息发出者为取向,关注发话人的信息,以便作出某种回应;后者以信息接受者为取向,关注发话人信息的目的是为了将其传播给译文的接收者,而不是由自己来作出回应。译者在理解原文时需尽可能地自我克制,才能最大程度地满足和尊重译文使用者的期望。实际上,正是译者的这种再传播过程将其与单语交际者区分开来:虽然他们都接收别人发出的信息,但只有译者需要将信息重新编码后发送给第三方。

当然,除从接受角度可分析得出翻译与单语交际的不同外,从产出方面来看,二者也存在不少差异。例如:在单语口头交际中,应答语与发话语相同,且通常风格也相似,但语义内容不相同,句子结构和语用意图也不相同;在翻译中,译者使用与发话语不同的译文语言,保留与原文相同的语义内容,尽管信息内容在转换时不可避免地有所调整改变。总的来看,涉及翻译的双语交际与单语交际的重要差异在于前者使用"两种代码、两种信号(或话语/语篇)和两种信息(鉴于完全对等的不可能)"(Bell 2001:19)。分清翻译作为双语交际与单语交际的不同之处的目的在于研究约束双语交流过程的因素,以及这些因素的相互作用是如何影响译者作出选择的。

二、翻译与选择

语用综观认为,语言的使用说到底是"一个不断选择的过程,不管这种选择是有意识的还是无意识的,也不管它是出于语言内部的原因还是语言外部的原因"(1999:55-56)。

既然翻译也是一种语言交际活动,翻译过程也应是一个不断选择的过程。事实上,我们很容易发现,翻译活动存在大量"选择"现象,译者在翻译过程中会进行大量"选择"操作。可以这样说,从所译文本的取材到译语词汇句式的运用,翻译行为的每一个阶段无不涉及对多种选择的确定。在选取源语材料时,需要确定材料选自的国别、原文作者、具体文本等;选取材料后,译者即面临对自身文化立场、翻译策略和翻译方法的选择。总之,无论是"译什么",还是"怎么译",都涉及译者的选择。联系上述语言选择的几个特点,可以发现翻译的选择体现在翻译过程的方方面面。

第一,选择当译之本。对拟翻译异语文本的选择是译事的头等要义。在劳伦斯·韦努蒂看来,翻译致力于转述异域文本,以达到理解和交流之目的,该目的的实现首先体现在对拟翻译异域文本的选择上(许钧 2002:63)。

第二,选择文化立场。译者作为跨越两种文化的读者,面临出发语文化和目的语文化,而倾向其中任何一种文化,都会直接影响译者的翻译心态和翻译策略的选择。近几年来重新兴起的"异化"与"归化"之争,实际上就是以译者所选择的文化立场为基本点来加以区分的(王东风 2000:2-8)。

第三,选择文本的意义。翻译即译"意",然而我们也应看到源语文本是一个非确定性意义的开放系统。对文本意义的解读是一项极为复杂的工程,涉及文本自身、文本作者、文本读者(即译者)三者之间的某种互动关系,是某种动态生成的东西。尤其对于文学翻译而言,原文作者的话语意图、文本自身的独立意义、读者的解读意义并非完全同一;所以,在翻译活动中,对文本意义的理解和阐述就表现为译者发挥主体性选择的过程。

第四,选择文本意义的再表达。在文本意义的传达环节,译者所面对的选择体现在诸多方面,例如,文本的形式意义、言外之意以及文化社会意义、联想意义等的传达都有"译"与"不译"的选择。面对一个潜在多义的文本,译者更需要解决诸如整体与局部、宏观与微观、形式与内容等各个方面的协调问题。

第五,选择操作层面。这方面的选择更显得具体而细微,包括句式的选择、语气的选择、情感意义的选择、词汇色彩的选择等。可以说,大到句式,小到字词,乃至一个标点,都可能需要译者在对各种因素的权衡中,在"译"与"不译"的尴尬处境中,在异同与得失之间,作出积极的选择。

鉴于此,以往的翻译论述中把翻译看作选择艺术的观点时有所见。捷克学者吉瑞·列维(Jiri Lévy)最早作出翻译就是选择的论断:"在翻译过程中,译者遇到一系列连续发生的情况,必须在一系列的选项中作出一个选择……这种选择贯穿于翻译的全过程,并且各个选择之间相互联系,最先作出的选择为随后的选择提供了某种上下文。"(1967:1711)德国翻译理论家威尔斯(Wilss)的观点颇有代表性:"翻译过程是选择、决定的过程,是选择、决定与某一原文单位相对应或相似译语表达的过程。"(桂乾元 2004:60)英国学者彼得·纽马克(Peter Newmark)更是明确指出:"翻译理论关心的就是选择和决策,而不是源语篇或目的语篇的工作原理。"(1982:19)美国翻译研究学者格雷戈里·拉巴萨(Gregory Rabassa)也认为翻译是一个作出选择的过程,其选择的技巧有赖于译者的本能(instinct)(郭建中 2000:247)。而约翰·比格内(John Biguenet)和赖纳·舒尔特(Rainer Schulte)在《论翻译技巧》(*The Craft of Translation*)一书的导言中更是得出如下结论:"翻译是一个选择过程,一个永远开放的选择过程。"(Biguenet & Schulte 1998:viii)我国翻译界语篇翻译倡导者李运兴先生也说过:"译者的具体任务是进行一系列选择,以使译文和原文达到某种程度的对应。"(2001:32)《中华翻译词典》主编方梦之先生论述译者的工作心理时指出:"翻译的整个过程就是一个连续不断的选择的过程。且不说一开始对原作的选择,原作选定后,先可选择决定翻译的类型:全译、摘译、缩译或意译为主的综述。开译后,大至篇章的格调与布局,句间、段间的衔接与连贯,小至注释的应用及其方式等,无不需要译者的精心选择。"(1999:99)

由上述可见,翻译中充满了选择活动已成为翻译界的共识,甚至有人提出"翻译过程构成一个系统,翻译学的建立就是用系统化的方法解决综合治理的问题,也就是在种种选择面前解决最优化问题"(萧立明 2001:7-10)。通过在表象上对翻译现象进行充分观察和描写,的确可以获得很多认识,尤其是直观的认识最易于由观察和描写得到。不过,这样得来的认识是初步的,往往不够深入,正如胡庚申先生指出的,"这些论述多表明选择是译者的潜意识行为,是译者从事翻译活动的一种本能,还谈不上专门、系统的描述和阐明"(2004:37-38)①。

---

① 胡庚申先生于2004年出版《翻译适应/选择论》,这是目前国内外唯一一本以"选择"为主题论述翻译的专著。此书的指导思想主要为达尔文生物进化论中的适应选择学说,同时借助中国古典生态观,利用生态理性,探讨翻译生态环境中译者适应与译者选择的相互关系、相关机理、基本特征和规律。翻译"适应/选择"论不同于本文在语用综观论视角下的"顺应性"翻译研究。虽然语言顺应论提出者维索尔伦也声称自己的思想渊源得益于达尔文生物学意义上的自然选择论,但他再三阐明,与其理论联系更为密切的是"进化认识论"(evolutionary epistemology)和皮亚杰(Piaget)心理学的"顺应观"以及维果茨基(Vygotsky)的心理发展观。"顺应性"理论把"社会心智"(mind in society)和"意识突显"(salience)作为研究的关键词。将"顺应性"理论用于翻译研究的目的是以综合语言、社会、文化、认知等因素考察翻译现象的特殊性和复杂性,其综合性不仅体现在从宏观上顺应不同文化的社会政治背景等,而且体现在顺应微观语言结构层面的语码和风格、语言构建成分、语篇结构(1999:202-203)。相对而言,翻译的"适应/选择"模式则侧重于从生物学的宏观角度研究翻译活动(胡庚申 2004:6-7)。本文的"顺应性"翻译理论以语言的可变性、协商性、顺应性描写和解释翻译中的选择顺应现象,而"适应/选择"模式则以极富生物学色彩的"翻译生态环境"统观译者的适应与选择。当然,毕竟两种翻译研究都直接或间接地源于达尔文的进化论思想,许多观点看法多有不谋而合之处,比如,适应与选择、选择与顺应之间的关系是多维的、双向的和动态的,就连"适应"和"顺应"两词也无本质区别,都是 adaptation 的不同汉译而已(钱冠连 2003:15)。特别是胡庚申在书中也提及维索尔伦的语言顺应观(2004:78-79),但并未照搬移植其模式,而是直接从达尔文的"适应/选择"学说出发,摸索建立起一套独具特色的生态学翻译理论框架(an ecological approach)(2004:229)。不过,胡庚申的"适应/选择"翻译模式更强调"先适应后选择",因而,adaptation 在前,selection 在后,而顺应论更强调"为适(顺)应而选择",语言选择是其研究重心,这是翻译"适应/选择"论有别于本文"顺应性"翻译研究之处(宋志平 2007:105-106)。也有学者提到,生态翻译学的 adaptation-selection 是直接为翻译研究而构建的,顺应论的 adaptation, choice-making 是为研究语用而构建的,后被译界诠释并用于翻译研究(蒋骁华 2011:68-70)。

所以，还需要在此基础上有理有据地阐明理由，从理论上阐明翻译规律，达到解释的充分性。

综观论认为使用语言就是不断进行语言选择的过程。若以此观点审视通过语言转换实现的翻译活动，翻译不仅是一般的语言选择过程，更是双语间转换活动中多层次的更为复杂的选择过程，它不仅具备所有单语交际选择时的一切特点，而且还呈现出翻译活动自身的选择特性，从而表明其跨学科性特征。借助语言选择观，可以使人们全面认识翻译过程的本质和复杂性，同时也为理论探讨提供了颇具指导意义的理解与诠释的切入点。

三、翻译与顺应

翻译过程不仅存在大量"选择"现象，也同时存在大量"顺应"现象。纵观中西译论，阐释"顺应"（或"适应"）的著述甚多，比如我国唐代释道安的"以适今时"，现代刘宓庆的"最佳顺应值"，德国施莱尔马赫在1813年提出的"译者尽可能不打扰作者，让读者顺应作者"的观点，美国翻译家奈达的"顺应另一种文化和另一种语言"等（曾文雄 2007：175）。与之类似的观点还包括："翻译把一种语言文字的意义用另一种语言中相适应的表现方式再现出来。"（乔曾锐 2000：24）"翻译是一种认知和生存模式。当把文学作品从一种语言移植到另一种语言的时候，就像把植物和动物从一个地方迁移到另一个地方，他们必须像个人或民族的'适应'和成长那样，只有适应新的环境并有所改变才能生存下来。"（Warren 1989：6；胡庚申 2007：33）

维索尔伦认为语言使用者之所以能够在语言使用过程中作出种种恰当的选择，其原因在于语言具有变异性、协商性和顺应性等特征。语言的这三个特性对于翻译研究很有启发意义，有助于一些传统难题的解决。例如，对于翻译的可译性问题，如果从语言的变异性和协商性特点（即语言具有一系列可供选择的可能性，并且所有选择都在高度灵活的原则和策略的基础上完成）入手，语言的可译性在理论上是可以得到证明的。但比较而言，由于"顺应性"指"能够让语言使用者从可供选择的项目中作灵活的变通，从而满足交际需要"的特性，所以，选择是手段，顺应是过程、目的和结果；语言的顺应性对于整个翻译过程的描述更具指导意义。

如前所说，翻译活动是一个不断作出选择的过程，然而面对众多的可能性，应以什么为标准来进行选择呢？从顺应论可知，选择的目的是使交际得以顺利进行。在翻译活动中，选择的目的也与交际的需要有直接关系，但这种交际具有跨语言、跨文化特征，受到文本内外诸多因素的影响，所以牵涉的相关变量比单语交际更为复杂。翻译行为具有多种选择组合的性质,作出选择就是为了顺应多层次、多维度的翻译目的,这样才能更有效地实现翻译的功能。一般情况下,每一个翻译行为都有一个既定的目的,并且要尽可能实现该目的。然而,目的又可以是达到某种目标过程中的临时性阶段,因此在这一过程中就可能有多种相互关联的、属于不同阶段的目的,例如,文学作品的翻译目的可能是方便不懂外语的读者阅读故事情节,以使其获得愉悦的精神感知(目的1),旨在让他们熟悉异域的风土人情,以开阔视野(目的2),或者为了给本国文学家提供可资分析研究的素材(目的3),甚至只是为了填补某项翻译上的空白(目的4)。事实上,大多数翻译行为都可能有各种各样的相关目的,共同构成有序的目的梯阶。鉴于此,译者必须能够针对特定的翻译语境选择特定的翻译目的,翻译活动中的每一次选择都是为了顺应翻译目的而作出的。我们把目的划分多种层次,把翻译行为看作诸多选择的组合,这便有可能在精微区分的基础上来探讨翻译选择的目的及其背后所隐含的制约翻译选择的外部因素,从而打破传统译论只重"译技"的局面,为宏观地研究翻译现象开启一种新途径。

对于翻译者而言,顺应的过程既包括其对原文话语产生过程中各元素的理解,也包括其对译文的产生付出额外的努力,否则,此前顺应的结果将无从体现。译者眼中的翻译过程就是首先要确认话语发出者的选择过程、"协商"的策略、与所处环境所作出的意识反应和意愿选择等,然后才能审时度势地就针对自己所处环境及社会环境的意识程度选择相应的顺应策略,并最终作出语言表征层面的选择。译文中的选择、变异、协商、顺应等并不是互不相干、泾渭分明地分阶段进行的,而是相互融合、相互协作,共同贯穿于话语产生、理解、再产出这一翻译过程的始末。

在整个翻译过程中,所有阶段的选择都服从于(即顺应于)其自身的目的。选择的这种目的性无疑能够为翻译中的各种选择提供令人信服的解释依据。实践表明,翻译活动越是处于宏观层次的选择,则越是明显顺应于翻译的总目的和语言外部因素的影响和制约,具有很强的意识性,而在微观层次的选择中,顺应主要体现于语言内部因素的影响和制约,但意识程度较弱,有时甚至是潜意识的。

第三节　翻译在选择和顺应过程中的四维视角

在论述顺应论时,维索尔伦提出描述和解释语用现象的四个视角,或者说在进行语用分析时必须考虑的顺应的四个方面:一是语境成分的顺应;二是语言结构的顺应;三是顺应的动态性;四是顺应过程的意识突显程度。这四个角度"并不是独立的研究课题,而应视为统一连贯的涉及语言使用研究方法的重点"(1999:66-67)。以语言使用为基点,语境成分的顺应考察的是语言外部因素,语言结构的顺应考察的是语言内部因素,顺应的动态性考察的是语言内部和外部因素相互作用的动态关系,顺应过程的意识突显程度考察的是交际者在语言使用过程中的心理因素。如图12(Verschueren 2006)所示,这四个方面共同作用完成意义的生成(即语言的使用或选择与顺应)。

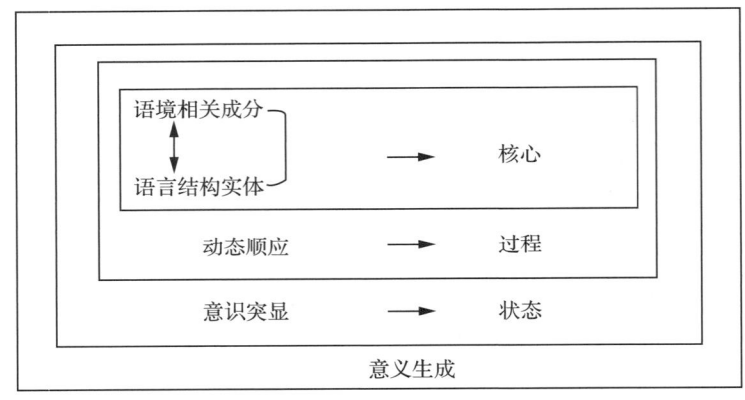

图 12　语用理论的结构

首先,语境相关成分与结构实体共处一体,相互影响和顺应,成为语言顺应现象的核心所在,表明语言内外因素在话语事件交际空间的有机结合。值得注意的是:语境相关成分与结构实体不是恒定不变的,而是在交际过程中不断发生变化;一旦对结构实体作出选择,该选择即受到语境相关成分的制约,反之亦然。其次,"语境相关成分"与"结构实体"的结合是在"动态顺应"范围内发生的,这也表明语言顺应要受到"动态适应"的制约。换句话说,"语境相关成分"与"结构实体"如何相互顺应是由"意义生成"的,即是由交际者所要表达的思想决定的,语言的变异性和商讨性为之提供了物质条件。语境相关成分与结构实体相互作用的过程就是动态顺应的过程、意义生成的过程。最后,整个意义生成过程或整个交际过程是由顺应的意识突显程度或状态掌控的。这表明,交际中语境与结构之间的相互顺应及其意义生成是由交际者的交际意图、交际目的和交际意识所决定的,不同的交际意识决定了语言顺应和语言选择的不同。

如前所述,话语的生成和解释都涉及选择,语言选择对于话语的产生和理解具有同等重要的意义;因此,维索尔伦提出的顺应的四个方面共同作用完成意义的生成,在意义的阐释过程中同样也需要这四个方面共同作用才能顺利完成。翻译作为理解和表达的双重交际过程,完全可以借鉴维索尔伦的四维视角来综合考察翻译过程中的选择顺应现象,从而将以往从不同侧面的研究纳入一个整体框架中。

一、翻译过程语境相关成分的选择与顺应

根据顺应论,语境相关成分[①]的选择与顺应指语言使用过程中语言的选择必须与相关的交际语境和语言语境顺应。语境可分为交际性语境和语言性语境。交际性语境的要素包括物理世界、社交世界、心理世界和语言性语境。物理世界主要体现时间与空间的指示关系,也包含交际者的身体姿势、手势和外表形象等。社交世界指社交场合和社会环境针对交际者言语行为树立的原则和准则。心理世界包括交际者的认知因素和情感因素。语言性语境包括语言信道(linguistic channel)和语言语境。

(一)对物理世界的选择顺应

物理世界中最重要的因素是时间与空间的指示关系。时间指示包括事件时间、指称时间和说话时间。空间指示包括绝对空间关系和参照指示对象的相对空间关系。另外,交际者的体态语、生理特征、外貌等也属于物理世界的组成部分。翻译作为跨时空的交际活动,时空造成的非语言差异也造就了不同的译本。译者在翻译时,要充分考虑到原文作者和译文读者之间在物理世界的差异,选择合适的译文,以顺应译语读者的阅读视野。

例如:

认识那片青草地,是一个早春二月里的日子。(赵红波《怀想那片青草地》)

"一个早春二月里的日子"按字面似乎可译作"a day of February in early spring"或"an early spring in February"。但中国传统文化中的"二月"真就等同于英语February吗?译者首先要明白"早春二月"到底是什么时间。我国传统习惯将春天分为早春、仲春和暮春。早春即初春,指立春后的一段日子。蜀地早春地暖,故五代后蜀花蕊夫人所写的《宫词》有云:"早春杨柳引长条,倚岸沿堤一面高。"仲春是春季中间的一个月,指农历二月。《尚书·尧典》有"日中星鸟,以殷仲春"之句。暮春则是农历三月,南朝梁代丘迟所作的《与陈伯之书》留下名

---

① 此语境可谓无所不包,虽然其与多数语境理论中的语境概念比较似无特别之处,但维索尔伦通过使用"相关性"一词,并引入"语言使用者视角"来确立相关性范围,发展了语境理论,为研究翻译语境提供了新视角。详细讨论见第四章。

句:"暮春三月,江南草长。杂花生树,群莺乱飞。"立春在农历正月,公历二月,所以对"早春"的理解应选择农历的正月或公历的二月。译文是给英语读者看的,因此,在翻译时应顺应其接受能力和所处的特定文化背景。对于英国读者来说,英国的纬度比我国大部分地区的纬度都高,春天比我国的春天来得晚,二月仍是冬天,春天则从公历的三四月开始,①如果将之翻译成二月,会让英国人感到不可思议,正如"西风"在英国指暖风,而在我国指寒冷的西北风②。因此,此处的"早春二月"实指"初春",将其译成"a day in early spring"或"an early spring day",就顺应了读者的物理环境,通畅达意。译文可为:

It was a day in early spring that I got to know that piece of grassland.

再如,有这样一句英语原文:

It was the morning of the twentieth of July, 1900.

该句出自林语堂于20世纪30年代创作的英文小说 Moments in Peking,以北京为背景,刻画出清末民初三个家族长达40年的兴衰浮沉。我国封建社会的编年历法以皇帝在位的时间计算,一般西方读者根本无法理解,所以林语堂先生在书中将凡涉及清朝年代的时间都转成了公历时间,以顺应西方读者的理解。而张振玉先生在将该书译成汉语在国内出版时,考虑到汉语读者的习惯,将原书中的清朝年代又从公历回译为清朝的历法,以顺应中国读者的阅读习惯。译文:

那是光绪二十六年七月二十日的早晨……(张振玉 2005)

下面是一个与体态语相关的例子:

"Well, then, the hell with you, mister," she said, and walked away from

---

① 试比较英国汉学家翟理斯(Herbert A. Giles)翻译唐代名诗《城东春早》的"诗家清景在新春,绿柳才黄半未匀。若待上林花似锦,出门俱是看花人"的译文:
The landscape which the poet loves is that of early May
When budding greenness half concealed enwraps each willow spray
That beautiful embroidery the days of summer yield
Appeals to every bumpkin who may take his walks afield
有人认为把"新春"译为 early May 虽然迎合了欧洲的季节时序,但容易让英国读者误以为中国的早春在五月之初。但如果考虑到押韵的需要(early May 与 willow spray 押韵),这一译法也情有可原。此例印证了维索尔伦的观点:"协商性的解释力如此之大,以至语用学可以不向任何无法接受的句子让步。"(1999:60)

② 雪莱的名诗 Ode to the West Wind 本来意在赞美 west wind 带来的和煦春天,但由于将 west wind 直译成"西风",没有顺应"西风"在中国暗指寒冷的冬季这一地理环境的差异,以致人们常以该诗最后一句"冬天来了,春天还会远吗?"激励人们不要为暂时的困难吓倒(尤指不要屈服于反动派的残酷统治),这种由 west wind 到西风,进而到北风、寒风、寒冬、严酷、反革命、黑暗等一系列的联想与原作的主旨大相径庭。

us to the dark road, carrying her zipper bag. She never looked back. She stuck out her thumb.(《外语与翻译》2003:80)

这是2003年"芙蓉杯"青年翻译竞赛试题中的一句。文中叙述流浪少女露茜想搭作者的车去闹市区的要求被拒绝,于是恼羞成怒,骂了一句,扭头就走,来到路边做了一个伸出拇指的手势。由于很多参赛者不了解该手势在美国表示向路过的汽车司机请求搭便车,因此只得随意处理或干脆略去不译。实际上,只要明白该手势的意思,就完全可以采取增益的方法,既顺应源语文化,又顺应译文读者的接受习惯来翻译:

"那好,滚你的吧,先生。"说着,她背起包,头也不回,朝黑暗中的公路走去。来到路边,她翘起拇指,作出搭车的手势。

(二)对社交世界的选译顺应

社交世界是交际环境中最重要的方面,指社交场合、社会环境规范交际者言语行为的原则和准则。文化是社交世界中的重要成分,语言使用者生活在具体的社会文化中,其言语行为必将受到社会文化规范的制约。由于中英/中美间历史文化传统、社会心理、风俗习惯等的不同,其在社会规范和社交礼仪等方面存在巨大差异;因此,译者需要有高度的文化敏感度,以深刻洞察社交差异,准确真实地再现原文。在翻译中,译者不仅要顺应原文描写的社交世界,还要顺应预期译文读者的社交世界。

例如,萨克雷在其名著《名利场》(*Vanity Fair*)中写道:

Some short period after the above events, and Miss Rebecca Sharp still remaining at her patroness' house in Park Lane, one more hatchment might have been seen in Great Gaunt Street, figuring amongst the many which usually ornament that dismal quarter. (Thackeray: Vanity Fair)

此句中的 hatchment 在西方习俗中是一种丧仪纹标,它是一块菱形的木板或帆布,镶有黑框,上面画有象征死者生前名誉、地位及成就的纹章。丧仪纹标先放在死者家门口,路人见之便知这家死了人,然后移至墓地,这种风俗从17世纪开始一直延续到19世纪末才渐衰;而原文背景为19世纪40年代,当时仍在盛行这种风俗。译者在翻译时就要顺应这种原文的社交语境,翻译出其真实含义,另外还要考虑到我国读者的社交语境。由于我国没有这种风俗,因此译者在翻译时要尽量选择读者见过的类似的东西来指代。这样,"丧家报丧的木板儿"这个通俗易懂而又顺应原文社交语境的词语倒是比较符合条件的译文:

过了不久,大岗脱街上又多了一块丧家报丧的木板儿,那时利蓓加仍旧住在派克街她靠山的家里。大岗脱街一带向来满布着愁云惨雾,这种装饰品是常见

的,倒也不足为奇。(萨克雷《名利场》杨必译)

又如,在中国文化背景下,长辈或上司询问下属的年龄、婚姻、家庭生活等个人问题,往往是一种关心的表示。但在西方,这类问题却属个人隐私,外人不好过问。《跟随毛主席长征》一书的作者、原毛主席的警卫陈昌奉在离开毛主席身边几年后,因为要离开延安上前线,便带着妻子向毛主席辞行。这是毛主席第一次见到陈的妻子,于是有了下面的对话和叙述:

毛主席问陈妻:"你们俩感情好不好?"

陈妻答:"好。"主席听了感到非常高兴。

作者想通过这件事表现主席的亲切关怀,但是,这段叙述如果直译出来,很可能出现 marriage, connubial love, mutual affection 这样的字眼,西方读者势必难以接受,甚至会觉得荒唐可笑;所以,外国专家在翻译时将这段叙述作淡化:

Then Chairman Mao talked with my wife. He was pleased to know that we had a happy home life.

采取间接、模糊的方法将叙述加工后,原文的精神保留了下来,又没有犯读者对象的忌讳,顺应了译文读者的文化背景和阅读期待。

(三)对心理世界的选择顺应

语言互动是发话人和释话人在语言选择时心智与心智之间的交流。由于心智特征包括个性特征、情感投入、信念系统、愿望意图等心智状态,交际时若想把这些因素全考虑进去,从而避免交际冲突,是根本不可能的,所以必须作出选择(1999:87-89)。翻译作为双重交际活动分别体现为译者和原文作者、译者和译文读者心理间的交流,翻译的选择和顺应也受到他们心理世界诸因素的影响。如果说单语交际时发话人和释话人只需考虑对方的心理状态,翻译时译者则需同时考虑处在不同语言文化背景下的原文作者和译文读者双方的心智情况。

例如,《名利场》(*Vanity Fair*)中有这样一句:

... and Rebecca thought in her heart, "Ah, mon bean Monsieur! I think I have your gauge,"—the little artful minx! ... (W. Thackeray: *Vanity Fair*)

根据词典的释义,artful 既有 skillful, clever 等褒义,又具有 deceitful, cunning 等贬义。如何选择词义,仅凭上下文似乎难以判断,此时需要了解说话人的心理世界。这里的说话人就是原文的作者,我们要了解他说这句话是出于什么样的心理状况。萨克雷是19世纪英国杰出的批判现实主义作家,在其作品中,作者无情地鞭挞了英国资产阶级和贵族社会形形色色的丑恶现象。《名利场》是萨克雷的代表作,小说中争名夺利、趋炎附势的各种人物被刻画得栩栩如生。自私虚伪、出身卑微的女主角利蓓加为跻身于上流社会,阿谀奉承、投机钻营,甚至不惜出卖良心和肉体,她代表的正是当时英国社会为数众多的一类人物,也是作者深恶痛绝的一类人物,我们可以从文章许多细节描写中看出这一点。通过揣摩作者的心理世界,我们可以断定这个词语一定是用其贬义而非用于赞美;因此,译者选择汉语中表达此类心理的词语,如"诡计多端""阴险狡诈"等来翻译"artful",可以说是顺应了原文作者和译文读者的心理世界。译文:

利蓓加暗暗想到:"哈,我的漂亮少爷,你是块什么料可给我捉摸出来了。"这个小姑娘是个诡计多端的狐媚子。(《名利场》杨必译)

(四) 对语言性语境的选择顺应

语言性语境包括语言信道和语言语境。前者主要指具有不同"人工性"的语言传播形式,如口头语言和书面语言、面对面交流和通过电话交谈、广播播音和电视播音、阅读剧本和剧本表演等;后者指语篇维度上的篇内衔接(cohesion)、互文性(intertextuality)和话语序列(sequencing)等主要特征。[①]

语言信道的选择顺应往往与某一特定的时空世界有密切联系。翻译活动跨语言,跨文化并跨时空,如何在源语与译语语言信道之间作出选择顺应应视具体情况而定。17世纪莎士比亚创作的舞台剧本译成汉语的作品不仅有朱生豪的戏剧集《莎士比亚戏剧全集》,也有清末林纾的故事集《吟边燕语》。当然,如果语言信道是所译材料的主要语言特征,对原文信道的顺应则是翻译的主要任务。

语篇维度上语言语境对翻译研究的意义已是近年来国内外翻译研究领域的热门话题。1990年,哈提姆和梅森(Hatim & Mason)合著出版《语篇与译者》(*Discourse and The Translator*),将翻译看作一定社会情境下发生的交际性过程,语篇组织的选择是译者对原文形成设想阶段向翻译过程中词汇及语法结构等选择阶段过渡的标志。1992年,纽勃特和斯瑞夫(Neubert & Shreve)出版《作为语篇的翻译》(*Translation as Text*)一书,从语篇视角探索翻译过程,认为翻译即是把原文语篇在译语中重新语篇化的过程(retextulization)。作者在书中提出:有某种认知结构存在于源语篇和译文语篇之间,充当源语篇向译文语篇转化的接触点,这种认知结构称为"虚译(virtual translation)",即一组介于源语篇和各种潜在译语语篇之间的可能关联;在翻译之前,译者脑子里首先有一个"虚构的译本",在翻译的过程中,译者"对语言的选择受控于译者脑子里的'虚构

[①] 维索尔伦在书中对"语言性语境"的讨论有些混乱。首先,他把 linguistic channel 和 linguistic context 都归在 linguistic context 下讨论,犯了种属概念交叉错误,这与说"汽车"包括"卡车、轿车和汽车"一样荒谬。其次,"语言语境"单指语篇维度语境,排除了句子内部词语之间的搭配组合关系,这与语言学界的通常分类有较大出入。最后,在论述与语境顺应相对的语言结构顺应时,作者又专门用一节讨论超句单位及超句性话语构建问题,这与语言性语境有重复之嫌。

译本',译文语言中的资源为虚构译本转变为真实译本提供了材料"。

从近10余年来出版的关于语篇和翻译的论著可以看出,语篇分析理论被越来越广泛地应用于翻译研究,而其中最为突出的理论是来自韩礼德(Halliday)的语篇分析模式(张美芳2005:14)。在这些以语篇分析作为理论指导的翻译论著中,到处都可看到韩礼德关于"纯理功能"的论述,诸如"衔接""连贯""主位"这类概念是每本论著都着重讨论的内容。此类翻译论著包括李运兴的《语篇翻译引论》(2001)、黄国文的《翻译研究的语言探索——古诗词英译本的语言学分析》(2006)、黄国文和张美芳的《语篇语言学与翻译研究》(2002)、谭载喜的《语篇与翻译:论三大关系》(2002)、赵彦春的《翻译中衔接与联贯的映现》(2002)、罗选民的《话语的认知模式与翻译的文本建构》(2002)等。

二、翻译过程语言结构成分的选择和顺应

语用综观论认为,要研究发挥语言表意功能的诸层面,相关过程的定位需参照具体顺应性的结构客体,包括严格意义上不同组织层面的语言结构(structure)及结构过程(structuring)原则(1999:115)。

(一)语码转换在翻译中的选择和顺应

语言的选择首先要横跨具体语言、语言内变体和风格三个层面①;其次要考虑话语构筑要素,即从语音到句子和命题的广义语法;最后要关注语篇层次上的话语功能及构筑原则。具体语言的选择不是翻译研究关注的对象,因为源语和译语的选择取决于原发话人和译文读者,非译者所能决定②,而风格层面又与语言内变体密切相关;所以,我们把讨论的重点放在与三个层面都有关联的"语码转换(code switching)"上,即如何从选择和顺应的角度处理源语中出现的语言内变体的语码转换现象。

---

① 这三个词分别是:language,code 和 style,其中,language 指在众多自然语言中所选择的某一具体语言。对于 code,本文并未按词典译为"语码",因为维索尔伦特别指出,这里的 code 指所选择的某一具体语言的任何一种可区分出来的变体(如俚语和方言)(1999:118)。而如果译为"语码",容易让人误解为通常意义上的"语言"。问题是维索尔伦并未把他对 code 的定义贯彻到底,在他随后讨论 code switching 时(1999:118-119),又含糊其词地将 language 和 code 混为一谈,并将不同语种(如阿拉伯语和法语)的混用也纳入其中! 钱冠连和霍永寿在其译著《语用学诠释》中将其译为"语码",也值得商榷。

② 不过译者在选择原文时有时也涉及语言选择问题,例如,清末明初,由于社会政治环境的剧变,翻译活动出现了"东学"热潮:许多西方典籍都是经由日文间接译过来的。有资料显示,1902—1904年间,我国共译英、美、德、法、俄等欧美国家及相应语种书籍共212种,而同期的日语书籍翻译却多达321种(张静庐1954),西方各语种书籍翻译成明显下降趋势。这与在此之前的洋务运动时期绝大多数翻译原著来自欧美形成对比。这一有趣现象很值得研究。

钱钟书的《围城》一书中的主人公方鸿渐平时放荡不拘,口无遮拦,但在曾为前清举人、迂腐保守的老父面前只能毕恭毕敬,唯唯诺诺。书中描写他有一次给父亲写信,要求解除父母包办的婚约,但慑于父亲的威严,解约的话又不敢直接说破,于是故弄玄虚,装出一本正经的样子,写出这封文绉绉、酸溜溜的家书:

"迩来触绪善感,欢寡愁殷,怀抱剧有秋气。每揽镜自照,神寒形削,清瘦非寿者相。窃恐我躬不阅,周女士或将贻误终身。尚望大人垂体下情,善为解铃,毋小不忍而成终天之恨。"

若比较随后方鸿渐对他的同学说的一句话:"世间哪有恋爱?压根儿是生殖冲动。"不难发现,二者虽语出一人,风格却迥然相异,尽管二者有书面语和口语之别,但更大的差异在于二者采用的文字形式属于不同时代的语言变体。这里的语码转换,不仅突出了语域上的诙谐效果,也达到了对人物多侧面描绘的目的。翻译时应考虑选择适当的表达手段以顺应原作者语码转换的意图。以下是人民文学出版社的英译文:

I have of late been very restless and fitful, experiencing little joy and much grief. A feeling of "autumnal melancholy" has suddenly possessed me, and every time I look into the mirror at my own reflection, so gaunt and dispirited, I feel it is not the face of one destined for longevity. I'm afraid my body can't hold up much longer, and I may be the cause of a lifetime of regret for Ms Chou. I hope you, Father, will extend to me your understanding and sympathy and tactfully sever the ties that bind. Do not get angry and reject my plea and thus help bring me everlasting woe.(珍尼·凯莉,茅国权 2003:19)

可以说,这段译文忠实地传达了原文的思想内容,但却"没有恰当地再创造出夸张的用词风格"(张文涛,刘继华 2005:69)。因而,原文中采用历史时代变异形式所体现的文体效果及其在突出主题意义和塑造人物形象方面的作用,也就不可避免地受到了损失。当然,译者试图采用现代英语的正式文体来翻译这段文字,即用现代英语正式文体所体现的文字特点来对应这封书信所体现的文字特点。例如:在词汇方面,译者选用 of late 对应"迩来",用 woe 对应"恨"等;在句子层面,译者将"尚望大人垂体下情"译作 extend to me your understanding and sympathy 等。然而,遗憾的是,这段译文同时夹杂非正式文体,例如,I'm afraid,can't 等,这些口语化特征明显的用语,显然打破了译文文体的连贯性,从而也减损了译者试图营造的正式文体效果。比较另一译文:

Of late I have been sentimental and given to brooding; joy moments are rare, yet my feelings of gloom are truly intense. In my mind there lingers a strong sense of the autumn of life. Each time I look in the mirror I see myself spiritually weak and physically emaciated. Such sapped vitality is hardly a promise of longevity. I am therefore deeply concerned about the consequences of the possible brevity of my life; it would in that event be ruination for the rest of Miss Chou's life as well. Hence my sincerest wish it is, that, out of kind consideration for my circumstances, Father would undertake to dissolve the agreement with grace and tact. Pray do not allow intolerance over a minor request to lead to everlasting woe. (胡定邦 1991：81－82)

与前一译文相比，这段译文不仅采用现代英语的正规文体翻译文言文，还采用现代英语中的"大词"，如 sentimental 和 brooding，对应原文铺张的措辞和矫揉造作的行文。尤其最后一句，采用 pray 作为句子的开头，充分显示出方鸿渐对父亲说话小心翼翼的样子，从而更好地刻画出人物的形象。当然，若这两个译文再夹杂一些以 thou, thy 等为特征的古体英语来传达文言汉语，可能会使英语读者更能感觉到语码转换的文体效果。

对于原文语言内部变体的语码转换，翻译时适当选择译文语言的某种变体来顺应，一旦原文语码转换发生在跨语种层面上，往往很难在译文语言上作出选择顺应，因为语码转换就涉及两种语言，再加上译文语言，已非通常意义上两种语言转换的翻译活动。著名学者王佐良先生在翻译培根（Francis Bacon）的随笔 *Of Studies* 时，对于其中不时出现的拉丁语，也感到译文无法保留，只能择意译出，如下例原文（斜体部分为拉丁语）及王佐良先生的译文：

Histories make men wise; poets witty; the mathematics subtle; natural philosophy deep; moral grave; logic and rhetoric able to contend. *Abeunt studia in mores.*

读史使人明智，读诗使人灵秀，数学使人周密，科学使人深刻，伦理使人庄重，逻辑修辞使人善辩。凡有所学，皆成性格。

拉丁语 *Abeunt studia in mores* 意为 studies pass into character，培根之所以这里引用拉丁语，是想形成通过引经据典加强说服力的特殊效果。[①] 但是，译

[①] 17 世纪英国文艺复兴时期的许多作品常有混用拉丁语的现象，一是因为现代英语刚从下层社会兴起，还没有完全进入大雅之堂，二是当时许多人都受过拉丁语教育，恰到好处地引用一两句拉丁语可以起到增强效果的作用。所以在与培根同时代的大文豪莎士比亚的剧作中也常常看到这种英语与拉丁语之间的语码转换现象。

文"凡有所学,皆成性格"却很难让读者体味到这种语码转换所带来的援引经典的风格。若有意顺应这种风格,笔者可考虑选择将意图外显化的手段,如译成"正如古人云:凡有所学,皆成性格",也许能在一定程度上补偿译文处理语码转换效果的不足。①

　　风格的传译与意义的传达同等重要。作者的风格或质朴或飘逸,或凝重或流畅,或冷静或欢快,或庄严或戏谑,种种变化无疑对译者的选择能力构成挑战。不同的选择形成不同的风格,而不同的风格要求不同的选择,可以说,语言使用中真正意义上的选择主要体现在风格的选择上。萨瓦里认为,译者在选择过程中,不仅要明白原作者"说了什么"和"指的什么",还要关注作者是"怎么说的"(1957:25)。他举法语中"ventre a terre"为例说,译者将其译成英语时,知道作者说的是"belly to ground",而指的可能是"very quickly",或"as quickly as possible",或"at top speed"。很显然,译者对这三种译法都不太满意:第一种太粗糙,第二种太冷淡,第三种中的 top 与原文形象不符。因此,译者自然要追问原作者为什么要这样说,即其风格如何。一旦风格确定后,译者便可在"at full

---

① 有时候翻译中的语码转换现象可能过于复杂,让译者一筹莫展。维索尔伦在 *Understanding Pragmatics* 中讨论语码转换时有一段文字如下(1999:119):
In (1), which is the translation of a Moroccan Arabic joke, code switching is a way of circumventing a social taboo.
(1) Two flies are copulating in front of a boy and his mother.
Child: Do you know what these two flies are doing?
Mother: No.
Child: Ils font l'amour. [French for "They are making love."]
Mother: OK. OK.
Child: You know, if I'd said this in Arabic, you would have left the room immediately.
显然这个摩洛哥的笑话原用阿拉伯语,那个孩子为避免阿拉伯语对母亲说出不雅的"交配"一词,临时改用一句法语。书中给出的是英语译文,对那句法语加了英语注译。如果英语读者看到这里,还能意会到这是个笑话(从阿拉伯语转换到法语,再转换到英语,已发生了两次转换),如果再译成汉语(发生三次语码转换),如:
例(1)是摩洛哥人的阿拉伯笑话翻译,这里语码转换成了一种回避社会禁忌的方法。
两只苍蝇在一男孩和其母亲面前交配。
孩子:你知道两只苍蝇在干什么吗?
母亲:不知道。
孩子:Ils font l'amour.[法语:他们在做爱。]
母亲:得啦,得啦。
孩子:你知道的,如果我说的是阿拉伯语,你早就一下子离开这间屋子了。
(钱冠连,霍永寿 2003:138-139)
这个笑话汉译历经四种语言、三次语码转换,相信汉语读者读后已很难会心一笑了。

stretch"和"hell for leather"之间作出选择,前者语调平和,后者气势磅礴。

风格也用来描写正式和非正式维度上的变异性,即从随意的或口语的言语到高度正式的语言使用的变异情况(1999:120),因此,对风格的辨识是翻译者的重要理论素养及实践能力。换言之,在语言使用的同一层面,语言运用也会表现出不同的正式程度。只有正确理解原文中的这些语篇方式,翻译才能传情达意。例如:

1. Visitors should make their way at once to the upper floor by way of the staircase.

2. Visitors should go up the stairs at once.

3. Would you mind going upstairs right away, please?

4. Time you all went upstairs, now.

5. Up you go, chaps!

假如我们不清楚上面5例分别代表英语中冷漠、正式、商量、随意和亲密五种语域变体,要翻译出以下得体的翻译文似乎不太可能:

1. 来宾请立即顺楼梯到楼上去。

2. 来宾请立即上楼。

3. 请您马上上楼好吗?

4. 现在你们都该上楼了。

5. 伙计们,上去!

(二)话语构筑要素在翻译中的选择和顺应

话语构筑要素包括传统语用学理论所涵盖的语音、词(素)、小句、句子和命题。研究话语构筑要素在翻译中的选择和顺应,可以体现翻译作为以语言为媒介的特殊交际活动的语言核心特征。如果说语境的选择和顺应侧重于宏观层面,那么以话语构筑要素为主要内容的结构客体的选择和顺应则可看作微观层面研究。

1. 语音结构

语言是音义结合体。语言的差异首先体现在不同的语音结构上,一种语言所特有的语音特征往往很难在用另一语言复制时保持功能不变,这也正是翻译中不可译性的原因之一。然而,在语用顺应论的框架里,语言协商性的解释力如此之大,可以向任何不可能的现象说不(1999:60)。译者必须甄别原文中语音的具体使用意图及效果,并适当选择译文语言的语音资源,以顺应原文语音使用意图。例如,《红楼梦》第二十回里有这么一段:

……只见湘云走来,笑道:"爱哥哥、林姐姐,你们天天一处顽,我好容易来了,也不理我一理儿。"黛玉笑道:"偏是咬舌子爱说话,连个'二'哥哥也叫不上来,只是'爱'哥哥'爱'哥哥的。回来赶围棋,又该你闹'么爱三四五'了。"

这里作者用"爱""二"两个谐音字,惟妙惟肖地描绘了湘云的可爱和黛玉的机智幽默。英国汉学家大卫·霍克斯(David Hawkes)巧妙地利用英语发音不标准时易将"s""th"等混淆的特点(见斜体部分),将原文翻译如下:

Just then Xiang-yun burst in on them smilingly for abandoning her: "Cou*th*in Bao, Cou*th*in Lin, you can *th*ee each other every day. It'*th* not often I get a chan*the* to come here; yet now I have come, you both ignore me!" Dai-yu burst out laughing: "Lisping doesn't seem to make you any less talkative! Listen to your 'Cou*th*in!' 'Cou*th*in!' Presently when you're playing Racing Go, you'11 be all '*th*ick*th*e*th*' and '*th*eventh'!"

而杨宪益夫妇选择音译加注释的方法,既传达了原文的修辞特点,又译出了信息内容:

They were interrupted by Hsiangyun's arrival. "Why, *Ai* Brother and Sister Lin!" she cried cheerfully. "You can be together everyday, but it's rarely I have a chance to visit you; yet you pay no attention to poor little me." "The lisper loves to rattle away," said Daiyu with a laugh, "Fancy saying *ai* instead of *er* like that, I suppose, when we start dicing, you'll be shouting one, love, three, four, five..."

Note: *Er* means "two" or "second", and *ai* "love".

又如下面一句原文:

Father Coffey. I knew his name was a coffin.

Coffey 这个名字并没有意义,但是却能产生意想不到的意义,因为它的发音能使对方联想到正在进行的葬礼以及神父须处理棺材(coffin)里的尸体之职责(Jin Di 2001:93);所以,译者顺应"棺材"之音,选择汉语姓名"关采",收到异曲同工之效:

关采神父。早知道了,他的姓氏像棺材。(Jin Di 2001:93-94)

我们也能找到由于语音顺应不当导致翻译失败,甚至给交际双方造成损失的实例。例如,我国某汽车制造公司生产的名牌吉普车欲出口美国,不料在最后谈判阶段却因该车品牌的英译问题而流产。原来该车品牌名叫"钢星",一个很响亮的中国名字,但在英译时没有译成 Steel Star,而是选择音译、意译兼用的方式,成了 Gang Star,这个译名在美国人看来意为"流氓团伙之星",当然不愿接受,难有销路了(谢天振 2003:81-83)。

2. 词与词素

词汇意义为语言使用中意义的生成提供无限的资源。在传统的翻译理论中,词语往往被看作翻译活动双语转换的基本单位。以往关于词语翻译的论述多把重点放在如何根据原文的语言内外语境、逻辑和百科知识判断词义上,而对如何在译文语言众多同义词语中进行合理选择却少有提及,似乎只要原文择义得当,在译文中找一得体对应物是顺理成章的事。其实,对于翻译实践者而言,"一名之立,旬月踟蹰""译安一个字,捻断数根须"正从一个侧面表明选择之难。

许渊冲先生翻译毛泽东诗词"(中华儿女多奇志,)不爱红装爱武装"一句时,既不满意钱钟书的译文"They love their battle array, not silks and satins",也不欣赏香港版的译本"They love to be battle-dressed and not rosy-gowned"。他认为原诗最后一行重复了"爱"和"装",而钱译和港译文本都没有重复,只能使人"知之";港译有韵,可以使人"好之"。许老发挥自身高超的语言功底和"译学要敢为天下先"的独特理念,将其改译成:

(Most Chinese daughters have a desire strong)
To face the powder and not to powder the face.

许老认为改译重复了 face 和 powder,既使人"知之",又使人"好之",还可以使人"乐之"(许渊冲 1999:6)。事实证明,许先生的改译"不仅比较成功地传达了原诗的主题,而且'红装武装'的翻译受到了大多数西方读者的好评"。①

再如《傲慢与偏见》(*Pride and Prejudice*)中描写女主人公时有一句:
Oh! She is the most beautiful creature 1 ever beheld!
对"the most beautiful creature"的翻译就可以有最美的人儿、最漂亮的女子、最美丽的姑娘、最漂亮的姑娘、这么美丽的小姐、这么美丽的一个尤物、这么美丽的尤物、绝色美人儿、绝色美人、绝代佳丽、倾国倾城等。类似地,美国人白伦(Leonard Pratt)和台湾作家姜素惠(Chiang Su-hui)于 1983 年合作翻译出版清朝文人沈复的小说《浮生六记》(*Six Records of a Floating Life*)。他们在选词时,非常注意词义的细微差别。例如,对于汉语的"美丽"一词,他们会在 attractive, appealing, amazing, flattering, voluptuous, pleasant, perfect, cute, alluring, excellent, charming, lovely, compelling, grand, extraordinary, nice 等

---

① 西方读者对许译中 powder 一词的妙用颇为欣赏,从以下评价可见一斑:It was a great way to use the two meanings of *powder* here to imply the strength of these women/I like the contrast—instead of putting on make-up they will use gun powder/Good play on words/I'm usually not too fond of the "chiasmus" structure as it sometimes seems more clever than sincere(thoughtful), but here I think it works well. (马红军 2006:204)

这么多近义词中选择最能表达原文意思和风格的词(许冬平 2006)。显然,选择任何一个词语都关系到是否顺应原文和译文的问题。

两种语言间并不存在绝对的对等词语,所谓等值不过是幻想而已,这早已成为翻译者的共识。词语不对等的原因是多方面的(Baker 1992:21-42):① 不同文化中的概念差异;② 源语中的概念在译语中没有被"词化";③ 源语词语语义内容过于复杂;④ 源语和译语词语含义不同;⑤ 译语没有表达某概念的特定词语;⑥ 处理客观世界及人际关系的视角不同;⑦ 在表情义上的差异;⑧ 形式上的差异;⑨ 特殊形式的使用频率及意图不同;⑩ 原文中借词的使用等。

由于在语境的作用下才激活了词汇的语用意义,所以,词义的选择受到语言环境的制约,与语境关系密切,译者需要根据语境来灵活选择合适的译语词汇。例如,《名利场》中的一句:

"Hold off, Cuff, don't bully that child anymore, or I'll—" "or you'll what?" Cuff asked in amazement at this interruption. "Hold out your hand, you little beast."

杨必先生的译文是:

"住手!你再欺负小孩子,我就——"克甫没有料到他会多管闲事,说道:"你就怎么样?——手伸出来,小畜牲!"

in amazement 译为"没有料到",interruption 译为"多管闲事",都是在词典里找不到的释义;译者在吃透原文语境的同时,在汉语中选择恰当的表达词汇,形象地再现了原文的语气和神态。

由于词语不对等的原因较多,译者在翻译时需要斟酌选择相应处理策略。可供选择的策略包括:① 译文使用更有概括性的上义词;② 译文使用中性或表情义较少的词语;③ 用译语文化对等物替换;④ 直接移植原文词语或加注释;⑤ 用相关词语解释;⑥ 用不相关词语解释;⑦ 省去不译;⑧ 用图示意。对传统译论有关词语翻译的论述,如果将其纳入选择和顺应的框架中考察,将选择和顺应作为宏观指导,许多复杂现象将会获得合理连贯的解释。

3. 句子层面和命题。

从语用学角度来说,几乎任意一种句法结构类型都受到了关注。虽然语用学的许多灵感来自哲学,事实上,语用学却是由试图让意义和语境进入描写和解释从而解决问题的句法学家带入语言学中的,而且作为语言学最常用概念之一的"言语行为",从根上来说是一个句法层面上行为的概念(1999:124)。句子层面包含一系列语言使用者可以用来以不同方式对事件进行概念化或隐含某种间

接言语行为的手段(即选项)。例如,对于下面发话人A发出的请求,答话人B若想婉言拒绝,至少可有如下选择:

A:Let's go to the movie tonight.

B:(1) I have to study for the exam.

(2) I hear the exam will be more difficult.

(3) I'm not well prepared for the exam.

(4) I think I could fail the exam.

(5) I would be crazy if I failed the exam.

(杨忠,张绍杰 1995:125)

从结构上看,命题和句子是一致的,二者都是语用学研究的常见主题,相同的命题可以有一系列同义结构句。例如,命题为"约翰打坏了小塑像",英语(译文)至少可有四个同义句选项:

(1) John broke the figurine.

(2) The figurine was broken by John.

(3) The figurine was broken.

(4) The figurine got broken.

(1999:4)

句式选择的多样性在跨语言交际中尤为显著。翻译既然是翻"义",所以译者常常面临着如何在一系列与原文同义的译句中作出抉择。例如,对于"总共有120人在这次坠机事故中丧生",其英译文至少有以下选择:

(1) A total of 120 people died in the air crash.

(2) There were 120 deaths in the plane crash.

(3) The air crash resulted in 120 deaths.

(4) In the air crash, 120 people lost their lives.

(5) In the air crash, 120 lives were lost.

(6) The plane crash killed 120 people in all.

(7) The plane crash claimed a total of 120 deaths.

(8) The death toll was 120 in the air crash.

……

同时,翻译又是翻"意",与原句意图相同的一系列可能译句也需译者仔细斟酌,比如前述间接表示拒绝的一组例句。当然,同"义"和同"意"的选择还可同时作为译文待选项,这与"直译"和"意译"的两难抉择类似,但前者的选择过程更为复杂。

(三) 话语构筑原则在翻译中的选择和顺应

既然意义的生成是语言使用的全部内容,那么引导话语产出和解释的话语构筑原则就应该和内容的布局谋篇有关联(1999:135),具体体现为连贯性要求、信息结构和主题结构。对这些原则的讨论既可基于句子层面,也需借助于更为广泛的语篇中句与句之间的联系推导出来的信息。如果说话语构筑要素为意义生成提供潜在的语言资源,话语构筑原则则为语言使用者(译者)提供选择和顺应的指南。例如,翻译活动的基本要求是在信息传递中尽可能同原文等值,如果只是逻辑语义相同,而信息的交际目的不一致,这样的译文仍不能算作忠实原文的译文。考察下面两句答语:

A:Oh, they called the meeting off.
B:Oh, they cancelled the meeting.

单从语义来看,都可译为"哦,他们取消了会议。"A 句以(call)…off 结尾,B 句以 the meeting 结尾,按照信息分布的规律,B 句信息焦点落在"会议"上。若前面的问句是:

I thought you had a meeting in Sydney today. What are you doing here? (Halliday 1981:7)

("我还以为你今天去悉尼开会呢,你在这儿干什么呢?")

这样,答话人就不大可能把问句中的已知信息 the meeting 放在句尾,而是要强调原因 cancel(取消),但是,独词动词 cancel 不可放在其宾语 the meeting 之后,只好选择同义短语动词 call…off,使其中的 off 占据句尾。译成汉语,A 句最好译成"他们把会议取消了",使新信息"取消"得到强调。由此可见,这种信息分布的语用分析,与以往偏重语法、语义的翻译相比,更多地考虑话语前后连接,更注重交际的自然连贯。又如:

在你们身上,寄托着中国和人类的希望。(鲁迅致中共中央电)

原文的重心显然与"中国和人类的希望,寄托在你们身上"有所不同,所以,译文也应有所选择:

On you is placed the hope of China and mankind.

如果译为"The hope of China and mankind is placed on you"则变换了信息焦点,原文的语义重心也没能保留和再现。再如:

In those days, boxers fought with bare fists for prize money. (Because of this they were known as "prize-fighters".)

原文选自《新概念英语》(*New Concept English*)。曾见到一个译本把这句译成"那时拳击家们为了奖金用不戴手套的拳头相斗(由于这个缘故他们被称为'奖金拳击家')"。该译者没有看出原句末尾的 for prize money（为了奖金）是信息焦点，却把谓语部分 fought with bare fists（用不戴手套的拳头相斗）放在译文末尾加以强调，以致与后面括号里句子的信息结构不连贯。可改译为：

那时，拳击运动员赤手相搏，就是为了获取奖金（所以称为"奖金拳击手"）。

再如，汉语"他的讲演给听众的印象很深。"从语义等值来看可以有三个译文：

(1) His speech impressed the audience deeply.
(2) His speech made a deep impression on the audience.
(3) The audience were deeply impressed by his speech.

译文的选择需要综合考虑顺应上下文的连贯性要求、信息结构分布和主题结构展开模式等话语构筑原则。①

以上我们分别从语言结构的不同层面粗略探讨了翻译中的选择顺应现象，但实际上，语言结构上的选择通常不会只是某个单一因素的选择，而是一种综合性选择，该层面的选择具有很高程度的相互依赖性或相互顺应性（1999：146）。

三、翻译过程选择与顺应的动态特性

顺应的动态特性是选择顺应论中的一个重要概念，主要指语言使用中"意义的动态生成"（1999：147）。作为顺应论的核心，语言选择过程的动态顺应可以从以下方面得到体现：(1) 时间顺应。语言的产生和理解会因时间差异而出现变化，时间因素会促使人们在使用语言时作出调整和顺应。(2) 不同语境对语言选择的制约。语境是动态的，根据语境来选择语言并作出顺应的动态性与交际双方所处的社会关系及其认知心理状态有关。(3) 语言线性结构的灵活变化。人们可以根据不同交际目的，对话语信息结构进行灵活安排，也可以根据不同交际场合选择不同类型的话语和语段。

动态顺应的观点在翻译理论中早已有类似的描述，例如，奈达针对"形式对等（formal equivalence）"提出的"动态对等（dynamic equivalence）"翻译原则，即"使译文读者获得与原文读者相同的反应效果"，但他对"动态"的解释过于灵活（所以也有人译作"灵活对等"），甚至常常为人误解，以致后来干脆用"功能对等"取而代之。翻译是跨时间、跨空间、跨文化的交际活动，动态性自然是一个最重要特征，利用动态顺应理论看待翻译现象，会给我们以新的启示。

---

① 前面说过，对这些原则的讨论既可基于句子层面，也需借助于更为广泛语篇中句与句之间的联系推导出来的信息。进一步论述见本书第四章。

(一) 跨时空的顺应

从时空顺应的角度出发,一个源语文本的产生,便是顺应当时时空背景的产物,其后的阐述者(即译者)在理解过程中,当然要顺应源语文本创作时的时间环境,但在用目的语重述时,又必须顺应译文读者所处时代的时间环境,考虑译文读者的审美心理和接受能力,才能使交际有效进行。例如,莎剧《罗密欧与朱丽叶》(*Romeo and Juliet*)一句的两个译文:

He made you for a highway to my bed; but I, a maid, die maiden-widowed.

译文一:他要借你(软梯)做牵引相思的桥梁,可是我却要做一个独守空闺的怨女而死去。　　　　　　　　　　　　　　　　　　　　　(朱生豪译)

译文二:他本要借你做捷径,登上我的床;可怜我这处女,活守寡,到死是处女。　　　　　　　　　　　　　　　　　　　　　　　　　　(方平译)

译文一和译文二是在不同时代翻译的,分别译出于 20 世纪 40 年代和 90 年代。在西方社会,少女总是大胆地追求她们个人的爱情和幸福。在原文中,那个少女非常急切地想和她的心上人在精神上和肉体上都融为一体。"to my bed"的意思非常清楚,就是"上我的床"。受几千年封建礼教的影响,朱先生将"床"改成"相思"来顺应 20 世纪 40 年代的中国社会和传统文化。在当时的社会,"性"是禁忌语,不能引入伟大的文学作品。到了 20 世纪 90 年代,方先生重译该书时,中国社会已发生巨大变化,人们不再对"性"讳莫如深,也就是说,方先生的译文也顺应了当时译文读者的社会和文化规范。可见,评析译文的标准必须考虑时间因素。又如,清末林琴南翻译小仲马的《茶花女》时用的是文言文体,而民初刘半农重译时用的是欧化白话文体,到 1980 年王振孙再译时已是标准的普通话文体译本。文艺复兴时期的《圣经》英文译本被公认为是当时最伟大的英语经典,但随着时间的推移,新的译文不断出现,其中一个重要原因就是要顺应不同时代译文读者的不同阅读期待,这也从一个角度说明"重译"的必要性。

(二) 社会文化语境对语言选择的制约

从翻译动态性与文化语境的密切关系来看,翻译活动要实现预期的目的,就要顺应特定的语境条件,如译文读者的认知心理状态、译者与读者的社交关系等,从而有目的地选择源语文本,并作相应增删。严复译《天演论》等政治经济著作,梁启超译政治小说,鲁迅译科学小说,陈望道译《共产党宣言》等,都可看作是翻译活动中文化语境动态顺应的结果。例如,鲁迅译介域外科学小说的目的是宣传科学知识、引介外国近现代科学精神,视科学为提高国人科学知识水平、救助中国的一剂良药和改造国人价值观的重要理性基础,希望通过科学的介入使中国人"获一斑之智识""改良思想""补助文明",从而顺应当时"启蒙救亡""科学救国"的社会政治环境。

(三)翻译中意义的动态生成

从意义的生成是一个动态过程的观点来看,语言意义不仅具有稳定性和规约性,而且有变异性。语言的选择和顺应贯穿翻译活动的始终,体现于译者与原文、译文之间的互动过程。译文是译者遵循顺应语境和语言结构原则而不断作出选择的结果,然而,生成译本也并非翻译活动的终结,语言固有的特性决定语言选择中存在不确定性,永远可以进行再协商。翻译活动不仅要考虑语境因素和语言结构因素的影响和制约,还要考虑不同的语用策略,在此基础上灵活运用有效的翻译技巧,才能作出因人、因时、因地而异的贴切的语言选择,表达出符合当时交际语境的意义。

意义生成过程的核心即是话语与语境因素的互动过程(1999:67),不同的语境因素可以左右语言的选择,改变话语的意义,而不同的语言选择也会影响到语境的变化。翻译是一个不断选择的过程,译本就是这一选择过程的产物。如上所述,翻译的选择过程受多层次、多元化复杂因素的影响和制约,特别是在对意义的理解和表达中会遇到种种不确定性因素;动态顺应论提醒我们,在注重影响翻译选择各因素的同时,也应注意译语文本对译语语境的影响作用,而该问题的重要性远没有引起足够重视。纵观人类翻译史,可以说它是一种文化语境对另一种文化语境产生影响力的历史。翻译在各民族丰富、发展自身文化的过程中始终起着十分重要的作用:它为人类以语言思维模式和行为活动方式表现出来的文化沟通提供可能性;它促进不同文化的交流、融合及共同发展,促进拥有不同文化的人们对世界的认识。通过翻译活动引进新思想、新观念、新技术、新的艺术流派和新的表现手法,活跃学术空气,促进文化交流和进步,这样的例子在世界各民族发展历史中并不少见。例如,中国东汉末年到唐宋时期的佛经翻译对中国文化各个层面产生深刻影响和渗透,欧洲文艺复兴时期对古希腊文明典籍的重识和翻译对结束黑暗的中世纪发挥了启蒙作用。当然,我们也不可忽视翻译对译语文化语境产生的负面影响,尤其是近年来,一些译者不负责任的胡译乱译,只为经济利益而粗译滥译,哗众取宠,也应引起人们的关注。总之,"语言选择也会影响语境的变化"这一观点为翻译研究开拓崭新的领域,使人们对翻译现象的认识更加全面、深入。

四、翻译过程选择与顺应的意识突显

根据语言顺应论,人们使用语言的过程是在不同意识程度下,基于语言内部和外部原因不断作出语言选择的过程。选择语言、作出顺应的过程涉及某些认知心理因素,通过分析这些因素可研究交际者交际时的意识程度,即在"语言使用中表现出来的有一定语用功能特性的自返意识"(1999：67),它是由语言处理机制和特点决定的意义生成过程状态。虽然人们的语言行为带有意识成分,但意识程度和特性并不一样,语言选择的心智过程带有不同的意识突显度,其运作过程既可以是完全有意识的,也可以是完全无意识的(1999：183)①,这之间会有各种程度不同的细微差异。交际者在选择语言、作出顺应时表现出来的自我意识反应,是一种元语用意识(或工具性语用意识)。如果元语用意识程度较高,顺应过程就是对话语作出调整和商议的自我调控过程。

从认知的角度来看,顺应过程意识突显涉及包括感知和表述(perception and representation)、策划(planning)和记忆(memory)等在内的心理因素。感知与表述是对立的统一,只有先感知到周围世界后才能进行表述,而只有通过对周围世界的表述并使之成为可理解的内容后才能进行交际。策划指语言使用中顺应所有与未来有关的语言行为。策划通常在语言行为之前进行,但也可与语言行为同步进行,且无论在语言产生还是在语言理解过程策划都会发生;此外,策划带有目的性,但意识程度会有不同。记忆是与计划相反的一种心理过程,指心理因素对体现顺应语言行为的影响。在语言使用中,记忆的作用表现为识别(recognition)和回忆(recall)。日常语言交际主要借助范畴图式(categorization schemes)和心理表征(mental representation)通过识别来进行;对过去非语言事件或交际行为的叙述则依靠有效的回忆。

顺应是有意识的动态过程。顺应过程意识突显是由语言处理机制和特点决定的意义生成过程状态,是人类语言交际活动的一种特有的语言语用现象。顺应过程的动态性说明对语境或结构的顺应不是一成不变的,而是一个反复进行和不断变化的过程;顺应的意识程度说明人们对语境和语言结构的顺应取决于交际各方对社会思维的意识程度,意识程度的不同直接影响语言协商

---

① 注意这里的"完全无意识"实际上应理解为"意识程度几乎为零",这样就不会与原著中"全部语言选择的过程都意味着某一程度的意识性"的观点(1999：187)发生理解上的抵牾。笔者认为,维索尔伦将"意识突显度"作为顺应论的关键概念之一,特别是指出"完全无意识"的存在,具有重大的理论意义。讨论选择问题时我们必须意识到：人们不可能对每一项选择都有清醒的认识！我们决不应把日常的语言交际活动看得太理性、太理想,换句话说,语言交际的最优化选择不是永远都能实现的！不强调这一点,语言顺应论的其他关键概念都将失去意义。本书后面讨论的翻译选择的非线性、最小最大原则、译者的地位、选择的风险等问题也都与意识突显度较低的"潜意识""下意识"或"无意识"密切相关。

的策略和选择的结果。顺应意识与语言选择相辅相成,语言的选择体现顺应的意识,而顺应的意识决定语言的选择。顺应的意识程度因人、因时、因地而异,语言的选择也因人、因时、因地而有所不同,这种情况发生在语言交际的各个方面。

在顺应论框架内,翻译就是译者在不同意识程度下动态地对译文语境及语言结构等作出顺应性选择的语言转换和文化传递过程。翻译实践中,译者应动态地顺应具体语境才能正确地进行译文语言的选择,从而最贴切地表达源语的意思,所以,翻译选择过程中同样存在译者的意识程度问题。如果意识程度较低,翻译活动就被视为人类双语交际中的自然行为,它不需学习和培训,几乎完全出于本能,甚至几岁的孩子都能胜任(Nida 1993:1);如果意识程度较高,翻译活动则是译者在某种理论指导下作出特殊选择的过程,译者很清楚是什么促使他选择此而不选择彼,他明白某种选择的目的和意义。一些功底深厚的翻译家可能会在下意识情况下自动地顺应语言表达的各种要素,而大多数翻译工作者需要在较高意识程度下完成翻译活动。这种意识程度的差异正好说明翻译有无理论、是否需要理论这一争论的本质。从意识程度较低的自发转换来看,翻译的好坏取决于直觉和天赋,没有理论的指导也一样会出现天才的译者和优秀的译作,因此"翻译没有也不需要理论";但如果把理论当作看待事物的一个角度或理念(Chesterman 1995:64),那么,对于大多数译者,来自实践的理论能使他们有意识地作出符合顺应目的的翻译选择(事实上,即使那些少数天才译者也在潜意识中有其所遵循的翻译原则)。从这个意义上来说,翻译活动不但有理论可循,而且理论的确能对实践起到指导和制约作用。近年来借助人工智能发展起来的机器翻译(MT)和计算机辅助翻译(CAT)就是很好的证明。因此,翻译工作者必须通过不断的实践和对翻译理论的学习和探索,逐步提高自身的能力和水平,做到从潜意识层次对多种语言因素的自然顺应。

顺应论还就范畴化模式中语言的标记性程度进行了探讨。在范畴化模式中,标记性越高的语言成分其突显度就越高,其提取也就越顺畅,这从另一个角度再次证明,关于翻译理论的探讨有助于提高翻译水平,不仅可以促进翻译过程中策略的选择,而且可以提高翻译者对翻译过程中语言顺应的意识程度。广大翻译工作者在进行大量翻译实践的同时仍然有学习翻译理论的必要,只有理论与实践并重,才能较快地提高翻译水平,取得满意的翻译效果。

如果将这种意识程度进一步提高到连续体的极端,就正如维索尔伦发现了元语用现象,我们也可发现并建立"元翻译"理论,对翻译理论进行本体论和认识论上的反思(蔡新乐 2002:78-79)。这样,翻译不仅有理论,而且还有关于翻译理论的理论,从而使翻译研究更趋成熟和完善。可以说,语言选择过程中的意识程度特性为元翻译理论提供了有力的支持。

第四节　小　　结

　　视翻译为一个过程,译文就是无数选择过程的最终结果,是借以追溯译者选择过程的手段,也是一个非常复杂的动态过程。对翻译过程的研究已有不少论述,不论是语言学模式、认知心理学模式,还是文化传播模式,都对这一研究作出了有益尝试。但无论如何,我们认为翻译过程即交际过程,而交际即语用,语用即语言选择,故翻译过程即译者在两种语言间不断作出选择顺应的过程。

　　在维索尔伦的选择顺应框架内:语言的使用是一个不断选择语言的过程;语言具有变异性、协商性和顺应性;选择过程呈现动态的顺应性;人们在选择时的意识程度高低有别。对语言使用的描述和解释要从语境成分的顺应、语言结构的顺应、顺应的动态性、顺应过程的意识突显程度等方面入手。顺应论是对语言使用的一种提纲挈领性综观,变异、协商和顺应是语言使用的元语用特点;从翻译的角度来讲,任何译文的形成均是这三方面相互作用的结果。本章在论证翻译是由三个参与者、两次交际、两种代码组成的三元双重语际交流活动的基础上,用英汉互译的实例初步探讨了这些基本观点对翻译活动的描写解释作用,从而显示将顺应论引进翻译研究,以语用综观的视角对翻译实践进行观察、阐述和总结,对翻译现象具有很强的解释力,这二者存在很强的相关性和适存性。①

---

① 有学者认为翻译研究中跨学科移植要遵循三个基本原则,即相关性、层次性及适存性。层次性指跨学科移植的供体必须有明确的针对性,要意识到供体的移植无法涵盖翻译研究的所有层次,也无法囊括翻译研究的全部命题,因为每当选择一个相关的理论作为移植供体,也就同时选定了一个观察角度,即对准了翻译研究的某个层次;因此,任何把翻译研究纳入某一相关学科的做法都是不当和有害的。(李运兴 1999:57)笔者认为,如此理解"层次性"未免过于片面。综观视角所观察的不仅是翻译研究某一个层次,而是语言、文化、认知诸方面。也许有人觉得这种视角太过宏观,甚至大而不当,但对研究对象极为复杂的翻译研究来说,该视角使各主要层次都能得以关照,且基本命题都能得以合理解释。反过来,本文的研究结果又会进一步充实综观论和顺应论,而不是简单地将翻译研究纳入综观论和顺应论,成为其附庸。

第四章 译者语篇语境视野
对选择和顺应的制约

翻译过程是译者连续选择的过程,但这种选择并非随心所欲不受限制,而是在一定的语境下作出的。使用语言和理解语言都离不开语境因素,这是一个普遍认同的事实。语言交际中的语言选择、理解过程中的语言解码和推理都受语境因素制约。离开语境,只通过语言形式本身说话,往往不能恰当地表达说话人的意图,听话人也往往不能准确地理解说话人话语所传递的信息,因为仅理解语言形式的"字面意义"是不够的,还必须依据当时的语境推导出语言形式的"言外之意"。意义和语境是语用学中十分根本的概念。语用学研究的是语言使用者在特定语境中运用合适语句的能力(Levinson 1983);语境是语用学的重要研究范畴,因为所有语用学论题都涉及语境(何自然 1994:12)。无论在任何情况下,语用研究都涉及语境变量,即语境如何介入语言形式或策略的选择和信息的理解(冉永平 2006a:312)。有人干脆就认为"语用学实际上就是一门语境学,用来研究语言的显性内容(语言信息)和语言的隐性内容(语言含义)是如何通过语境发生关系的"(熊学亮 1996:1)。所以,语境是语用学和语言交际理论中一个基本概念和核心概念。自语用学兴起后,语境一直是热门的研究课题。语用学研究在不同语境中话语意义的恰当表达和准确理解,寻找并确立使话语意义得以恰当表达和准确理解的基本原则和准则。语言研究归根结底需要落实到语言的运用上来。语言学和语境研究历史表明,语言学和语境研究都是在沿着语言运用这条主线一步步发展壮大的,而采取综合视角把研究落实到人的认知方面,是提高语言理论和语境理论解释力的重要途径。以语言运用为研究对象的语用学率先在这方面作出突破,其标志性事件是 1999 年维索尔伦的《语用学新解》(*Understanding Pragmatics*)的出版。

语言学中很多关于语境的相关论述都是从语内交际的角度来讨论的,很少涉及跨语言、跨文化、跨时空交际中语境的特殊性和复杂性问题。翻译作为人类交际的重要形式,应当也遵循语内交际的一般规律,也和语境有着密切的关联,但是,这种跨语言、跨文化、跨时空的交际也有其自身的特点和规律。如果没有看到或者不承认翻译语境的特殊性,没有看到语内(intralingual)交际语境与语际(interlingual)交际语境的异同,那么,翻译实践和翻译理论研究的基本理论问题都难以取得实质性进展。

本章首先回顾语境与语篇关系的研究成果,提出语篇语境的概念,再将其植入翻译语境中,然后探索语境顺应模式下译者语篇语境视野框架,并讨论该框架内选择和顺应的特征。

第一节 语篇语境与翻译语境

一、语境研究视角:语言、认知、社会、综观

自从波兰语言学家、人类学家马林诺夫斯基(Malinowski)于20世纪20年代提出语境概念后,学者们从各自感兴趣的角度对语境进行研究和论述。由于出发点和目的的不同,对语境考察的视角和范围有所差别。马林诺夫斯基将语境分为文化语境和情景语境(context of situation):文化语境指影响整个语言系统的社会文化环境因素,即在不同的社会文化背景下,交际双方以何种语言表达方式或需要以何种语言表达方式进行交流;情景语境则影响具体语言交流方式的特定情景环境因素,即在特定的场合下,交际双方如何运用相关的语言表达方式达到交流目的,"没有情景语境,话语就没有意义"(Malinowski 1923:307;钱冠连,霍永寿 2003:334)。英国伦敦语言学派创始人弗斯(J. R. Firth)认为,语境除包括语言本身的上下文外,还包括语言出现环境中人们所从事的活动,还有整个社会环境、文化、信仰、历史、参与者的身份、参加者相互之间的关系等都构成语言环境的一部分(刘润清 1995:287)。功能语法学者韩礼德(Halliday)提出功能语法的语境观,即"语域(resister)"理论,将语境分为语场(field)、语式(mode)和语旨(tenor)三种主要类型。语场指谈话者正在从事的活动;语式指口语或书面语,谈话方式不同,语言必定会有不同的模式;语旨指参与者的社会角色和在谈话中扮演的角色。美国社会语言学家海姆斯(Hymes)认为,语境包括话语的形式和内容、背景、参与者、目的、音调、交际工具、风格和相互作用的规范等多方面因素。按照这种观点,语篇本身就是语境的组成部分。海姆斯认为,人们说话既要符合语言规则,又要适应语言环境。

语境可以划分为语言语境、情景语境和文化语境等三类①,基本都采取自语言学视角,以话语产生的背景为观察对象。随着语用学的兴起和发展,语境研究重点转向解释交际者进行语用推理过程的心理状态,相对于传统的语言学视角,语境研究出现以认知语用学为视角的认知语境观。认知语用学认为情景因素对话语理解中的语用推理意义不大,因为情景因素体现不出交际主体的主观能动性及其心理状态。语用推理依赖具体语境的内在化、认知化,而内在化和认知化的结果就是交际者大脑中的认知语境,关联理论中的语境概念实际上就是这样的认知语境。关联理论认为应把语境看作不包括外部情景和文化因素的"认知环境",语境是一个心理结构体(a psychological construct),是听话人用于解释话语的系列前提(premise),是关于世界的一个假设的次类(subset),正是这些假设,而不是世界的真实状态,左右着人们对话语的解释(Sang Zhonggang 2006:44)。从认知科学的角度阐释人们的语言交际行为,突破了传统的语境概念,将语境看作是一个心理结构体,认为语境由一系列命题或假设组成,这些命题一般需要推理才能得到一个完整的语境。语言使用是一种认知语境参与的过程,语言本身的不完整性由认知语境补充。认知语境在话语理解过程中所起的作用有别于传统语境,解决了传统语境概念不能反映交际双方心理状态、难以操作包罗万象的"共有知识"、将语境当作常项等不足。

关联理论从认知科学的角度研究语言交际无疑是一种有益的尝试,但在关联理论中,无论是认知环境还是语境,强调的都是听者/读者对话语/语篇进行解释的心理能力,而并非指交际参与者的外部环境(Gutt 1991:25);所以,这里的"语境"既不是指语言语境,也不是指话语或文本所反映的外部世界的特征,其脱离交际社会文化因素的做法值得商榷。将这样的概念移植到翻译研究中,很难对翻译的社会文化层次有所揭示。我们赞同对认识主体的重视,但重视认识主体不等于脱离具体的交际环境,因为在具体场合条件下见到的事物和现象与推理出来的东西有很大区别。在强调认知语境的同时,也不可忽略社会文化语境的作用,比如礼貌问题。礼貌是一个社交问题,而不是认知问题。语言交际除了传递信息外,还可以维持或改变一定的社会关系,这些都不是认知语境所能解决的。此外,由于认知语境概念包括认知中的所有信息,因而太抽象、太笼统,还需要与传统语境互补。

进入20世纪90年代后,学者们更注重社会语境的研究。梅耶(Mey)在《语

---

① 我国一些语言学者提出类似语境划分,例如,冉永平认为语境从总体上基本可以分为语言语境、现场/情景语境和背景语境(2004:30)。

用学概论》(Pragmatics：An Introduction)中曾强调,应该从社会角度进行语用研究,把语言交际置于整个社会的大语境中,研究语言使用者在交际中应当如何选择语言,使用语言时可能会受到哪些限制以及因此产生的认知效果和社会效果等。为此,他将从社会角度研究的语境分为社会语境(societal context)和社交语境(social context),并认为前者主要受各种社会制度的影响,而后者则主要是在交际中产生的。梅耶还对这种语境进行区别研究,并指出其对言语交际的影响。

传统语境与认知语境、社会语境研究各有优点和不足,不可相互替代,因而需要一个更加全面和系统、更有概括力和解释力的语境观,维索尔伦语用综观视角下的语境模式应运而生。

语用综观认为语境包括交际语境、语言信道和语言性语景,在使用过程中生成,是在受话人与释话人之间与"客观外在"的现实相联系的互动的动态过程创造出来的(钱冠连,霍永寿2003：127),其相关成分可出现于心智、社交(或文化)以及物理世界中,并且由发话人和释话人的"视野线(lines of vision)"(即各自的选择活动)来激活。顺应性语境相关成分如图13所示(1999：76)①。

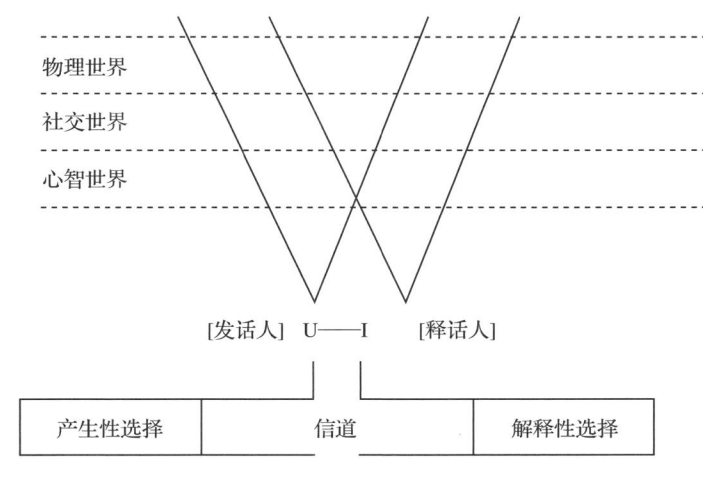

图 13　顺应性语境的相关成分

---

① 钱冠连、霍永寿的译本《语用学诠释》第88页转印此图时,有一处严重错误(可能是编排工作的失误),把"心智世界"下的虚线改成了实线,显然违背了原作者利用虚线表示模糊界限的初衷;严格说来,物理世界、社交世界和心智世界三者也不能分开,故以虚线示之(1999：77)。

维索尔伦认为交际语境属于非语言语境,包含以下四个方面:① 发话人和释话人是语言产生和理解过程的决定因素,只有在发话人和释话人语言激活的背景下,其下面三个因素才能在语境中发挥作用,也就是说,只有交际者使用了语言,才会产生语境。维索尔伦的语境观可以说是"以人为本"的语境观,明确提出了语境框架中交际者的中心地位,强调语言使用者在语境构建过程中的互动作用。② 心智世界,包括说话人和受话人的个性、情绪、愿望、意图等认知和情感方面的因素。③ 社交(文化)世界,包括社交场合、社会环境和语言社团的交际规范等;此外,文化也是社交世界的重要内容。④ 物理世界,包括时间、空间的指称关系。物理世界、社交世界和心智世界之间的关系:心智世界是媒介,而交际发生于物理世界和社交世界(1999:68)。语言的选择在考虑语言结构的同时必须与交际语境顺应,也就是说,交际者在交际过程中必须考虑到交际语境的综合情况作出适当选择。

顺应理论中的语境关系顺应强调:在语言使用过程中,语言的选择必须与语境顺应,且这种顺应是双向、动态的过程,同时也是语言使用者策略性选择过程。交际双方在各自社会心理机制作用下选择相应语言表达方式,从而能动地改变或创造语境,使之向有利于实现交际目的方向发展;变化了的语境进一步激活语言使用者的背景知识,促使其进行新一轮选择。换言之,不仅"语境与语言是互相依存的(interdependent)……而且二者还处于互为构建(construe)的动态关系中"(Thompson 1996/2000:9)。

关联论和顺应论中的语境都是动态的概念,都认为语境不是在交际发生之前就给定的(not a predetermined entity)。关联理论中的语境动态指交际过程是动态的过程:在交际中,受话者根据自己的交际目的和意图不断地选择认知语境,而语境也随着交际的进行不断得到扩展和补充。顺应理论进一步指出,语境是随着交际过程不断变化的,语境最主要的特征是其产生于交际双方使用语言的过程中,由不断被激活的因素和一些客观存在的事物相互作用而生成,并随交际的逐步展开而不断得以更新,这也说明语言与语境相互顺应的过程是持续的动态过程。语境生成的过程主要就是交际双方对语境不断商讨的过程,这种动态的语境观比较符合实际交际中的情况。

语用综观视角下的语境顺应模式是比较全面和客观的:首先,它具有较强的包容性,所涉及的内容极为广泛,心智世界、社交世界和物理世界都需要通过交际主体的认知机制进行加工,并以得体的语言加以表达;其次,它强调交际者在言语交际中的能动作用,即参与者不仅能够能动地适应语境,根据语境选择合适的语言,同时也可以根据交际意图有目的地建构语境和操纵语境,从而更好地达到顺应交际的目的;最后,它克服了其他语用研究在语境问题上存在的一些片面性,例如,关联认知理论过于强调交际者的心理因素,致使认知语境的明示性难以确定,带有太多的主观性(何兆熊 2000:210),而梅耶则偏重于语境的社会因素等。相比之下,在综观视角下对语境的论述比较全面合理,且具有更强的解释力。

二、语篇和语境

自马林诺夫斯基提出语境这一概念之后,语境概念被广泛应用于诸多研究领域,不少学者从不同研究角度出发提出其对语境的看法,丰富和促进了语境研究的发展;但是,这也使语境研究显得过于庞杂,当有人提到语境时,我们不知道其语境范围究竟有多大,也不知道此语境指何种语境(语言语境、文化语境或其他语境)。这对语境理论来说,显然是一个极大的缺陷。语境顺应模式囊括语境的传统和社会、认知视角,但是仍未能完全摆脱语境范围过泛、缺乏明确内容的弊端。即使引进语言使用者(发话人和释话人)的"视野线"作为确定语境范围的基础,然而由于人的主观视野角度本身是一个相对性强、边界模糊的概念,缺乏能与之互动且比较客观、易于观察的物质对象,因此,当务之急也必须确定合适的语境概念。脱离语篇谈语境,使语境失去实体支撑,流于虚空,是造成既有语境观缺乏明确语境范畴的根本原因之一。

首先,有必要简述语篇与语境的关系。语篇指任何长度的在语义上完整的口语和书面语段落,其与句子或小句的区别不在于篇幅的长短,而在于衔接(Halliday and Hasan 1976),也可指"任何不完全受句子语法约束的在一定语境下表示完整语义的自然语言"(胡壮麟 1994:1)。语篇与语境处于一个互为影响的动态中:特定的语境要求特定的语篇,特定的语篇创造特定的语境。"任何语篇都是语境的产物,而语境又锚定于(anchored in)语篇。"(李运兴 2007:21)语篇是言语交际的表现形式,是我们研究的对象和关注的焦点,语篇是语境的物质基础,没有语篇就没有语境;语境是人们研究语篇的环境和框架,是辅助性手段,没有语境的语篇是不存在的。"语境指的是言语活动在一定的时间和空间里所处的境况……语篇的含义主要依赖于语境,语篇与语境相互依存,相辅相成。语篇产生于语境,又是语境的组成部分。"(黄国文 1988:42)在生产篇章时,篇章生产者将篇章置于一定社会、语言和物质世界的制约之中;同样,语篇解读者也必须把篇章置于相应语境中才能加以理解和认识,才能作出正确解读,因为只有在语境中言语的交际才具有可释性。海姆斯甚至认为,"理解语境中的语言并不是从语言本身出发,而是从语境入手"(1993:34)。可见,语境因语篇而存在,语篇靠语境发挥交际功能,语境意义概念集中体现了语篇、语境一体化,研究语篇必须依赖于语境。

其次,这里的语境实际上是与语篇相匹配的、与篇章相互作用的语篇语境(discourse context)。语篇语境指某一语篇的总体背景或语篇自身营造的特定的环境,是语篇相关范畴内的语言、情景、文化以及其他因素的综合。依据语境是否由语篇直接构成,可以将其划分为语篇内语境和语篇外语境:如果语境由语篇自身直接构成的,则属于语篇内语境;如果语境是由相关语篇外因素构成的语篇大环境,则属于语篇外语境(刘兴林 2006:70)。语篇内语境和语篇外语境构成语篇语境的有机整体,两者缺一不可。语篇内语境多呈静态,语篇外语境则多呈动态,所以,语篇语境既其有静态特征,也具有动态特征。

最后,20 世纪 60 年代以来,在强调语言交际性功能的大趋势下,语篇作为语言交际单位得到前所未有的关注。语篇研究的主要特点表现为对语境的依赖性,但是,以往人们所探讨的语境并非以语篇为取向(discourse-oriented)的语篇语境,而是离开语篇谈语境,以至语境无处不在,一切皆是语境,这显然不利于语篇研究,也不利于语境研究的进一步拓展和完善。语篇语境理论创造性地将语境附着于语篇之中,使语境在有形实体的支撑下具有明确的范畴,较好地克服了上述缺陷,解决了诸如语境范畴、语境分类、语境动态研究与静态研究的关系等问题。

我们不应将语篇与语境分开来讨论。正如诺贾德所言"不仅仅语篇处于语境中,语境亦在语篇中"(Norgarrd 2004:171,引自李运兴 2007:19);因此,对语篇语境进行研究不仅十分必要而且非常重要,其研究成果既具有重要的理论意义,而且对阅读、写作、翻译实践和翻译教学甚至人工智能和计算机语言学等都具有很强的指导意义。

三、翻译语境与翻译语篇语境

考察翻译研究历史发现,传统翻译研究关注的只是相关语言变量(Snell-Hornby 1988:2,39),而当代翻译研究将更广阔领域的、更为丰富多彩的语境因素纳入自己的视野,翻译因而不仅仅是一种跨语言现象,更是一种跨文化的现象。翻译学者海提姆在其 2001 年出版的《翻译教学与研究》(*Teaching and Research Translation*)中写道:"几乎在翻译学领域文化转向的同时,语言学领域也发生了'语境转向'(contextual turn)。到 20 世纪 80 年代中期,语言学家已进入语篇的语境研究,并思考这一转向对翻译研究的启示。"(2001:10)的确,翻译无论以何种形式出现,都是在一定的语境下进行和实现的,语言、情景、文化等各种语境因素都不可避免地影响着翻译。源语和译语的语言因素、情景因素、文化因素以及译者本民族语言、情景、文化因素都只有通过译者的构建,才能产生对翻译的影响,制约译者的翻译理解和表达;所以,翻译研究离不开对翻译语境的研究,"翻译是一种以语境为基础的语用行为"(冉永平 2006b:60)。

首次提出"翻译语境"概念并对之进行定义的是美国人类学家及圣经翻译家肖·丹尼尔(Shaw. R. Daniel):

"翻译语境是翻译过程中聚合起来的文化互动的总和"(Shaw. R. Daniel 1987:25-29)。

近年国内学者也曾对翻译语境的概念有过讨论,例如:

译者翻译时一方面根据自己的语境,另一方面根据作者的语境确定意义,这就是译者的翻译语境(程永生 2003:57)。

翻译语境涉及两种语言文化的语言、言语、情景和文化四个层面,是译者在翻译过程中构建起来的两种语言文化各因素互动的总和(彭利元 2005:196-198)。

翻译语境包括译者语境和研究者语境……翻译语境研究就其本质而言应该是认知视角下对语境诸因素的观察和描写,强调翻译语境的认知属性是十分必要的(李运兴 2007:17-22)。

不过,这些论述或者只涉及文化层面,没考虑到语言、情景等其他层面,有"定义过窄"的逻辑局限;或者外延过于宽泛,没有明确指出翻译语境与一般交际语境的差异,使得语境内容无所不包且操作性不强。在此不妨借鉴语篇语境概念,可能有助于改进这些局限。

语篇语境概念对于翻译理论和实践具有特别重要的意义。传统的翻译研究与传统语言学途径相联系,以词论词,以句论句,把词句看成是孤立的语言单位。随着研究的深入发展,翻译研究的语篇语言学途径开始重视语篇分析和语用意义,研究对象不仅仅是原文和译文两种语言体系,而且还涉及语言体系以外的各种制约因素,对翻译单位划分趋向于注重词与词、句与句之间的关系,以及语义结构的完整、交际功能的实现等问题。这种模式认为,意义并非由语言结构本身决定,而要依赖整个语篇(包括其语言体现形式和交际功能)来确定。翻译中传递的是原文的语言含义和语言使用(即交际)功能。以传统语言学模式操作的翻译过程是一个从词及其互不关联的意思开始的自下而上(bottom-up)的过程,这种过程生产出来的译品,很难被目的语读者认同;而语篇语言学方法将翻译看作是一个自上而下(top-down)的过程,即先决定译文在译语文化中的属性或类型以及其交际功能,再通过译语语言结构体现预定的语篇。

在翻译实践中,要重组(建构)一个适用于译语社会的语篇,并非取决于表层结构的转换,而需要自上而下、有目的地选择语言资源,对整个语篇进行重写。所以纽勃特认为,在动手翻译之前,译者的脑子里首先应有一个"虚构的译本",在翻译的过程中,译者"对语言的选择受控于译者脑子里的虚构译本;译语中的资源为虚构译本转变为真实译本提供了材料"(Neubert & Shreve 1992:24)。

简言之,传统语言学翻译研究方法与语篇语言学翻译研究方法的差异:① 前者的重点在句子,认为意义决定于词和句,而后者的重点是整个语篇,认为意义通过语篇结构来体现;② 前者把翻译对等的概念建立在词、句层面上,而后者则认为翻译对等建立在语篇和交际层面上;③ 前者的研究对象是语言,而后者的研究对象不仅是语言系统和言内因素,而且包括言外因素(张美芳,黄国文 2002:4)。

翻译不仅转移原文的意义,而且转移原文的交际价值。翻译不再被看作以文本形式出现的静态的终端产品,而被视为动态的跨文化交际过程。系统功能语言学认为,语言的实际使用单位是语篇这样的语言单位,而非词、句这样的语法单位;因此,翻译作为语言交际的形式,实质是用一种语言的语篇材料代替另一种语言与其意义对等语篇材料的过程(司显柱 1999:14)。翻译过程的起点和终点都以语篇为表现形式,从这个意义上来说,翻译就是语篇转换,语篇翻译是翻译研究的重要课题。语篇是翻译的客体,换言之,作为翻译主体的译者在从事翻译时所面对的实际上是形形色色的语篇;因此,翻译的对等应建立在语篇对等之上,即翻译寻求的是两种语言的语篇材料在意义和功能方面的一致。成功的语篇翻译基于译者对源语语篇和译文读者对译语语篇意义的正确理解,而理解语篇意义的唯一途径是语境分析;所以,翻译离不开语境,翻译与语境的关系有如鱼与水的关系。

不仅如此,翻译作为一种特殊的跨语言交际活动,其所涉及的语篇与语境的关系与单语交际环境下语篇与语境的关系相比,呈现出独有的特征。挖掘并廓清这种特征,有助于我们进一步认识翻译语篇和语境的特点。

(1) 先有语篇,后有语境。在单语交际的实际生活中,只有当发话人根据语境发出话语时,交际才算开始,即先有语境,再有语篇,不同语境产生不同语篇。任何语篇形成都离不开语境(包括作者所处的环境、社会、文化、周围人物等),换句话说,没有语境,就不能产生话语或语篇,发话人无从谈起,交际也就无从开始。翻译活动恰好相反:译者将他人的话语或语篇转成另一种语言,首先面对的是他人根据语境产生的话语成品,而非语境本身。当然,译者要对该语篇进行阐释,必须依赖一定语境,但这是译者拿到原文语篇之后的事,从这个意义上来讲,译者相当于源语篇的源语读者(即受话人)。单语交际与双语交际在该意义层面的区别表现为:

单语交际：发话人/作者→ 语境→语篇 →受话人/读者；

双语交际：译者→ 语篇→语境 →语篇转换/译文→译文读者

（2）双重语篇与双重语境。在单语交际中，交际双方面对的是同一语篇和同一语言文化语境（至少语篇作者预期其语篇没有超出读者的语境之外）；而在翻译中，完整的翻译过程涉及两个语篇及与之相应的两种语境。在理解阶段，译者面对源语语篇，并将其置于相应的源语语篇语境之中进行解读；在表达阶段，译者在预期的译语语篇语境中生成相应的译语语篇。所以，翻译过程受到双重语篇和双重语境的制约。单语交际与双语交际在该意义层面的区别表现为：

单语交际：发话人/作者→ 语境→语篇 →受话人/读者；

双语交际：译者→ 源语语篇→源语语篇语境 → 译语语篇语境→译语语篇 →译文读者

（3）三重语境视野。语用综观论认为，结构客体总是与相关语境相顺应。语境中物理世界、社交世界和心智世界的各方面通常要经由语言使用者（发话人和释话人）认知过程的激活才能开始在语言使用中发挥作用。处于视野线内语境的每一方面所起的功能都与一个适应的相关成分相当。视野线的有用之处在于，从图形上看，其反映发话人和释话人（如果不是偶然重合）处于两个不同语境世界的基本事实，即使各重叠区域共有背景，但这些背景成分之间也会存在差异，因为视角总会不同，所以至少会有微小的差异。换句话说，共有背景几乎不可能完全共有（1999：77；钱冠连，霍永寿 2003：89）。在翻译活动中，不仅存在发话人和释话人的语境视野，还增加了译者语境视角。译者视角既需要与源语篇作者语境视角有重合部分，从而使理解成为可能，还需要与译语语篇读者语境视野有重合部分，从而使表达成为可能。换句话说，原文作者、译者、译文读者都有各自观察世界的视界，译者的语境视界必须与另外两种视野部分重合，从而形成独特的三重翻译语篇语境视界（见图14）。

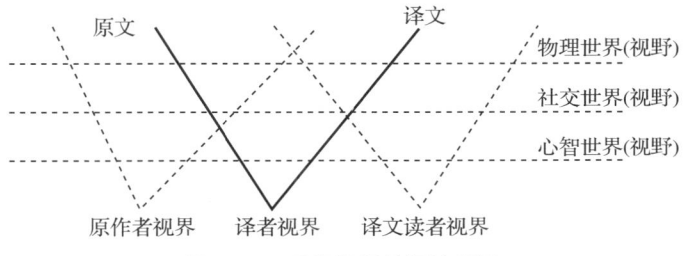

图14　三重翻译语篇语境视界

第二节　语境顺应模式下的译者语篇语境视野

通过前文的讨论可知：翻译活动中的语境概念比一般单语交际中的语境复杂得多；两者虽然有共同之处，比如，都涉及语言、情境、文化、社会、心理、认知等方面，但不同的是，翻译是从语篇解读到语篇重建的语篇转换活动，"是由语篇引发的语篇生成过程"（Neubert & Shreve 1992：43）。因此，翻译语境离不开双语语篇转换，研究翻译中的语境就是研究双语语篇语境，语篇语境应当是确定翻译语境范畴的基础和必要条件。

如前文所述，在既有语境研究体系里，综观视角下的语境论述是比较全面合理的（见本章第一节），可以将其视作与翻译语境相关性极强的理论模式，特别是其中的两个交际角色聚焦点（发话人和释话人）及其视角线的引入对翻译语境的构建极有意义。若对此加以引伸变通，将译者及其视角植入其中，将极大提高翻译语境的解释力。特别值得一提的是，李运兴先生对翻译语境的讨论颇有新意，他提出的翻译语境视野不是简单地在维索尔伦的顺应性语境相关成分模式中植入译者视角，而是创造性地根据翻译的特殊性对原有模式进行调整。例如：心智世界不再是与物理世界和社交世界平行的因素，而是作为过滤器，调节着译者对语境视野相关因素的摄入；物理世界和社交世界合为外部世界，与之对应的是语篇世界，而语篇世界的引入正是该翻译语境视野的独到之处。

笔者认为，这些学者将语篇世界与外部世界相对应，即将二者分开来讨论，不符合语篇转换的实际情况。这里的外部世界实际上指特定语篇（源语语篇和译语语篇）的外部世界，而不是外延无限宽泛的外部世界。语境中的语篇是讨论翻译语境所有相关世界的根本。总而言之，顺应性语境相关成分的"相关性"在这里应理解为与特定语篇（源语语篇和译语语篇）的"相关性"，即是说，没有特定语篇（源语语篇和译语语篇），就无法确定语境成分的"相关性"。基于这种思想，顺应论视角下译者的语篇语境视野可用图15来展示。

从图15可见：以原文作者、译者和译文读者的交际角色为视野聚焦点，分别形成原文语篇作者视野、译文语篇读者视野和译者解读原文语篇以及生成译文语篇时的视野；由于在翻译活动中原文作者和译文读者往往并不在场，故他们的视野线用虚线示之；另外，从动态的视角来看，译文是翻译过程中有待生成的产品，故与其相关的语篇特征（语篇类型、语域特点、衔接连贯等）层面也用虚线表示；原文作者的语境视野一般不会涉及译文读者的语境视野，译文读者的语境视野通常也不会涉及原文作者的语境视野,故图中将原文语篇语境与译文语篇语境分开表示,但二者通过译者语境视野产生联系。如前所述,每个人的视角不可能完全一致,所以,译者与原文作者的语境视野相交但不会重合,对译文读者的语境视野也只是一种带有推理性质的预期,与译文最终生成后的具体译文读者的语境视野也不会完全重合;图中的心智世界指包括原文作者、译者、译文读者在内的内心世界,即交际主体摄入语篇内外语境的长期结果和具体情况的触发,由于其难以从外表直接观察,故将其置于阴影背景之中,隐于原文作者、译者和译文读者之后。

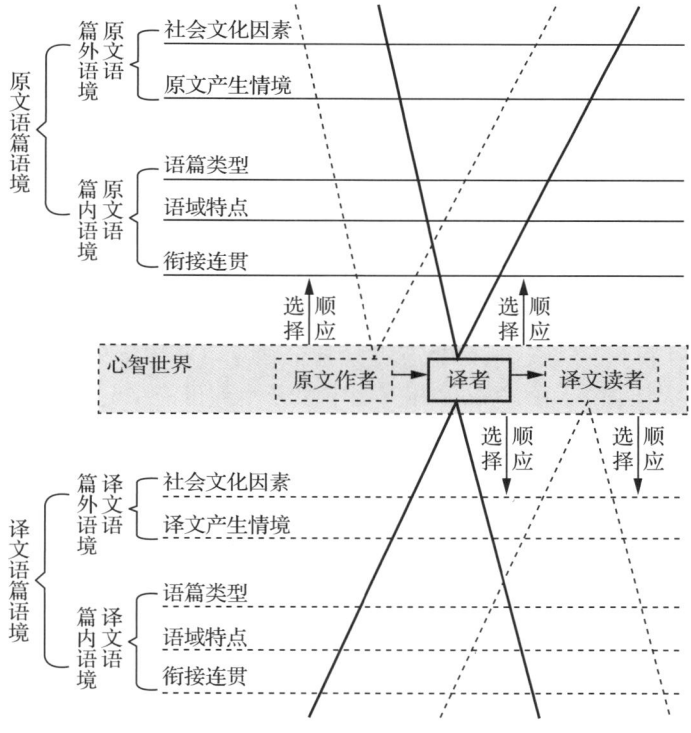

图 15　顺应论视角下译者的语篇语境视野示意

图 15 的独特之处还在于所有语境因素的确立都与原文语篇和待生成的译文语篇相关联,语境锚定于语篇之中。不论译者与原文作者、译者与译文读者在个人阅历、生活习惯、心理认知、社会文化等方面存在多大差异,对译者从事翻译活动关联性最强的主要是原文语篇和译文语篇的相关语境因素,这些语境因素才是解读原文和构建译文的决策依据。具体地说,解读原文语篇时,译者必须将

其置于相应的源语语篇语境之中,才能准确把握其意义,例如,了解源语语篇作者的相关情况、语篇产生时的情景以及语篇反映的时代特征等背景信息,无疑有助于译者对原文语篇的理解和把握。译者在生成译文语篇时必须同步构建相应译语语篇语境,例如,预测译文将面临的社会文化因素、语篇的特征是否顺乎译语读者的接受习惯等。语篇外语境和语篇内语境相结合构成完整的语篇语境,可以为理解和把握语篇提供所需信息。

因此,语境定位语篇,限定能够激活语篇内外世界的类型和数量,确立以语篇为中心的语境视野使译者在翻译过程中的选择顺应有明确的操作范围,在此范围内,翻译就是译者通过心智世界的调控,不断对原文和译文的语篇内外世界相关因素加以选择顺应的过程。

第三节 译者语境视野与选择顺应过程

一、语境的动态生成

传统的语境观,特别是20世纪80年代以前的既有语境观,大多为确定词句的意义和消除歧义服务,多属于静态语境观。静态语篇研究通常是孤立的、静止的,它只重结果不重过程,只是静态考察某个独立语篇内部的各种关系,不考虑本语篇与更大语篇之间的关联和相互影响以及由此可能引起的本语篇内部某些部分意义上的改变。也就是说,静态语篇研究者只看到僵化不变的个体,而看不到个体本身的动态形成过程,也看不到个体在整体形成过程中与其他部分之间的关系和相互作用;因此,静态语境观显然难以解释和指导动态的言语交际活动。自20世纪八九十年代以来,国内外涌现出一批动态语境论者,他们认为语境中的所有因素(物理、社会、心理因素等)都会影响交流进程,对语言的选择构成制约,所以,语篇是一定语境的产物;同时,语篇又能构建新的语境,并在此基础上生成新的语篇。交流之初,语境产生于一组客观因素以及由此被激活的某些背景元素,但其并不是静止不变的,随着交流的进行,参与者的话语会使语境不断更新。动态语境观是对静态语境论及时、有益的补充,极大地扩展了语境研究的视野(张蕾 2004:40;刘兴林 2005:70)。

维索尔伦的语境观认为语境的根本特征是动态生成性(1999:108-112)。首先,语境的各个组成要素在不同程度上影响交际双方相互协调和选择交际方式的过程,交际者具体使用的言语又有着语境提示作用,传递一定的语境信息,构成接下来言语交际的背景。语境最主要的特征是其产生于交际双方使用语言的过程中,由不断被激活的环境因素相互作用而形成,并随交际的逐步展开而不断变更和发展。其次,维索尔伦的语境观强调语言使用者在语言交际中的能动性,认为使用语言不仅是语言成分和语境因素相互适应的双向动态过程,而且是语言使用者策略性的选择过程。交际双方可以通过选择各自认为合适的语言表达方式主动地去改变或创造语境,使交际向着有利于实现交际目的的方向发展。最后,变化了的语境会进一步激活语言使用者已有的相关背景知识,促使他们根据情况继续选择新的语言表达。总之,语言使用和语境始终处于相互构建的动态关系之中。

在语用顺应论的框架内,语境的顺应被定义为语境"相关成分"的顺应性(contextual correlates of adaptability),"相关成分"的概念体现顺应论对语境理论构建的重要贡献。维索尔伦认为,如果对可进入语用分析的语言情境化特征的范围不进行一定限制就会妨碍语用学理论的发展,语境的明显无界性会让人无所适从,难以操作和处理(1999:108)。格赖斯担心语言外背景由于范围太大而无法控制,于是引入"意向性"(intentionality)充当决定意义的明确视角①,这种担心显然是基于把语境当作纯粹"客观外在"的现实这样一种被误导了的语境观的。维索尔伦认为语境不是外在"给定的",而是在语言使用过程中"生成的",因而在不同方面都是受到限制的(1999:109)。虽然原则上言语事件的每一个可能要素都可以作为与语境相关的要素出现并加以考虑,但并非在每一场合这些要素都以相关因素的身份被语言使用者调动起来。也就是说,在范围几乎是无限的种种可能中,语境是由某种动态过程创造出来的,是发话人和释话人②之间在与"外界客观存在"互动的动态过程中创造出来的。这样来看,关联的语境是有边界的,尽管这些边界处于不稳定的、总是可以协商的状态。问题的关键是要在语言使用的具体实例中找出这些边界,而不是把根据某一事先构想出来的理论模式所划出的边界强加给语境。维索尔伦的这种语境观明确提出语境框架中交际者的中心地位,强调语言使用者在语境生成过程中的互动作用,充分认识到言语交际双方互为语境的情况。

在维索尔伦看来,语境的根本特征是动态生成性。环境中的各种因素都在不同程度上影响交际双方相互顺应和选择语言使用的过程,交际者具

---

① 维索尔伦对语用学界一直将格赖斯的"意向性"奉为意义研究的唯一圭臬持有异议,并在书中多次阐明自己的观点。例如,他认为话语的产生和解释都涉及选择,且两种选择对交际流程和意义生成同样重要,所以不应将说话人的意图提升到至高无上的地步(1999:46-49,57,88,157,162-164,181)。
② 此处"发话人和释话人"的原文是 utterers and interpreters,而钱冠连、霍永寿的译本误译为"受话人和释话人"(2003:127),一字之差,意思迥异!

体使用的言语又有着语境提示的作用,传递出一定的语境信息,构成接下去言语交际的背景。语境产生于交际双方使用语言的过程中,由不断被激活的环境因素相互作用而形成,并随交际的逐步展开而不断变更和发展。也正因为如此,语言使用者能够在交际过程中迅速转换不同语境框架,这也使得语境显得更加复杂,语言使用者可能常常置身于多重语境中,且语境随着语言事件的推进而不时地改变。

二、翻译过程:双语语篇语境的动态生成

对于语篇,一般有两种不同的看法:一种看法把语篇看作"成品"(product),是言语输出的结果;另一种看法则把语篇当作"过程"(process),指语篇生成是一个"不断在语义网络中选择的过程"(周晓康1998:27)。把语篇作为"过程"进行分析要比将之作为"成品"研究困难得多。翻译是"产品"还是"过程"的论争与语篇的"产品""过程"之争是一脉相承的。翻译产品论者侧重于源语语篇与译语语篇之间的分析比较,即"产品"与"产品"的比较,这显然是一种"事后"研究,难以反映"正在进行中"的动态翻译过程。这种研究模式是静止的、直觉式的,不关注翻译过程中的每一步决定,因而其对翻译实践没有实际指导意义。哈蒂姆和梅森(Hatim & Mason)在《语篇与译者》(*Discourse and the Translator*)中指出:"很明显,译语语篇显示的仅仅是译者最后的决定,读者所见到的只是翻译的最后的产品,它是不断决策过程的最终产物,读者并不了解译者作决定的过程,也不了解译者化解种种难题的各种途径。"这意味着,人们将翻译看作产品而不是一个过程,正是对翻译过程研究的忽视导致近年来翻译研究的进展相对缓慢(relative stagnation)(Bell 1987)。

翻译过程说认为翻译是从源语语篇向译语语篇转换的动态过程。贝尔的提法更为实在:翻译过程可以分为分析和合成两个阶段,在每个阶段中均存在三个不同的操作领域(areas of operation),即句法、语义和语用(1991:45)。译者在不同操作领域中分析原文和合成译文的过程也就是进行语际信息传译的实质性过程。该过程的核心即哈蒂姆和梅森所谓"有动机的选择"(motivated choice):"语篇的生产者有他们自己的交际目的,并选择适当的词项和语法结构以达到这些目的。"(1990:193)德国翻译学者纽勃特也认为"翻译过程是由语篇引发的语篇生成过程(text-induced text production)"(Neubert & Shreve 1992:43)。

可见,以语篇作为翻译单位,将翻译作为过程看待,是译学发展的趋势。翻译作为语篇转换的动态过程,必然受制于语境作用,那么,语境在翻译过程中究竟发挥什么作用呢?翻译产品论显然与静态语境观是一致的。静态语境观只注

重研究语境对源语语篇理解的影响,而忽视语境对译语语篇生成的作用。翻译的最直接目的是获得预期的译语语篇,因此,有必要寻求新的语境理论对翻译过程中的语篇理解和生成作出合理解释,前文提出的语篇语境理论就能满足该要求。从动态语篇语境的观点来看,翻译是从源语语篇向译语语篇转换的动态过程。在该过程中,译者对源语语篇的理解是动态的,并受到源语语篇语境的影响,同样,译者在生成译语语篇时也要受到译语语篇语境的制约;因此,在翻译过程中语境时刻都在起着巨大影响和制约作用。可以说,翻译过程实际上就是译者动态构建源语语篇语境和译语语篇语境的过程。

语篇在形成过程中与交际环境、交际参与者等因素之间存在互动关系,具有动态特征。语篇语境与语篇有相互依存关系,构建源语语篇语境和译语语篇语境的目的就是更好地理解源语语篇和更好地生成译语语篇;所以,译者构建双语篇语境的过程就是翻译的过程,也就是选择顺应的过程。

(一)选择顺应与源语语篇语境的动态构建

尽管源语语篇早已存在,但在译者眼中源语语篇并不是僵化静止、固定不变的语篇,而是动态理解过程中的语篇。为了准确理解源语语篇,译者必须将其置于相应的源语语篇语境之中,才能准确把握其意义。解读源语语篇的过程就是译者同步生成相应的源语语篇语境的过程,而语境的选择和建立是按照与言语交际是否相关的原则进行的。关联理论认为,言语交际之所以能够进行是因为人们在交际活动中自觉遵守关联原则。言语交际活动是一个认知—推理的互明过程,要求交际双方对认知环境的事实或假设在心理上作出共同的认知和推理。译者对源语语篇理解的关键在于寻找关联,而寻找关联主要靠选择合适的语境来实现。从图15可以看出,译者构建源语语篇语境时,既要充分研究源语语篇本身,深入挖掘并选择源语语篇内语境要素,包括语篇类型、语域特点、衔接连贯等,从而构建源语语篇内语境,又要依靠自己的认知积累,根据与源语语篇的相关性原则激活相关社会文化因素和原文产生情境,构建出源语语篇外语境,这样才能真正构建较为完整的源语语篇语境,从而深入领会源语语篇的交际目的,准确理解源语语篇。根据语篇建立语境,依据语境理解语篇,就是顺应论中语境相关成分与结构对象的结合,二者之间是动态的选择顺应关系。

(二)选择顺应与译语语篇语境的动态构建

翻译的目的是生成合格的译语语篇,在该过程中,译者的活动受到相关语境因素的制约和影响,同时译者也常常会主动利用语境因素为达到理想的交际目的服务;所以,译语语篇的形成过程就是译语语篇语境的动态构建过程。译语语篇语境的动态构建除具备一般语篇语境构建的特征之外,还具有以下独特之处:

首先,译者不像普通交际参与者那样可以表达自己独立的思想,而是将传达源语语篇意义作为自己的主要交际意图,也就是说,译者所要传达的交际内容是由源语语篇作者决定的;因此,其在译语语篇语境构建过程中无时无刻不受到源语语篇意义的影响。① 韩礼德认为,语篇的每一部分既是语篇也是下一个语篇的语境(李明菲,许之所 2006:122);所以,翻译过程中的源语语篇因此构成译语语篇语境的一部分,译文不可能摆脱原文的影响,只能是原文的派生产品(a derived product)。

其次,将源语语篇译入译语时,由于语言、文化等方面的差异,译者显然会构建与源语语篇语境不同的译语语篇语境。译语语篇的语篇内语境应选择顺应译语的语篇类型、语域特点和衔接连贯特征,译语语篇的语篇外语境需选择顺应译语的社会文化因素和原文产生情境,从而构建较为完整的译语语篇语境;语篇外语境和语篇内语境相互作用,共同影响,生成合适的译语语篇。例如,在选定的文化背景和情境下,要表达某个特定的意图应该选择某一特定表达方式,一旦表达方式被选定,立即与已有外部语境一起共同制约其后表达方式的选择,也就是说,选择之间彼此相联,先作出的选择为后面的选择创造上下文,以此类推,直至生成完整的语篇。可见,动态变化的译语语篇语境影响、制约着整个译语语篇生成的全过程,为译语语篇生成营造适宜的环境,并在该语境下动态生成预期的译语语篇,顺利完成翻译任务。

最后,翻译是从源语语篇向译语语篇转换的动态过程。译者在翻译过程中身兼两职,既是源语语篇的解读者,又是译语语篇的生成者,二者都离不开对各自语篇语境的动态构建。译者作为源语语篇的解读者必须构建源语语篇语境,理解源语语篇意义,在这个意义上,译者对源语语篇语境的构建实际上是一种"重建"(reconstruct),是译者充分利用源语语篇信息以及自己掌握的与源语语篇相关的语篇外信息来"还原"源语语篇语境。② 同时,译者作为译语语篇的生成者必须构建译语语篇语境,帮助表达自己所理解的源语语篇作者的交际意图。

---

① 译者当然可以借助翻译在某种程度上表达自己的交际意图,比如,在选择原文、选择翻译策略、选择译文读者等时体现出译者的主体能动性,但这些意向都不可避免地受到源语语篇意义的限制。翻译之所以存在并不同于创作的原因就是因为其基于某个已存在的原文基础之上;因此,如果说翻译是创作,也只不过是一种再创作(re-composition),是原作的派生品(derived product)。

② 译者"重建"或"还原"源语语篇语境只能是一种大概的、理想的说法,在实践中是不可能完全实现的,因为译者不是原作者,其构建的原作语境必然无法与作者原文创作语境完全吻合。客观来讲,翻译中的原作语境都只是"译者"构建的原作语境,翻译中的源语语篇语境是译者理解的源语语篇语境,而不是源语语篇作者创作时的原初语境。

相对于"重建"源语语篇语境而言,译语语篇语境的构建显然是一种"新建"①。译者根据所要传递的源语语篇信息,利用译语语篇内和语篇外的各种手段,构建译语语篇语境,生成译语语篇,尽力实现译者的交际目的。一旦双语篇语境构建完毕,源语语篇的解读和译语语篇的生成即告完成,翻译过程才告一段落。

三、译者语境视野中的选择和顺应

在译者语篇语境视野图中存在着连续不断的选择顺应过程:翻译活动中不与译者同时在场的原文作者和译文读者通过各自的语境视野,在语境、语篇之间进行双向选择顺应;译者语境视野与源语语篇语境进行双向选择顺应;译者语境视野与译语语篇语境进行双向选择顺应。所有选择顺应都是译者的不同意识程度作用于语境-结构关系上动态过程的语言表意功能过程。一旦离开选择顺应,语境的动态生成性特征将无法描述,难以理解。

维索尔伦认为,语言使用者具有较强的能动性。他强调指出,使用语言不仅是语言成分和语境因素相互适应的过程,也是语言使用者策略性的选择过程。语言使用者在其社会心理机制作用下选择相应的语言表达方式,从而能动地改变或创造语境;变化的语境进一步激活语言使用者的背景知识,促使其进行新的选择。事实上,在语言交际过程中,语境的构建也呈动态的发展和变化趋势,语言使用者们不是完全被动地受控于给定的语境,而是能够借助包括语言在内的各种手段生成、改变或选择自己认为适当的语境。在维索尔伦看来,语境的根本特征是动态生成性。环境中的各种因素不同程度地影响交际双方相互协调和选择语言使用的过程,交际者具体使用的言语又有着语境提示的作用,传递出一定的语境信息,构成接下去言语交际的背景。语境产生于交际双方使用语言的过程中,由不断被激活的环境因素相互作用而形成,并随交际的逐步展开而不断变更和发展。也正因为如此,语言使用者能够在交际过程中迅速转换不同语境框架,这也使得语境讨论显得更加复杂,语言使用者可能常常置身于多重语境中,语境随着语言事件的推进而不时地改变。既然语境产生于交际双方使用语言的过程中,语言使用的过程就是不断作出选择的过程,所以,讨论译者语篇语境就是研究这一特殊语境中的选择顺应现象。

---

① 这里的"新建"并非指从无到有,因为译语语篇语境必须参照和对比译者建构源语语篇语境时激活的语境因素,受源语语篇语境的激发,是通过对比源语和译语语言文化相关因素构建起来的目的语境。

第四节　从语用理论结构看翻译中的语篇及语境

以顺应性为出发点，可以确定统一连贯的语用学研究的重点，即语境、结构、动态和意识突显（见第三章第三节），这四项任务合起来构成对任意给定语言现象所投射的充分的语用学综观必不可少的要素，体现在：

"不同意识突显性的层面上作用于语境-结构关系上的动态过程的语言表意功能过程。"（1999：69）

然而，这四项任务在表意功能过程中并不具有同等地位，它们各自担负不同功能并互相补充。从图12（见第四章第三节）可见，语境相关成分和结构对象的结合构成顺应现象的核心（locus）①。也就是说，这些语境相关成分和结构对象反映语言性和超语言性并列成分在语言实践交际空间的组合。维索尔伦特别强调"二者之间的相互关系至关重要"（1999：67）：它们既是语用学具体研究活动通常的出发点，也是任意研究过程必须不断参考的变量，换言之，二者都不是稳定不变的实体；在语言使用中，某结构一旦被选定，就会进入语境，而根据顺应的双向性特点（1999：62），不断变化的语境又会影响结构的选择。② 这种动态性相互顺应是语境与结构之间关系的本质，是二者互动所涉及全部过程的一个特点（1999：68）。

以此观点考察选择顺应论框架下翻译过程中语境与语篇的关系，可得出如下结论：

（1）源语语篇解读与译文语篇生成都是语境与语篇相互动态顺应的过程。从表面来看，翻译过程是语言结构层次上的源语语篇转换为译语语篇的过程，实质上则是分别以源语语篇、译语语篇为中心的语篇语境的重建和新建过程，需要注意的是，源语语篇作为结构进入译语语篇语境的建构过程，在一定程度上决定

---

① 钱冠连、霍永寿的译本将 locus 译为"所在位置"（2003：79），似有不妥。*Oxford Advanced Learner's Dictionary* 对该词的解释是：the exact place where sth happens or which is thought to be the centre of，显然这个词既可指"某事发生的确切位置"，也可指"中心位置"。从文中图12可以看出，语境与结构的结合体正处在四个同心方框（也可看作四个同心圆）的中心所在，而动态、意识突显、意义生成则置于包括语境与结构结合体在内的有更大外延的方框中。因此，locus 译为"中心"或"核心"更为恰当。

② 早在1987年，维索尔伦在其所著的《作为语言顺应理论的语用学》（*Pragmatics as a Theory of Linguistic Adaptation*. IprA Working Document）一书中就指出了语言与环境的关系：语言顺应即语言顺应环境，或者环境顺应语言，或者两者同时相互顺应，恰当的、成功的交流既是顺应的过程，又是顺应的结果。

了译语语篇的生成,以此形成翻译这一有别于其他交际活动的特征。语篇转换与语境构建是翻译研究中一个问题的不同层面而已,换言之,研究翻译过程就是研究翻译语境的构建问题。

(2)既然语境与结构的结合体构成语言使用研究的核心,翻译研究中将二者割裂开来以及侧重微观层面的语言转换或侧重宏观层面的文化语境分析都不能全面反映翻译活动的真实面目。相反,宏观与微观、文化分析与语言选择相结合的整体视角才应是当代翻译研究的走向。

(3)语境与结构的相互顺应关系既然是动态的,就表明二者之间总是存在着可变性与可协商性;可变性与可协商性并不妨碍译者作出选择,其与顺应性相互作用,使译者作出有效的选择;译者的每一个选择,又成为下一次协商的对象。从这个意义上来讲,同一个原文会由于语境与结构的动态顺应过程而产生多种不确定的译文。

第五节　小　　结

当代语言学和翻译研究的一个共同之处在于二者的研究视角都是从词法和句法扩大到文本分析、会话分析,从语言到语篇、语境、语用;因此,本章的主要出发点在于将语篇、语境、语用结合起来。本章首先讨论传统语境观的不足,特别指出无所不包的语境观并不能给翻译研究带来多少实际益处,而若引入语篇语境概念,以语篇锚定杂乱无章的语境,则可能更具有可操作性。借助维索尔伦的"语境视野",笔者详细讨论了译者视野、语篇语境、顺应性的语境相关因素之间的关系,并将其统一纳入到以选择顺应为过程的译者的语篇语境视野中。顺应论视角下译者的语篇语境视野既表现译者在三重翻译语篇语境视界的中心地位,又把语境的确立与双语语篇紧密结合,"以人为本"和"以文为本"在这里和谐地融为一体。根据维索尔伦的"语境视野",翻译过程可以理解为译者在双重语篇语境的动态制约下,通过重建源语语篇语境、新建译语语篇语境,实现源语语篇向译语语篇的转换过程。

第五章　选择与顺应模式的研究方法及性质

从前文论述可知,语用综观视角下译者的选择顺应活动贯穿翻译过程的始终,从原文的解读到译文的产生,从源语语篇语境的重构到译语语篇语境的生成,无不充满大量选择顺应现象。

虽然翻译讲求的就是"选择"和"顺应",不过译界迄今为止所提出的相关论述大都是印象式的(impressionistic)、基于经验的(experienced-based)、趣闻轶事的(anecdotical),或者是对翻译过程有关现象的罗列,理论深度不够,缺乏系统性(胡庚申 2007:34)。本文借助维索尔伦的综观论和顺应选择论,系统探讨翻译过程和翻译语境化过程的顺应选择特征,得出翻译就是译者不断作出选择的结论。如果这个结论的得出合乎逻辑且顺理成章,能否通过实证性(empirical)研究使之得以验证将直接关系到这一理论框架的描写力和解释力。其实,正如维索尔伦所说,"语用学并不是语言理论中新增加的组成部分,而只是提供了一个不同的视角(a different perspective),本书①就是要揭示该视角的含义"(1999:2),并进一步将该视角定义为"从认知的、社会的和文化的整体角度对语言现象的综观"。借助这个视角综观翻译现象,不仅形成以选择顺应为切入点的框架,还需要更多理论和实践对之加以深化充实,同时,还需要找出一套特定的研究方法,确立相关研究课题。本章试图从有声思维、选择网络分析、非线性等方面探讨选择与顺应模式的研究方法及性质。

第一节　有声思维数据分析法(TAPs)

如果说翻译研究将译文作为"成品"与原文进行比较属于静态的语言学取向,那么,与其对应的则是心理学取向的翻译成品的生产"过程"研究,主要关注源语与目的语之间的动态关系,关注翻译的动态思维过程,其兴趣焦点不在源语和译语本身(如译文评析、译文与原文的比较等)。这两种取向的翻译研究是一

---

① 即《语用学新解》/《语用学诠释》(*Understanding Pragmatics*)。

种互补的关系,缺一不可,而不是相互替代的关系。如果要把翻译研究推向深入,揭示翻译的本质,就必须对翻译过程进行描述和解释(Bell 1991:22)。从这个意义上讲,翻译过程研究似乎更为重要。国外不少学者已经涉足翻译过程研究,并提出若干理论模式(见本书第二章)。不过,这些理论模式大都建立在语言学基础之上,使用的是规定性或静态的描述方法,不能描述或解释翻译过程的动态性和翻译时的大量思维活动,不能解释翻译过程的心理现实性;此外,这些模式是理论思辨式的而非实验式的,因而对翻译过程的描述是理想化的、非真实的(蒋素华 1998)。翻译过程的研究认为评价翻译模式的主要标准是看其是否具有心理学上的真实性,是否反映了翻译过程中发生在译者头脑中的思维过程。那么,人们在进行翻译活动时,大脑中到底发生了什么?人们在解决翻译问题时,大脑处于怎样的工作状态?如果说早期对于译者头脑中"黑匣子"的了解处于空白,随着当代心理学的发展,借助心理学领域的一些研究方法,已使翻译过程的研究前景初露端倪。近 20 年来,心理学中用于收集思维过程数据的"有声思维数据分析法"(Thinking - Aloud Protocols,TAPs),亦称"口语报告法"(verbal report),应用于翻译过程的行为分析研究,取得令人瞩目的成果。

"有声思维数据分析法"要求受试的译者将其在寻找译文时大脑中的所有思维活动用言语表述出来,再用符号、图表的形式形象地展示译者在翻译过程中的思维活动。该方法可以准确地记录译者大脑中稍纵即逝的"活思想",带有实验性质,侧重翻译过程而不是翻译结果。实验过程大致如下:研究者给受试者一项书面形式的翻译任务,要求受试者在一定时间内完成并递交译文,同时,受试者需要用言语表达出(verbalize)翻译时大脑经历的一切思维活动。对于受试者在实验中表述的一切言语,研究者均会用录音机或录像机记录下来,然后再将其转誊为可以用于进一步分析的文本数据,即所谓"protocols",研究者在分析这些文本数据特征的基础上,重组受试者在翻译时的思维过程,并归纳出数据显示的倾向和特点;由于研究者在分析时需要用到经过转誊的文本数据,因而将该分析法称为"有声思维数据分析法"①。可见,"有声思维法"实际上融合了内省思维与外部观察,其目的是探寻翻译过程中的复杂问题,包括译者对翻译问题的了解程度、参考资料的利用、对原文的语义分析、译语对等项目的选择等。尽管伴随多种变量,翻译行为还是有规律可循的。一般来说,受试者不可能立即找到最合

---

① 此研究方法可分为与翻译过程同时进行的"同步数据收集法"和翻译完成后进行的"追述性数据收集法"(任洁,许尚侠 1998:77-78)。有时,研究者还要监测受试者在翻译时的眼球运动,据说也能为口语报告中的数据提供有效的辅助说明。

适的译语,他们会在记忆里搜寻,激活记忆里的信息网,产生临时答案,然后试图优化已有译语。一般认为,翻译问题的解决基本是有步骤的,这是通过"有声思维"获得关于持续思维过程可靠数据的有利前提。

"有声思维法"用于翻译研究取得的主要成果:① 翻译策略。对翻译策略的探讨已从传统的以结果为取向的规定性立场转为以过程为取向的描写性立场,关注译者在真实的翻译情境中有意识地解决翻译问题的步骤。② 翻译单位。针对以往从语言学角度提出翻译单位的不足,提出"注意力单位"概念,强调翻译单位的动态性和可调整性。③ 翻译要求。职业译者容易在翻译选择时有意识地顾及翻译委托人对译文的要求,而非职业译者则往往显得过于主观随意,甚至盲目。④ 翻译方式。提倡合作翻译,以克服单独翻译所带来的数据简单、不够自然全面等缺点(李德超 2005:29-32)。

"有声思维法"的主要研究内容之一就是找出译者作出选择的标准(Mona Baker 2004:266)。这种选择可能是翻译策略的选择,也可能是具体词语的选择,既有职业译者的选择,也有翻译学员的选择,而且所有选择都体现出翻译过程的不确定性特点。例如,翻译单位究竟是词、词组、句子或者更大的单位?又例如,碰到生词,译者是一开始就查词典还是先根据上下文进行猜测,如果是查词典,查单语词典还是双语词典?查词典过程中碰到哪些问题?是怎么克服的?有人曾在全国英语专业八级统测后第二天对参加考试的 7 名大学四年级学生的翻译活动进行了追述性有声思维数据收集。数据显示,这 7 名学生在 30 分钟的汉译英能力测试中,其在翻译思考时的主动词汇(active vocabulary)产出策略可归纳为对等词翻译、联想词代替、字面翻译、解释性翻译、生造和略译等 6 类。研究还发现,受试者作出选择时的思维顺序相似,大致如下(海芳 2003:79-81):

对等词翻译→联想词代替→字面翻译或解释性翻译→生造或略译。

然而,并非每个受试者都会逐次想到上述策略,而且其实际策略选择频率也各不相同,策略选择频率从高到低依次为解释性翻译(26 次)、联想词代替(18 次)、对等词翻译(16 次)、略译(8 次)、字面翻译(2 次)。在数据分析基础上,该研究提出许多相关思考,例如,如何解释翻译策略选项的次序和实际选择的频率,为什么选项的次序先后与选择频率的高低不相对应,受试者作选择时的心理状态、选择动机与其自身的语言能力以及平时的学习方法等有着怎样的关系,语言因素和非语言因素如何影响选择的过程等。对这些问题加以探讨解释,显然非常有助于提高翻译培训和教学质量(见第六章第五节)。

"有声思维法"的另一个主要研究内容是翻译个案研究,以期发现译者大脑信息加工的特点和规律,以及译者思维活动的共同特征和个体差异。例如,蔡寒松等人尝试运用有声思维法对3名受试者在英语因果关系句汉译时的动态思维过程进行考察。结果发现：① 在翻译过程中的不同阶段，认知策略与元认知策略各自发挥着独特的作用，但整个翻译过程都少不了元认知的监控作用；② 英语因果关系句的汉译过程并不是简单的、线性的语码转换过程，而是理解与表达相互交替、融合的非线性的动态思维过程；③ 在英语因果关系句的汉译过程中似乎没有针对因果关系处理的特异性策略（蔡寒松，刘葆婷2000：32–35）。

这些实验虽然与翻译选择顺应论没有直接联系，却为选择顺应论提供了真实的心理佐证，例如，上述三个发现就可分别看作：① 选择过程的意识突显程度不同；② 选择过程的动态特征；③ 选择过程的可协商性或不确定性。因此，把"有声思维法"引入翻译选择顺应论框架，用于验证框架内的一系列理论假设，具有十分重要的理论和实际意义。我们认为，如果使用"有声思维法"的样本数量足够大，完全可以进行量化分析，在理论上能最终找到译者在翻译过程中的大脑活动规律。相反，如果没有对于翻译过程直观的实验性质的研究，那就无法探讨并最终提出有针对性的翻译方法。

"有声思维法"还可以明确显示不同层次、不同语言水平的受试者在使用翻译策略、确定翻译单位等方面的差异。刘立香对22名英语专业学生、11名研究生和4位英语教师所作的思维口头报告实验表明：① 教师和研究生使用翻译策略的次数少于本科生，表明译者语言水平越高和翻译经验越丰富，其使用翻译策略的次数就越少。② 英译汉过程中使用的翻译策略多于汉译英过程，说明英译汉较汉译英难度大。③ 潜在策略的使用随译者水平的提高而逐次减少。④ 英译汉时，教师的翻译单位倾向使用小句，而学生倾向使用词组；汉译英时，各组使用的单位都以句子偏多，教师使用最多，研究生次之，本科生最少。这在一定程度上说明：译者语言水平越高和翻译经验越丰富，就越倾向使用较大的翻译单位，反之亦然。⑤ 译者的翻译单位并非固定不变，其大小与翻译难度成反比，即翻译难度越大，翻译单位就越小。从英译汉和汉译英的角度看，受试者在英译汉时使用的翻译单位明显小于汉译英时使用的翻译单位，可见，译者翻译单位的使用并不固定。⑥ 在处理词汇问题时，本科学生更趋向字义对应，而教师则更重视对内涵意义的把握；另外，教师的词汇选择具有多样性，而本科生使用的词汇则比较单调。

当然，"有声思维法"实验的内省数据对研究认知过程和翻译过程的有效性、合理性经常受到质疑，对其能否真正反映翻译过程还一直存在不少争议。持反对意见者强调该方法只是间接而非直接反映思维过程，对数据的阐释掺杂研究者的主观性，加之研究过程中口译（指受试者先口述翻译内容的行为）和笔译（指受试者最终递交的书面译文)这两种不同的翻译模式究竟会对翻译过程造成怎样的影响目前还不清楚(李德超 2005:29)。而持赞同意见者则认为"有声思维法"由于采用全程录音录像方式,不仅记录了受试者的口语报告,还保留了受试者的语调、口气、停顿、手势、眼球活动以及面部表情等,所收集到的数据比内省法和事后回顾法更全面、更可信赖,其信息少有遗忘或省略,同时也少有歪曲或变形。对于可能存在的影响实验的变数,有学者建议可通过让受试者接受相关培训,在正式研究开始前适当做一些预演练习来减少或避免。

这种研究方法对翻译过程研究是否有用也取决于如何理解"过程"这一概念。如果说大脑的工作过程就是神经活动过程,那么口语报告法就毫无意义,但若把思维过程看作信息处理过程,认为信息处理发生于有意识注意的焦点,即工作记忆中,那么将其用言语表述出来再加以研究应当不失为有效手段。

不可否认,"有声思维法"用于翻译过程研究也存在一定局限性:

首先,数据不够完整全面。受试者只是把有意识的思维言语化,而大部分语言符号都通过大脑和心理自动处理而全然不会察觉。长期从事某一活动所积累的内化经验,由于处于下意识的自动状态中,往往难于引起注意,从而在口述时没有反映。心理学研究表明,人脑大部分思维过程是下意识的、高度自动化的;但在翻译活动中,那些在一般语言使用中下意识的思维过程,如对意义细微差异的甄别,却被给予足够的注意。从这个意义上看,口语报告法更适用于翻译研究。当然,为弥补数据的不完整,可对受试者的眼球活动、身势语、面部表情以及译文产品进行综合分析,使得外部观察与内省报告有机结合,互为补充。

其次,"有声思维法"所得内省数据在很大程度上依赖于受试者表达其语言策略的能力如何以及受试者是否能在有声思维中运用自如。经验不足的受试者很容易陷入封闭思维,记录不能充分表现出其思维活动;有经验的受试者很容易减少口述,省略思维活动中的细节,烦于详细表述。若受试者是有经验的译者,翻译中会存在较多的自动处理过程,口述不能充分表现其思维活动。有的受试者先译后述,而不是在翻译同时口述,使记录成为追述(苗菊 2005:46)。

最后,口头报告与内部思维过程有多大程度的相对性以及"有声思维法"对所考察的思维过程有何内在影响还难以确定。尽管有学者声称这种方法不会改变思维过程或结构,但这方面还需要进行方法论层面上的研究(尤其对翻译活动而言),现在就对"有声思维法"用于翻译研究持完全肯定的乐观态度恐为时尚早。另有学者认为,较为明智的做法是,应充分"借鉴'有声思维法'用于与翻译相邻领域(如写作过程研究)的研究成果"(Baker 2004:267)。例如,最近我国有学者采用大样本的有声思维实验,运用定性与定量相结合的方法对英语专业八级写作认知过程及其与成绩的关系进行探讨,数据分析的结果较好地回答了"八级写作的认知过程是什么、认知过程能否反映出写作水平的差异、哪些分过程对成绩影响较大"等问题(修旭东,肖德法 2004:462-466)。这方面的研究成果对译者翻译认知过程的探讨很有借鉴意义。

第二节 选择网络分析法(CNA)

"有声思维法"通过记录并研究受试者口述的翻译过程思维活动,试图在翻译的思维过程与翻译行为之间建立关系,并通过获得某些数据就潜在的过程得出结论。但这一做法招致很多质疑(Borsch 1986:195-209),原因是其中涉及的变量太多而难以控制,如个人特有风格、语言能力差异、心理状态以及环境和语境因素等,特别是译者一边翻译一边将思维过程口述出来是否自然、是否会影响翻译过程本身等问题如得不到很好的解决,将影响这一研究方法的可信度与可靠性。

既然不可控制的变量太多,又无法直接观察译者大脑内部的工作情况,那么能否从表现于外的行为来推测内在的工作机制?或者说能否从"因(原文)"和"果(译文)"推理出二者间的联系过程?我们认为,译本作为客观存在,应该是较理想的研究对象。"选择网络分析法"(Choice Network Analysis,CNA)巧妙地避开了难以把握的因素,从具体可见的原文(原料)和译文(产品),即翻译过程的输入、输出端口入手,通过对原文与译文的比较,理清二者关系的本质,推理并探讨译者翻译(生产)时的心理过程,在一定程度上弥补了"有声思维法"的不足。①这种研究方法所基于的原则是:通过分析不同译者翻译相同原文的不同译文,可以建立能推导出译者心智选择过程的模式。1998 年,坎贝尔(Campbell)首次尝试将该方法用于探讨 16 位受试者如何将同一语篇中的阿拉伯语名词译成英语的选择策略,结果发现,在翻译 lahi:b al-huru:b al-? hliyya(英语意为 the flame of civil war)中的"lahi:b"一词时,8 位受试者将其省略未译,3 位受试者将其译成 flame,其他人分别译为 zest,burn,disaster,heat 和 fire。可见,译者首先要决定译还是不译,如果选择译,就要决定是否译文也用比喻,如果用比喻,又要决定是保留

---

① 与"有声思维法"相比,"选择网络分析法"在日常生活中并不少见。例如,我们无须打开汽车前盖,仅从司机在加油站给汽车加油的行为,就能判断出汽车的动力不是来源于水,也不是来源于木材,更不靠畜力。有经验的教师从学生的作业情况就能推断该学生写作业过程的心理状态,如态度是否认真,是否利用了参考资料,是否掌握了教学内容等。传统中医甚至只需察颜观色,就能清楚患者患有何种疾病及患病的原因,从而对症下药。

原来的比喻形象还是另外引入,所推理出的选择过程如图 16 所示(Campbell 2001:31)。

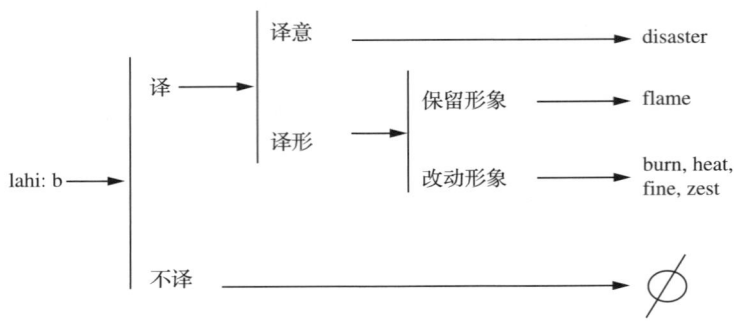

图 16　lahi:b 一词英译的选择网络分析

笔者也曾用选择网络分析法进行类似实验:让 20 名学生翻译名词词组"世界上人口最多的国家",得到的译文有:

the world's most populous country(8 人)

the country with the world's largest population(4 人)

the country that has the largest population in the world(4 人)

the most populous country in the world(3 人)

the biggest country in the world in terms of population(1 人)

从翻译结果大致可推测出学生的翻译思维过程,其选择的翻译策略主要有:是否采用与汉语语序一样的前置修饰语还是修饰语完全后置或前置后置兼有;如果修饰语完全后置,用介词词组还是关系从句;如果修饰语前置后置兼有,哪些修饰语能前置,哪些应后置。

选择网络分析法的另一主要作用是通过建立选择网络图标,将选项的多少、选择步骤的节点(node)数目外显化,从而可以判断该选择过程的复杂程度。例如,英语被动句的汉译问题一直是翻译理论与实践的难点之一,虽已有大量相关文献,但研究大都建立在英汉句式转换的层面上,往往只提供若干英语被动句可以译成的汉语句式,再辅之以例证。总结现有译案,英语被动句可译成:

(1)汉语被动句(又称有标记被动句),包括"被"字句,"让、叫、给"字句,"为……(所)"句式和"遭、受"字句;

(2)受事主语句(又称无标记被动句、当然被动句);

(3)汉语主动句,包括施事主语、泛指主语等主动句式,无主句,处置式(如把字句等),"是……的""……的是……"等表语句,"据说……"等句式。

现在的问题是,研究者未能认识到从形态型的英语转译到语义型的汉语仅提供几个可能译成的汉语句式是行不通的。这里既没有提供译者对句式作选择判断的方法,也没有语义的参与,体现的只有形式,而不去探索翻译时作出选择的过程,就无法有效提高英语被动句的汉译效率。最近有学者基于"翻译是译者不断决策的过程,译文是连续决策的结果"这一理念,试图以流程图的方式推导出形式与语义相结合、过程与结果并重的英语结构被动句的汉译模式(徐剑 2006:132-135)。作者根据输出端已有例句,推断(假设)输出过程可能存在的一些语义对比控制参数,包括"如意/不如意""有灵/无灵""静态/动态""语旨、语式、语场"等。这个研究正符合从结果看过程的选择网络分析法思路,故笔者用选择网络分析法重新绘制了英语被动句汉译流程图(见图17)①:

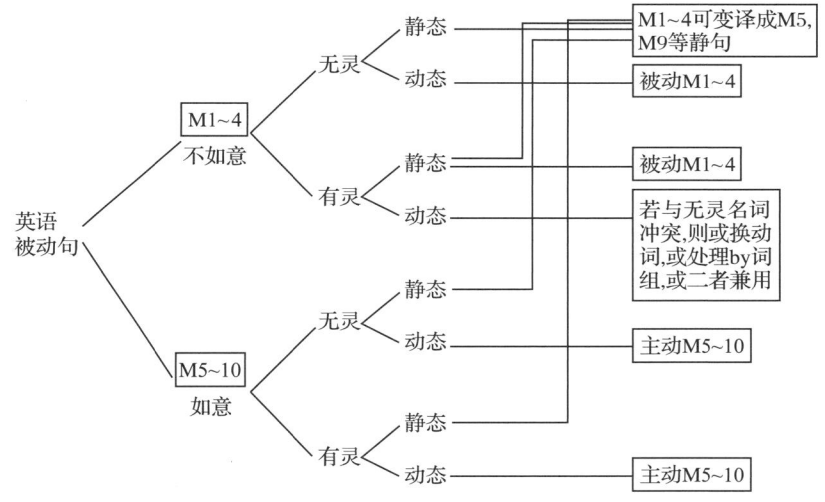

图17　英语被动句汉译的选择网络分析

从图17中的选项数目和节点数目可以大致看出英语结构被动句转译到语义型汉语时的复杂过程,这种研究思路和模式对重新审视和修正既有英汉翻译技巧、指导译员培训、改善对外汉语教学、启发机器翻译等研究均有一定积极作用。值得注意的是,选择网络图示容易给人造成决策过程严格依照线性(linearity)先后顺序进行的误解,其实使用该方法仅出于研究方

---

① 图表中 M 代表汉译句式:M1 为被字句;M2 为"让、叫、给"字句;M3 为"为……所"句式;M4 为"遭、受"字句;M5 为受事主语句;M6 为施事主语、泛指主语句;M7 为无主句;M8 为把字句;M9 为表语句;M10 为"据说……"句式。

便的目的(Campbell 2001:31)。事实上,鉴于人类选择行为的非线性特征(见下节),选择网络图示不妨可以植入连通论(connectionist theory,也译为"联结论"或"连接论")①框架,这样就使那些触发决策的动机同时呈现相互竞争的局面。在连通论模式下,前述关于英语被动句汉译的选择网络可以用图18来展现。

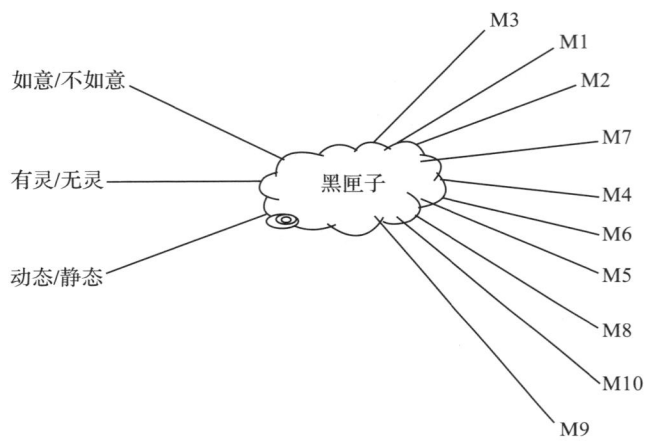

图18 英语被动句汉译的连通论模式

由图18可见,由于译者大脑"黑匣子"的处理,"如意/不如意""有灵/无灵""静态/动态"等控制参数与各种译文句式之间并不存在严格的因果对应关系。研究在什么情况下对应的频率较高,对应与翻译文体、风格、内容的相关性等课题,可能有助于更有效地解决被动句的汉译问题,也会促进选择网络分析法的发

---

① 连通理论为20世纪80年代末在认知心理学领域兴起的又一崭新学说,是研究以人工神经网络(建立在模拟大脑神经元及其连接力度基础上)解释人的认知能力的新兴理论。该理论认为,人在出生的时候,大脑就有寻求和建立事物之间关系的倾向,它可以从多种渠道(包括视觉、听觉、知觉、触觉)获取信息,并可以把这些信息储存在由形似神经元的大量节点(即离散性的知识结构)织成的神经网络中。这些节点之间的连接力度或因被激活而加强,或因被抑制而减弱。与乔姆斯基普遍语法模式的语言习得观不同,连通理论不强调语言规则的学习,认为所谓的语言规则其实是以概率的形式存在的。先前学得的知识与网络某一连接的分布形式相互对应,该知识在大脑中储存的时间越长,其概率形式被激活的可能性越大,被强化的程度也越高。连通主义最简单的定义为通过计算机模拟人的神经网络,对信息进行并行加工的理论体系。在连通网络系统内,数量巨大的神经元似的单位平行运作,把激活传递到其所连接的单位(桂诗春1991)。语言处理是一个非常复杂但是又非常高效的过程,心理语言学所提出的关于语言处理的模式应该能够解释语言处理的复杂性和高效性,在这方面,连通主义比符号主义具有更多的优势(彭建武2002:45-46;崔刚、姚平平2006:1-4)。

展,丰富研究内容。

作为新兴的实证研究方法,选择网络分析模式可以根据需要将选项或繁或简地显示在图示中,从而可将之应用于对比翻译研究,以判断翻译难度或考察翻译能力(Campbell 2001:35)。该研究方法与翻译研究及教学中的多种译本比较方法相似(比如,将培根的 *Of Studies* 的几个译本罗列出来,对比分析各译文之优劣),但二者在很多方面存在不同。例如:前者比较的是不同译者在同一时间、同一空间产生的译文,后者则为不同译者在不同时间、不同空间产生的译文;前者意在推测译者选择时的心理过程,并用图表形式加以客观体现,后者则多为随感式的、见仁见智的主观评论;前者有描写解释的功能,后者却意在提供一种判定译文好坏的标准。对于本文提出的翻译选择顺应框架,引入选择网络分析模式有助于发现隐藏在翻译行为之后的诸多选择项,并进而推测各选择之间的决策过程,研究对决策产生影响的语境因素。笔者认为,如果在该模式中引入顺应概念,那么其在翻译选择顺应框架中的作用会更有意义。①

第三节 翻译选择的性质:非线性特征

如何确定翻译选择的性质关系到我们如何看待和研究翻译选择现象。选择结果可否预测?是否具有确定性?选择有无顺序?选择与制约因素是否存在对应关系?选择能否完全重复?一句话,对选择现象究竟能否进行确切地把握和研究?

翻译是不断作出选择的过程,那么,这些选择过程是否井然有序?吉瑞·列维认为翻译中的选择是"系列性"的:

"在翻译过程中,译者遇到一系列连续发生的情况,必须在一系列的选项中作出选择……这种选择贯穿于翻译的全过程,且各个选择之间相互联系,先作出的选择为随后的选择提供了某种上下文。"(Lévy 1967:1171)②

---

① 遗憾的是,选择网络分析法在翻译研究中的作用还远未引起足够的注意:除坎贝尔 2001 年的一篇文章以 Choice Network Analysis 为主题外,国外还没有其他类似的文献,其实就连这篇文章也未产生多少影响;就笔者所知,国内翻译界也是如此,甚至连一篇介绍性的文字也没有,这与"有声思维法"的引介与研究应用形成明显对比。因此,笔者诚望本书的介绍能引起翻译研究领域的关注。实际上,当代翻译研究的显著特征正是把研究的中心由原文转向译文,由分析原文转向描写译文,并最终解释译文的成因;因此,选择网络分析法应该能够发挥更大的作用。

② 着重号为笔者所加。"一系列"译自原文 a series of,词典注释为:several things or events of a similar kind that happen one after the other。

显然,"一系列""先""随后"等词语表明选择是有明确的先后次序的。然而,任何有过翻译经历的人都会认为,从整个过程来看,这些连续的选择之间往往并不存在严格的先后次序关系,也就是说,决策的过程并不是严格有序的线性序列,而是呈现出带有不确定性的、复杂性的非线性(non-linearity)特征。语用综观论在提出选择顺应概念时就指出了选择的这种特性:"选择过程并不像如上描述的那样按一定的线性顺序进行……常见的情形是不同层面上的选择往往是同时进行的。"(1999:56)翻译活动涉及的种种复杂因素也表明复杂的非线性特征是翻译选择过程的根本性质,该看法与自然科学和人文社会科学正在兴起的非线性学研究是完全一致的。探讨翻译选择的非线性性质,对于进一步廓清翻译活动的本质具有重要意义。

一、复杂性与非线性

这里的"复杂性"(complexity)是与日常语言意义上的复杂性相关的专门术语。在许多定义中,复杂性就是复杂程度的代名词,其意思就是指复杂或简单的程度,没有绝对的"复杂性",也没有绝对的"简单性"。钱学森从研究方法论的角度出发,在简单性与复杂性问题之间划了一道比较模糊的界线,他认为,"凡是不能用还原论方法①处理或不宜用还原论方法处理的问题,都是复杂性问题"。通过研究方法论,原则上区分了简单性与复杂性问题,但同时也暗示着在简单与复杂问题之间没有明确的界线,只有通过人为的划界,才能区分二者。从目前的研究状况来看,复杂性的确切意思非常含混,其所涉及的内涵和指称五花八门,目前还没有关于复杂性的统一定义,将来也不可能产生统一的复杂性定义,这是由人类的主体间性所决定的。关于美的体验和审美标准,由于人们的需求、生活经历、文化传统等各不相同,因而很难达成一致,更不用说在价值观、生活方式等方面的冲突。正因为如此,复杂性拥有种种不同的定义,有人统计发现复杂性定义竟多达 45 种。但一般情况下,比较通行的观点认为,"复杂性是跨越层次之间的不可以直接还原的相互关系,它以层次性为基础,强调层次的跨越,客观事物只有在层次跨越时才表现出复杂性"(郭元林 2003:1-10)。尽管到目前为止还未形成公认的非常科学、确切的复杂性定义,但绝大多数关于复杂性的概念都表达

---

① 所谓还原论(Reductionism,亦译"简约论"或"归结论")是主张把高级运动形式还原为低级运动形式的一种哲学观点。它认为现实生活中的每一种现象都可看成是更低级、更基本的现象的集合体或组成物,因而可以用低级运动形式的规律代替高级运动形式的规律。还原论派生出来的方法论手段就是对研究对象不断进行分析,化复杂为简单,恢复其最原始的状态。

了这样的共识：复杂性表现为一种众多因素相互作用的状态，复杂性即"交织在一起的东西"，表达了一种不可还原的特征。因此，复杂性思维是一种将区分和关联相结合的思维(吴彤 2001：20-24)。

非线性科学主要用于研究世界事物中的复杂性现象，是一门研究非线性系统的共性、探索事物复杂性的新学科。所谓非线性是相对线性而言的，"线性"和"非线性"实质是数学名词。线性指量与量之间的正比关系，在平面直角坐标系中表现为直线；非线性指量之间的关系不是直线关系，在直角坐标系中呈曲线关系。在线性系统中，部分之和等于整体；而非线性则刚好相反，分量之和不等于总量，整体不等于各部分的总和，原因和结果不呈一一对应关系。定性地说，线性关系只有一种，而非线性关系则千变万化，不胜枚举。线性是非线性的特例，显示简单的比例关系，各部分的贡献是相互独立的；而非线性是对这种简单关系的偏离，各部分之间彼此影响，发生耦合作用，这是产生非线性问题复杂性和多样性的根本原因。一个系统，如果其输出不与其输入成正比，则它是非线性的(汪秉宏 2002)。正因为如此，非线性系统中各种因素的独立性就丧失了，以至于整体不等于部分之和。所以，非线性改变了人们的传统因果观。对于非线性问题只能用非线性思维，具体问题具体分析。①

"非线性科学"一词和非线性研究受到重视后，复杂性与非线性的关系也引起了人们的关注，目前复杂性和非线性被认为是同一个东西。复杂性被认为是客观事物的属性，是客观事物层次之间的一种跨越，是客观事物跨越层次的不能够用传统的科学学科理论直接还原的相互关系。在方法论意义上，复杂性与简单性之间有绝对界限，线性方法是简单性的方法，非线性方法是描述复杂性、解决复杂性问题的复杂性方法。现在人们都承认，非线性是复杂性的本质和来源，线性体系无法产生复杂性(吴彤 1999：31-35)。

近年来，不仅在自然科学领域，而且在社会科学、人文科学等各个领域，关于复杂性问题的研究正悄然向我们走来。现在有哪一个领域没有自己的复杂性问题、复杂性概念和复杂性研究？复杂性研究新范式正在各个领域酝酿成形。尽管这个范式可能在某些领域还没有成为主流范式，但是，其作为一种替代范式或替代范式的候补者已经不可避免。人文、社会科学领域有着比自然科学和工程技术领域更为复杂的复杂性问题：一方面，在自然科学领域起作用的客观复杂性仍然在起作用；另一方面，新的复杂性问题涌现出来。这首先是因为人文、社会科学领域已经在系统层次的意义上进入到在一般生命系统

---

① 这里讲的非线性思维是把线性思维作为特例包括进来的思维方式(苗东升 2003)。

中可以理解的人类系统层次的意义上。因此,原来在其他层次没有的意义复杂性,现在在这里凸现出来。现代语言学研究内容发生的从形式到意义的演变,也就是从简单性到复杂性的演变。话语或文字的意义之所以复杂,其原因为:一是话语和文字背后隐藏着超语言信息,如语境、背景知识、文化因素、比喻含义、俚语行话等;二是超语言信息所带来的意义复杂性还与认识主体密不可分,这里的主体不再能够化为一般性主体。这使得认识复杂性与计算复杂性有本质性区别:计算复杂性是一种通用复杂性,而认识复杂性则是具有个性的复杂性,这种复杂性不仅与主体间性有关,而且与主体的价值性和社会性相关(吴彤 2001:20-24)。

最近的研究表明,在自然、社会、思维中更为普遍存在的是非线性。非线性完全改变了人们的传统因果观,为世界的多元化和多样化提供了合理的说明;同时,它不仅是关于自然科学的基础研究,也是关于社会科学的基础研究。所以,在由人类起关键作用的现象(如经济活动、技术开发、文学及文艺理论[①]、社会人类学、语言学[②]等)中,非线性特性具有普遍意义。例如,在语言研究中,许多学者运用非线性和复杂性研究手段在诸如语言变化、语篇生成、多语现象研究等领域取得丰硕成果(Longa 2004:221)。著名学者沈家煊先生近年来发表多篇论文,呼吁语言学研究要特别关注从复杂性角度看待语言现象和语言研究,要意识到"分析"手段的局限,对语法的整体把握绝不是孤立分析的简单相加。他指出:语言是一个复杂系统,是许多方面和因素相互作用和综合的结果,各因素间相互选择,相互联系,相互制约;复杂系统永远不可能达到均衡状态,总是处于不断展开、不断转变之中;语言也是一个开放系统,处于不断演变之中,语言的形式和意义之间是一种扭曲的关系,而不是一一对应的关系;凡是复杂的和开放的系统都无法做到充分的预测;对于语言现象,虽不能做到完全预测,但可以做到不完全的弱预测;预测的是一种倾向,他认为这本身就是十分有意义、有价值的工作(沈

---

① 传统的文艺理论采用结构主义研究方法,把文本看作封闭的、界限明确的实体;后结构主义则把文本看成开放性实体,尤其受历史、文化等的影响,从而使文本失去可预测性特征,文本的界限消失在语境和情境之中。
② 杨忠、张绍杰曾撰文讨论索绪尔提出的语言符号线性特征问题,通过探讨形式与功能的复杂关系,并借用波普(Popper)的"三个世界"理论得出结论:语言符号的线性特征只是其表象,非线性才是其实质,语言符号从大体上说是非线性的。该文可能是我国学者以专文形式阐述语言非线性特征的最早文献(杨忠,张绍杰 1992)。

家煊 1999;2005;2006)①。

二、翻译活动的复杂性和非线性

近30年来,当代翻译理论研究的蓬勃发展也可从非线性科学的角度得到合理的解释。著名翻译理论家彼得·纽马克(Peter Newmark)在《翻译研究途径》(*Approaches to Translation*)中提到:20世纪可称为"翻译(或复制)的时代"(age of translation or reproduction)(2001:3)。翻译理论家埃德文·根茨勒(Edwin Gentzler)也在《当代翻译理论》(*Contemporary Translation Theories*)一书中指出,20世纪90年代"经历了翻译理论的飞速发展"(2004:181)。翻译教育理论家巴希尔·海蒂姆(Basil Hatim)更为具体地历数了翻译研究的发展,他借用纽勃特(Neubert)等人的比喻(Neubert & Shreve1992),把翻译学比作"一座由众多房间组成的大厦",并断言"翻译研究在世界范围内日益引起关注"(assuming a high profile)(2005:8—10)。翻译研究历经翻译科学派、翻译研究派、多元系统派、操控理论、意识形态-主流诗学-赞助系统、规范原则、目的论、功能论等,其研究范式不断转变,研究范围不断扩大,研究视角日趋多元,但这些进展都有一共同之处,即充分认识到翻译活动涉及大量丰富多彩的语境因素,承认翻译是一个复杂性行为(Hatim and Mason 1990;Hatim 2001;Wilss 1996)。与人类2000年左右以来只将语言因素作为翻译相关参数的翻译研究历史相比,系统地考虑翻译的复杂性才不过是最近30年的事。必须指出,从传统到今天,翻译研究所发生的变化与人类的科学发展进程是同步的。正如科学领域的决定论思想(determinism)已被非线性框架所取代一样,当代翻译研究也在逐渐摒弃传

---

① 沈家煊从非线性和复杂性视角审视"分析"和"综合"研究方法,虽然对传统的汉语语法研究方法提出挑战,但也很有可能转变其他语言的研究范式。他下面这段话值得我们深思:"研究语言,分析和综合两种方法不可或缺。100年来我们的研究是'分析,分析,再分析'。可以说,100年汉语语法研究的进步基本上就是分析的广度、深度的拓展和分析方法的改进。然而,要把握和理解整体,仅仅分析出组成部分及其差异是不够的。这种观点在19世纪末20世纪初西方创立的'格式塔(Gestalt)'心理学中得到明确的表述和验证。觉察到的运动并不存在于孤立的刺激之中,知觉不是部分的刺激相加的总和。推而广之,思维也不是概念的简单联结。无论是知觉、思维和理解,整体要大于部分之和。整体可以有这样一些属性,它们不是从对孤立部分的分析中推断出来的,因此不能通过对各部分的分析来认识整体的全部性质。总之,要说明语法结构规律,光靠分析不能完全解决问题,因为光把部分之间的差异并不能完全把握整体。分析和综合结合起来才能对语法现象作出完整的解释。"(沈家煊 2005)

统思想中的决定性和理想化概念①。用线性思维看待非线性翻译活动,只注意理想化的源语与译语之间线性的因果关系,必然导致把研究重点放在翻译成品之上,从而忽视复杂的翻译过程;所以说,传统翻译观是静态的、确定性的。而今天的翻译研究则试图将一切对翻译有影响的因素都整合到自身的研究框架中,以"各种关系构成的网络"(a web of relations)(Snell-Hornby 1988:36)为关注目标,并将翻译过程作为研究对象。这是一个根本性的变化,这一变化使翻译活动被描述为具有不确定性、非线性的现象,"翻译过程因而是一个非线性系统"(Longa 2004:209-219)。

既然翻译研究对象是由多因素构成的复杂多变的系统,牵涉不同的语言、不同的文化、不同的传统、不同的世界观、不同的时空、原作者和译文读者的不在场等多个方面,那么,不应该只研究某些单个因素,而应该强调研究各因素之间相互影响的复杂关系。这些关系构成复杂的大系统,研究这样复杂多变的大系统恐怕不能只用过去习惯了的原则和方法,而应该探讨新的思路和途径。关于这一点,著名学者杨自俭先生的论述颇有见地:

我在这里提醒大家,我们都应该十分关注科学发展新时期到来的问题:我们的学术思想目前正处于线性与非线性、系统与非系统、逻辑与非逻辑以及有序与无序、必然与或然等对立范畴的矛盾交织时期,这一时期正孕育着思维方法的巨大变化,人们对于整个世界图景的传统观念也将受到越来越强烈的冲击。长期以来,人们一直保持着对齐整、稳定、平衡、有序的有意识或无意识的崇信,这种崇信反映了人类潜在的心理倾向的桎梏,以致使人们对于世界图景的把握一直在自我设定的圈子里流连。然而,克劳修斯热力学第二定律及熵的概念,普里高津耗散结构理论,洛伦兹对大气湍流研究中所涉及的混沌现象以及在数学、量子力学、生物学、化学等领域的非线性科学的发展,提出了一个与常规全然不同的思路(杨自俭 2005:119)。

我们在翻译学研究对象和学科性质等方面的共识愈来愈多,但在研究方法上的进展还相当有限。对此,杨自俭先生大胆预测翻译研究:"我们预计翻译学建设的突破性进展,恐怕只能在上述学术观念关照下从建立新的研究范式入手。"奥地利维也纳大学翻译学教授玛丽·斯奈尔-霍恩比(Mary Snell-Hornby)是较早注意借鉴上述学术观念建立新范式的学者之一。她认为传统的

---

① 传统观主要着眼于语言方面,认为翻译就是以基本对等的但又有不同的能指(signfiants)替换所指(signifies)(Snell-Hornby 1988:16),这种思想显然具有线性思维的决定论特征,即具体的原文语言项目被替换后产生译文,翻译牵涉到的复杂因素被简约到只留下语言变量了。

语言学理论视角和方法不能为促进翻译研究提供实质性的帮助,因而,有必要重新调整思维方式,修正范畴化的传统形式,采取一种综合的方法,把翻译研究作为整体而不是某种形式来考虑。她博取众长,于1988年出版《翻译研究:综合法》(Translation Studies: An Integrated Approach),提出翻译研究的综合方法。这一新途径以心理学的格式塔整体原理为核心,这是因为格式塔整体原理强调整体不等于各部分的总和,而是各部分的有机关联,不能仅仅通过对部分的分析来理解整体。斯奈尔-霍恩比认为格式塔整体原理在翻译理论中有着极为重要的作用。① 长期支配翻译理论的主要是两分法和类型学:两分法强调非此即彼,类型学强调对文本进行静态的分离和明确的界定,但在实际运用中,这些方法都显得过于刻板,而且很难实施。因此,斯奈尔-霍恩比认为,应该用表示动态的格式塔式的关联体系的原型(prototype)学来替代两分法和类型学。该原型学注重聚焦与细微的差异,其架构来源于格式塔原理。这一架构表明,从普通层面到特殊层面,即从宏观层面到微观层面,概念由有界限到无明显界限逐渐演变,并且呈层叠模式(stratificational model)。语言是动态的、相互关联的,是文化的一部分,传统上对文学语言、普通语言和特殊语言的翻译所作的分类,随着时代的发展,其界线越来越模糊。当今的翻译需要具有社会文化背景知识,撇开文化来进行翻译研究是难以行得通的。实际上,原型学的架构就是一种综合方法,要求翻译研究必须注重语言在较大的文本、情景和文化语境中的关联,并通过这种关联来确定字词的含义。这种综合方法适合各种不同类型的翻译,为翻译研究者拓宽了思路,大大开阔了翻译研究者的视野。

真正从非线性科学入手探讨翻译理论问题的应属西班牙学者维克多·隆加(Victor M. Longa)。他于2004年在著名的翻译学研究杂志《目标》(Target)上发表的论文《翻译研究的非线性途径》(A Nonlinear Approach to Translation)可能是第一篇,也是迄今唯一一篇以非线性视角思考翻译活动的文献。全文长达25页,首先简要介绍非线性动力学及相关理论和概念,然后阐述将非线性思想引入翻译研究的必要性和可行性,并认为翻译研究界应摒弃传统观念,建立新的研究理念。这与自然科学领域对待事物的态度由确定性、简单性到不确定性、复杂性的演变不谋而合,而翻译过程也完全是一个典型的非线性运动过程。尽管一些论点受文章篇幅的限制阐述得还不够明确,且相关学科的术语过多,但作者所提出的崭新视角确实具有很强的综合解释力。总之,从非线性与复杂性的角度来看,翻译活动中的语境是一个动态系统,构成翻译语境的各因素处于不断

---

① 比较第97页脚注①中沈家煊引用"格式塔"心理学探讨"分析"和"综合"关系的论述。

的相互作用中。换言之,翻译是建立在各种变量的基础上的,这些变量包括翻译的目的、翻译的专业领域、承载翻译结果的媒体、译者的专业程度、译者从事翻译工作的目的、译者的双语能力、译者的知识面、译者的心理状态和生理状态、译者所处的时代、工具书齐全与否及其质量、翻译技术手段的应用、翻译工作的时限等。翻译结果的差异正源自于各种变量,这些变量有些是可知的,有些是不可知的,于是,总体来看翻译结果是不可知、不可预测的,翻译选择因此呈现出非线性特征。①

三、翻译选择的非线性特征

维索尔伦在建立综观论过程中充分意识到,若要使选择概念具有强大的解释力,就必须联系变异性、协商性和顺应性等三个关键概念。实际上,这些概念都隐含着看待事物运动的非线性思想。

首先,维索尔伦认为无论从相似性还是从差异性来看,语言顺应论都可从生物适应论中获得重要教益。生物适应论中的适应性不是单向性的,因为单向性容易让人联想到行为主义的刺激-反应机制,所以,单向性联系应坚决摒弃(1999:268)②。尽管适应总是指向一定目标,但适应过程并非由目标发动并由目标决定,因为"自然选择严格说来是一个由已知事实推测出原因来的过程。该过程只回报当前的成功,从不制定未来的目标"(1999:266-267;Mayr 1974:22)。适应的最终功能总是超越其初始目的,且任何一种适应都可能产生许多新结果。例如,可以说,如果没有语言就不可能有人类的劳动分工,但劳动分工却不可能是人类语言发展的"目标",语言顺应的作用方式与该情况正好相似。同时,我们考察人类使用语言的情况,决不能忽略社会心智的进化,特别是社会心智特有的自返性和意向性特征以及设计行为进程的能力,但我们不可过分夸大上述特征和能力的作用,因为许多语言选择活动都是自动的、潜意识的,即使涉及行为进程的设计,资源也总是有限的(即使原则上是无限的),这就使所作出的

---

① 遗憾的是,维克多·隆加的这篇很可能具有里程碑意义的论文并未引起应有的重视。论文发表8年有余,仍未见国内外学者在重要的翻译研究文献中介绍或引用他的观点。

② 此处原文如下:... any association of unidirectionality, suggesting a behaviouristic stimulus-response mechanism in which anything "in the world" can act as a stimulus to provoke a linguistic response, should be dismissed vigorously. (1999:266)钱冠连、霍永寿的译文:"单向性的联系总会使人想起行为主义的刺激-反应机制,在这一机制中,'世界上'的一切可成为引发语言反应的刺激,任何单向性的联系应该遭到有力的拒斥。"(2004:313)译文的意思表达不够明确,容易让译文读者误将"任何单向性的联系应该遭到有力的拒斥"理解为"刺激-反应机制"中的内容,从而严重歪曲作者的原意。根据原文的句法关系,译文可改进如下:"由于'单向性'使人想到行为主义的刺激-反应机制,即所谓'世界上'的一切都可成为引发语言反应的刺激,所以,把顺应性解释为'单向性'的想法应坚决摒弃。"

选择不完全与意图相对应,因而也就难以取得完全令人满意的结果。这绝不是对人类或者是语言的悲观看法,但是,如果我们要理解语言的使用,我们就必须超越所谓无所不能的自由意志的幻想,同时又不否认人类个体活动者的真正作用(2004:315)。

其次,维索尔伦在论述"作出选择"时明确指出了选择的非线性和不确定性:

选择并不按照一定的线性顺序展开……而常常是在不同的层面上同时进行……协商性意味着选择过程各种各样的不确定性——发话人的选择过程存在着不确定性,释话人也存在着选择的不确定性,而且不论是发话人的选择还是释话人的选择,选择一旦作出,都永远是可以再协商的。选择不受规则制约,只受高度灵活的原则和策略驱动,同时具有永久的可协商性。(1999:56,59-61)

最后,翻译的选择同样充满不确定性。如果翻译具有确定性,那么同一原文的所有译文就会完全一样,事实上我们知道,同一原文有多少人翻译就会有多少不同的译文,即使同一个人在不同条件下翻译也常有不同的译文。正如世上"没有两片雪花的形状是相同的,一个原文也很难有两个完全相同的译文"(Rabassa 1989:1),其原因就在于翻译过程涉及的变量太多,而作为一个复杂性系统,变量(因)与译文(果)往往不是线性的对应关系,而可能是一因多果、多因一果或多因多果,所有变量之和自然构不成常量,所以译文是不确定的。由确定的原文得到的却是不确定的译文,这使人们开始意识到翻译的过程不可能是直线形的有序活动过程,由于各种不确定因素的干扰使得选择变得复杂多变,从而使翻译过程呈现非线性。因此,贝尔说,"我们认为交际过程不是简单、单向和线性的过程,也不认为各个交际步骤之间有严格的先后次序。交际步骤在本质上是循环反复的……对于翻译过程研究,或然性/概率性(probabilistic)模式比决定论(deterministic)模式更适合、更现实"(Bell 1991:18,32)。威尔斯则用图19来形象地表示笔译的翻译过程(Wilss 1982:57)。传统的翻译活动的流程如图20所示。

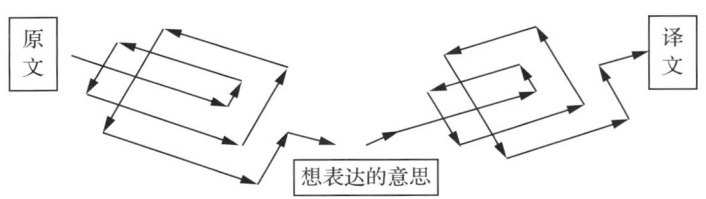

图19 笔译过程的非线性循环反馈

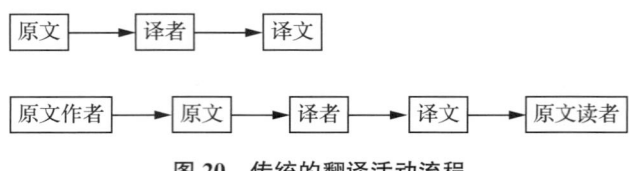

图 20　传统的翻译活动流程

图 19 突显翻译过程的非线性,从原文到译文的途径充满反复协商。译者翻译时,首先要面临许多复杂抉择:不仅要试图重溯原作者的抉择过程,而且还要在译文语言环境中作相似的选择;既要"瞻前"——把握原作者的选择程序和意图,又要"顾后"——在译文的读者身上收获类似于源语言情景的效应。"瞻前""顾后"体现在利用原文和译文循环往复的反馈,进行译文的调整及总体控制。在翻译中,由于选择范围的变异性使得所选项目不可能一锤定音,而是可以反复协商的,我们就得不断把已译出的内容放回原文,以检验该选择是否合理,或者考虑如果按这种译法将全句译出会出现怎样的译文,其是否合乎译者的预期。如此不断地反复反馈修正,呈现出循环式前进的、非线性的因果关系,不断逼近选择顺应的预期结果。①

20 世纪七八十年代出现在德国的功能学派从翻译的目的出发,提出翻译作为跨文化交际过程的循环模式(looping model):译者以翻译目的为出发点,对源语文化情景中的源语语篇进行分析,确定源语语篇与翻译活动有关的因素,并按翻译目的需要将源语信息进行传译(transfer),然后合成为译语语篇,译语语篇在译语文化语境中实现翻译目的,完成跨文化交际循环。但作者认为,在源语

---

① 例如,翻译 Armando was wearing a rakish black Borsalino 一句的可能过程是:我们利用记忆存储的知识来判断 Armando 是一个专有名词,即人名或地名,可以按音译译为"阿曼多"。接下来的谓语动词是 was wearing,从这一谓语动词的时态语意特征看来,它应与"有生命体"有关,如果把地名代入到这一原文中,显然不当,这一反馈过程排除了"阿曼多"是地名的可能,可以确定为人名。was wearing 这一形式的另外一个语义特征是"有意图的",因为 wear 是状态性动词,一般是没有意图性的,一旦用了进行时态,就增添了意图性(试比较 He is naughty 与 He is being naughty)。这一特征可以有助于排除下面的不确定性,如 Borsalino 为何物是不清楚的,与 wear 一词同时出现的词可以有很多,如"衣服""帽子""鞋子""胡须""首饰""手表""眼镜"等。但 was wearing 这一语义特征可以排除"胡须",因为 Borsalino 有修饰语 black。如果 Borsalino 与胡须有关,那么,人蓄某种样式的须是有可能的,但不可以有颜色的选择,把这样的译文反馈回去,就会产生矛盾,这就排除了"胡须"的可能性;如果把"眼镜""鞋子"的译文反馈回去,又会与不定冠词相抵触;如果以"首饰"一词返回原文,与 black 一词不太适合,而且 Armando 一般为男子名,"首饰"极少出现在"男人"的语义场;"手表"等词也与 black 不相配,形不成共性关系……所以,唯有"帽子"是比较恰当的。Borsalino 为大写名词,应为品牌名,然后从上下文的语境得以再次反馈检验,最后可以确定最终译文为"阿曼多戴着一顶时髦的黑色博萨利诺牌帽子"(吕俊,侯向群 2001:29-30)。

文化与源语语篇间、译语文化与译语语篇间,以及在分析过程的步骤间及源语语篇分析与译语语篇合成步骤间,都可能出现局部的往复循环(Nord 1991:34-5)。实证研究也应证了选择的非线性。例如,有人运用口头报告法对5名受试者在英语定语从句汉译时的动态思维过程进行了研究,结果表明,"翻译过程是一个极其复杂的心理过程,是非线性波浪式前进的动态思维过程"(王金铨 2002:23)。

翻译是一种语言活动,而语言自身又是一个非常复杂的系统,所谓语言的复杂性指语言由若干套结构(several sets of structures)构成,包括声音结构和意义结构以及书写的"形"系统。这些结构各自成为独立的系统,按照自己的内在规律运转,同时又互相联系,互相影响,互相制约。不同语言都由音、形、义三套各自独立又紧密联系的系统组成,对翻译工作产生非常重要的影响。语言的复杂性还体现在,如果将语言研究分为句子(sentential)和语篇(textual)层面,则分别需要不同的分析方法:孤立的句子可视作简单的语言实体,可用结构法(structural method)研究;而语篇则应视为复杂的语言实体(不是句子的简单相加或罗列),呈现出句子层面所不具备的非确定性和不可预测性,且这些特性主要与语境相关联①。由于没有完全相同的语境,所以就不可能存在完全相同的语篇。翻译活动涉及两种语言、两种文化、两种传统、两种世界观等,其复杂程度比单语文本大得多;所以,如果我们把"翻译"包括的所有内容也看作一个系统②,那该系统无疑是充满各种不确定性的非线性的极其复杂的系统。

相应地,把翻译过程看成非线性系统,则构成翻译过程的连续选择过程也必然具有非线性特征。这样一来,选择就不是严格按照某一顺序依次作出的,不仅在几个待选项中选择什么是不确定的,而且作出何种选择也是不确定的。比如,选择不是完全从上到下(即从语篇到句子和词语),也不会完全由下到上(即从词句到篇章)依次作出,其间充满非线性的交叉、循环、反复,任何试图将其简约到

---

① 结构法视语篇为封闭的、界限明确的实体,而后结构主义运动(poststructuralist movement)则把语篇看作渗透着历史文化等语境影响、意义无限开放、不可预测的实体。
② 其实,有关"翻译系统"的理论在译学研究中并不陌生,例如,埃文-佐哈尔(Even-Zohar)等探讨过翻译文学在文学多元系统的位置(Gentzler 2004:106-144)。也有人试图把翻译本身当作一个系统来研究,如赫曼斯(Hermans)(2004)、萧立明(2001)等。赫曼斯近来一再指出:我们应当把翻译领域视为一种系统,一种能够适应环境、自我规约、自我醒思和自我生产的系统(2004:141-142)。

极其合乎逻辑的做法都是幼稚的①。正是认识到翻译选择的非线性特征,威尔斯对选择行为特征的如下阐释就显得深刻而耐人寻味:

> 所作出的决定,无论是否必需,是否为动机驱使,在本质上都是分层次的而非线性的。如果把信息处理过程简单归为"如果选择 X_1,则结果为 Y_1,如果选择 X_2,则结果为 Y_2……"这样的理性关系,对于解释极为复杂的翻译决策过程,则难以顾及译者决策时各种认知心理因素的作用,因为面对同样的选择情境,译者可以运用不同的选择策略,而这种选择策略的灵活性目前来看很难令人信服地定性和呈现。(Wilss 1994:132)②

译者一旦决定某个选项,实际上也就预定了随后一些步骤的选项,包括技术上的语法形式、哲学意味上的人物解读以及整个故事的表达方式和风格等。作出一种选择,就犹如选择了游戏诸多可能玩法中的一种,游戏的结果就是译文的诸多变体之一③;因此,可以说,同一文体的多个译本比较就是比较不同的选择策略。

传统翻译研究中的语文(philology)学派和结构主义语言学派认为只要穷尽了语言系统的转换规律,翻译就能成为一门科学;他们坚持的是一种客观决定论,即相信译文是由具有客观意义的原文派生并决定的——尽管某译者或某译文可能同原文有出入,但凭借人类的理性,随着对原文认识的深化,伴随着不断的重译,总能够使译文越来越接近原文,最终达到对原文普遍一致的认同和翻译。然而,如果我们认识到翻译选择的复杂性和非线性,就会拒斥原文与译文的一致性关系和因果性理念,就会强调翻译选择的不确定性,正视译文与原文的"多对一"性。

译文与原文"多对一"的关系表明将决策论中的形式化模式运用到翻译研究,其解释力受到很大挑战。从运筹学观点看,决策的行为论模式与认知论模式是相对立的。前者可以解释翻译中一些确定元素的选择,如"主语—谓语—宾

---

① 例如,刘宓庆曾在《当代翻译理论》中提出翻译典型化操作程序的"六步法",包括紧缩主干、辨析词义、分析句型、捋清脉络、调整搭配、润饰词语等,但他随即指出,在实际的翻译活动中,6 个步骤往往需要反复地、交错地加以运用。翻译程序不是一次性流程,往往需要在语义、语法、结构及情态风格等多个平面上同时且相辅相成地进行扫描式优化成型操作(刘宓庆 1999:160)。

② 图瑞进一步认为,即使从概率角度把因果关系表述为"如果 X_1,和/或 X_2……和/或 X_n,则结果为 Y 的可能性较大,而如果 Z_1,和/或 Z_2……和/或 Z_n,则结果为 Y 的可能性较小",基本上也是线性的。翻译规律研究的最终目标是找出各种因素之间的相互联系,建立一套多元因素模式,即"如果 X_1 和 Z_1,则结果为 Y 的可能性大于如果 X_1 和 Z_2,更大于如果 X_1 和 Z_3",那么这种规律呈现的是螺旋型而非直线型(Toury 1995:266-267)。

③ 关于翻译的游戏论,参见本书"第七章余论"部分。

语"之类句法结构、两种语言的一些惯用表达法、一些高度格式化的文本范式等，但对于杂乱无章、模糊隐晦的因素，如记忆限制、知识与注意力间歇、模糊性、态度因素、干扰效果等，因其超出简单的二元对立范畴，故应用认知论模式则显得更切合实际情况。有经验的译者放弃对"一一对应"译文的企求，便是很好的例证。

然而，到现在为止，有关翻译行为中选择和决策的研究还处于整个翻译研究的边缘地带，相关概念很少被翻译学者、教师及实践者用来系统阐述、指导翻译活动(Wilss 1996：181)。不仅如此，有些人甚至怀疑译者是否在进行选择和决策，怀疑这些选择的识别性和合法性。要澄清这些问题，我们不妨把注意力放在"前选择行为(pre-choice behaviour)"上，即考察那些引发选择的因素，清除选择之前存在的种种障碍。我们不仅要考察通常情况下译者的操作，又要探索译者在具体的翻译环境中如何处理一系列内在的复杂因素。前面提及的"有声思维法"已取得一些有意义的成果。该研究显示，翻译问题的解决是有步骤的：多数情况下，受试的学员很难立刻找到最满意的选项，他们会在记忆里搜寻，激活信息网络中某个节点(概念)，产生临时选择，然后进行比较优化。在"口语报告"语料分析过程中，有大量数据显示，译者经常处于艰难的认知选择境地，常常不得不通过反复尝试，比较不同选择产生的结果，最后决定自己认可的选项①。不过，目前对于受试者内化的决策原则还知之不多，但完全有理由假设这类策略在本质上是归纳性的：翻译学员亲历种种翻译问题，再尝试解决问题，最后逐渐形成并内化解决这类问题的基本策略。如果认知心理学能证明假设的真实性，那么通过收集、归纳、分析翻译中遇到的种种问题，找出其相似之处，并将其上升为决策方法，就显得很有意义。当然，对于新的问题，译者不应该完全依靠已有的选择策略，而应进行有针对性的新探索，这种新探索反过来最终也会内化为翻译行为中的自动策略之一，而不再需要重复决策认知输入。

认识到翻译选择性质的复杂性和非线性，用复杂性和非线性的特征审视翻译现象，能让我们看出许多以前被忽视或没能发现的问题，从而提高对翻译现象的解释力。例如，根据复杂系统"没有全局的优化、收益函数，也没有全局的选择函数(王耀东 2003：52，下同)，可以推断并解释为什么没有最优化的选择，也没有最完美的译文(详细讨论见本书第六章第二节)。又如：根据"事物与其环境

---

① 这种反复尝试就是维索尔伦所说的"试错顺应"(trial-and-error adaptation)，即从多次失败的试验中，找到合适的解决问题的方法(1999：267)；所以，真正的选择顺应是一种探索性(heuristic)过程。

不可分离,二者不断相互作用和相互影响,环境的复杂性会造成系统复杂性",可以说明为什么一个原文文本可以有无数个译文文本,为什么"目标与结果之间始终存在差距"(谢天振 2000:130);根据"复杂的非线性世界没有唯一的预测和决策方法,并不意味着我们完全无法预测,系统的短期行为还是可以预测的",翻译活动的选择并非完全不可确定,至少在字句层次的句法领域讨论选择现象还是比较明确的①。然而,在语篇翻译层次上,如果仍认为翻译涉及的各个阶段具有线性和次序性特征,则与实际情况不符(Bell 1991 /2001:61);根据"事物整体的特性不是其组成部分特性的简单相加",就会明白只注重词句层次上的翻译技巧的译者为何难以真正提高篇章翻译能力,能挑出诸多瑕疵和败笔的大家名译,虽然改译后的译文似乎字字珠玑,但其整体阅读效果却乏善可陈,在整体风格、综合效果上与名译相比无法望其项背②。再如,"事物的运动过程是不可逆的。事物不仅具有空间展开的多样性,而且有其时间上的历史,时间是与不可逆过程相联系的。事物都有其演化发展的历程,人们只能根据其历史和过程来理解一个

---

① 贝尔认为"句法学是线性智能的一个特例"(Bell 1991:33)。句子与语篇、线性与非线性的对应关系讨论还可参见前面提到的维克多·隆加的文章(Longa 2004:211-212)。

② 例如,有人仔细研究了夏济安翻译霍桑的《古屋杂忆》(Mosses from an Old Manse)中短短的一段文字:"园门里的林荫大路和宅门前的马车道,杂草蔓生,偶而有二三只乌鸦飞来,随意啄食,在路旁觅食的那头老白马,也可以在这里吃到几口可口的美餐。"结果发现不少"胡乱发挥、随意编造"之处,例如,把"The wheel-track"译成"马车道","grass"译成"杂草",甚至指鹿为马,把"cow"译成"乌鸦(crow)"!简直就是在欺骗译文读者了。按此推理,其他地方的误译败笔还不知有多少,如此胡编乱造的"译文"肯定令人难以卒读。然而,这篇"劣等的、连翻译最起码的要求也没有做到的汉语译文"发表之后,"有一位不懂英文的作家读了大为赞赏,觉得不但译文美妙流畅,而且完全像中文创作,没有翻译的痕迹"。"我们如果拿原作和译文再多读几遍,就会觉得译者与原作者达到了心灵上的契合,超越了时间空间的限制,打破了种族和文化的樊笼。在译者而言,得到的是一种创造上的满足;在读者而言,得到的则是一种新奇的美感经验。"对于一篇译文,难道还有比这更高的赞誉吗?(刘靖之 1981)当然,笔者在此无意提倡不顾忠实的胡译乱译,而是想表明,尽管译者可以把每个词都译得准确得体,乃至字字珠玑,却不见得一定能合成一篇浑然一体的佳作。所以,像翻译这样的复杂活动,翻译的整体效果并非所有词句译文的简单相加。值得一提的是,笔者有幸于 2007 年 11 月 22—24 日在澳门理工学院举行的"第二届海峡两岸四地翻译与跨文化交流研讨会"上读到北京大学英语系辜正坤教授提交的论文《个性—道德—容错率:翻译理论和批评三大制约因素》摘要。该文首次提出翻译容错率概念,指出"如果没有容错率这样的基本准则,随便找一本译著进行纠错式批评,把一部数十万字译著中的数以百计的错误都排列出来,造成一种译者错误百出的印象,并从而将这样的译著定为坏译本,甚至对社会公开,这就不公正地谴责了译著和译者,从而造成不应有的损害。这是一种极不负责任的做法,在极端的意义上,实际上在无形中假借批评的名义侵犯人权。如果只要找出一定量的翻译错误就可以否定一位译者的话,则中国的翻译大师们可能无一幸免,而中国的翻译业也将会寸步难行,这是我们翻译界人,尤其是翻译批评界人值得特别警醒的"(辜正坤 2007)。

复杂系统"①,所以,翻译选择是不可逆的过程,每个人的选择不会一样,一个人在不同时间的选择也不会完全一样,从而采用把译文"回译"(back translation)成原文的方法来检验译文质量的做法也是靠不住的②。许多翻译教材采用回译法来剖析译文语言风格与原文语言风格的忠实度,该做法虽有特色,其结论却值得商榷。其实,图瑞早就指出翻译的不可逆性决定了回译的相关研究不可能具有信度(Toury 1980:23-24);纽马克也认为回译法只适用于检验由直译法译出的译文的回译,对于词语差异明显的两种语言,回译法没有意义(Newmark 1988:74)。

当然,复杂性和非线性特征对翻译研究的启示远不止这些,可以说其影响将是崭新的、全方位的,其所衍生的相关课题将给翻译学带来研究范式意义上的转变。

第四节 小 结

衡量一门学科是否成熟,一个重要的指标是有没有确立适合本学科性质的研究方法,因为科学研究的基本要求是按照对象的特点来把握对象(欧阳康 2001)。对于翻译活动,不论是借助于语用综观论和语言顺应论,还是从译者的感性出发,抑或是参考前人"翻译即选择"的论断,都促使我们要着力探索科学理性的研究方法,既证明连续选择的存在,又表明连续选择的可把握及可研究性。

---

① 关于从历史性和时间的概念审视翻译研究,可参见 Barbara Folkart 的文章《翻译与时间箭矢》(*Translation and the arrow of time*,1989)。该文借助"热力学第二定律"(该定律指出,在自然界中任何过程都不可自动复原,要使系统从终态回到初态必须借助外界的作用,不可逆过程的初态与终态之间有着重大的差异)提出的"时间箭矢"(time arrow),即"熵"(entropy),论证了翻译过程中的不可预测性(unpredictability),但认为其所占比例小于可预测性。维克多·隆加则在此基础上从非线性动力学视角将不可预测性推衍到翻译过程中的全部(2004),即使对"规则决定形式"的语法现象,在跨语言转换时也须考虑语境的影响,注意到语言活动的概率性。例如,国外有学者在将俄语译为其他语言时,发现处理俄语中的现在完成式必须联系语境的选择因素,从而阐明翻译中的语法转换也是一个不可预测的选择过程(Kashkin 1998)。
② 冯庆华曾在《文体翻译论》一书中采用35名中国学生对一句英语的汉语译文进行回译,以剖析汉译文的言语风格与英语原文言语风格的忠实程度,其做法虽有特色,但结果却值得商榷。如果深信回译也能准确再现源语文本的语言风格,则"忽略了翻译学上一个起码的常识:被其用作例句的'原译'中早已包含了原翻译主体对英语原文的主观理解,并已按汉语表达习惯进行了语际转换处理。而那些回译者(中国学生)却被要求以原译文作为新的源语文本进行再翻译,就意味着第一次翻译过程中为了克服两种异质语言间的差异所作的翻译变通全部都要抹去才行"(张传彪 2007:88-89)。有关此主题还可参见杨衍松(2004)和穆凤良(2007)的文章。也正因如此,笔者在翻译教学中一再灌输这样的思想:凡是能从译文回译成原文的译文都不是好译文! 此言固然有些矫枉过正,但对学生意识到翻译的性质(不确定性、不可逆转性)确能起到警醒作用。

本书探讨的有声思维法和选择网络分析法作为两种实证研究手段，为确立适合研究翻译选择顺应框架的研究方法作了有益的尝试。当然其他研究方法，如运筹学、经济学、统计学、数学等学科中的决策论（decision-making theory）和博弈游戏论（game theory）也能对翻译选择论研究方法有所裨益，这些研究方法都在很大程度上适应了翻译活动的非线性和复杂性性质。意识到并正视翻译选择的非线性和复杂性性质，会对许多以前难以阐述的现象起到很强的解释作用，对指导翻译培训和翻译实践也具有重大意义。

第六章　选择与顺应模式下翻译焦点问题研究

　　理论的研究和体系的形成离不开对一些关键概念和基本问题的界定探讨。一个完整的包容许多因素的翻译理论,应能系统地描述和解释所有翻译活动和翻译现象,特别是能在新的框架中对翻译所涉及的一些基本概念、基本理论问题加以研究考察,展开讨论,拓展思考空间。这既是翻译理论的一个主要任务,也可视为检验该理论"信度"和"效度"的一个重要内容。在这些问题中:翻译的策略和原则是讨论翻译过程必须涉及的方面;"翻译常态"则不仅研究"怎么译",而更关注"为什么这么译";翻译教学理论作为翻译理论研究的重要组成部分,关系到翻译人才的培养以及翻译质量的评价。下文联系相关问题的传统研究,从选择和顺应视角对这些焦点问题进行重新探索和思考。

第一节　翻译策略的选择：动态顺应

　　任何交际都必然会涉及策略问题(1999:157)。翻译是一个不断面临选择的过程,也是一项特殊的交际活动。这一过程除涉及微观层面的各种选择外,也必然涉及翻译策略等宏观层面的选择,比如对归化或异化翻译策略的选择。在翻译的过程中,原文文本往往在译者的眼前呈现出语言、文学和文化等多个层面的陌生性(strangeness)。到底应该如何处理这些陌生性?应当采用归化的策略还是异化的策略?这是译者在翻译过程中反复面对的抉择,而关于归化和异化的讨论也自然成为翻译理论研究中的一个核心问题。一般认为翻译策略分为迎合译入语文化处主导地位价值观的归化策略(domesticating strategies)和引入与主流文化相偏离、抵触或排斥到边缘地位价值观的异化策略(foreignizing strategies)①。翻译策略主要针对翻译中的文化因素而言,但还应与具体的翻译方法和技巧相匹配,是根据翻译过程各因素制定的总的方针(Baker 1998：240)。归化策略和异化策略是翻译中处理文化因素的常用策略,往往被看作是直译和意译的延伸②。归化策略追求译文符合译入语语言及文化的规范,满足译入语读者较少异样表达的阅读需求;异化策略追求保留原文语言及文化的特色,以丰富译入语语言及文化,较好地满足译入语读者对译文"陌生感"的需求。这两种策略的选择有时还要参照社会文化以及政治和意识形态方面的规约,不论选择何种策略,都应着眼于读者和社会的需要。如何选择这两种翻译策略一直是译界争论的热门话题。许多翻译家或翻译理论家常常选择不同的角度,依据不同的标准和条件,就翻译策略的选择问题各执己见,结果是愈辩愈令人感到困惑。究其原因,人们片面地看待这个问题,忽视了在翻译策略的选择过程中,译者要受到诸多因素影响的问题,这些因素包括文本类型,翻译目的,译文读者意识形态,源语文化和目的语文化的地位,译者的思维方式、价值取向、审美情趣,译入语社会、政治、经济文化环境和整体文化水平以及译者对本土文化价值的认识和立场等,其相互作用,共同影响翻译策略的选择(陈丽莉 1999;谭惠娟 2002；张允,朱章华 2005)。

因此,我们应历史地和辩证地看待这两种策略,以静止的、绝对的观点过分地强调任何一种策略都是不对的。翻译任何译著都不可能从头到尾只用一种翻译策略,任何译者在翻译实践中也不可能宣称只采用某一种翻译策略。翻译实践证明:两种策略在任何翻译活动中都体现了相互补充、互相渗透的关系,在翻

---

① 这2个术语的英语使用复数形式,表明翻译策略不止一种,但都可归为这2类。张南峰在讨论文化专有项的翻译中,曾列出11种策略,前5种保留文化专有项,后6种采取替换策略。这11种策略的区别在于异化与归化的程度不同,而且受超文本因素、文本因素、文化专有项性质和文本内因素的制约(张南峰 2004：18-23)。

② "异化和归化"与"直译和意译"两对概念的界限很难区分。有人说直译和意译是翻译方法,而归化和异化是翻译策略,二者不在一个层次上(刘艳丽,杨自俭 2002)。一般认为,在翻译实践上,二者讨论的问题基本一致,只是侧重点有所不同。"直译"与"意译"的参照点是如何处理原文的语言特点:保留原文语言特点的译文为"直译"的译文,产生译文的翻译方法被称为"直译法";相反,舍弃原文语言特点,以传达原文意义为主的译文为"意译"的译文,相应的翻译方法被称为"意译法"。"异化法"与"归化法"是以译者向原作者文化价值观念靠拢还是向译文读者文化价值观念靠拢来划定的:向前者靠拢的译文为异化的译文,相应的翻译策略为异化翻译策略;相反,向后者靠拢的译文为归化的译文,相应的翻译策略为归化翻译策略。然而,由于语言文化不可截然分开,将"异化和归化"与"直译和意译"混为一谈也就不足为怪。本文作者认为,从沟通交际的角度看,采用归化和异化的概念比较合适,从语言对比的角度看,则采用直译和意译的概念更好;因此,本文视直译和意译为实施归化和异化策略的方法,讨论文化价值层面的归化和异化宏观策略同时也包含着语言操作层面的直译和意译。

译实践中发挥着同等重要的作用;任何译者都不可能断言其在翻译中只采用一种翻译策略,好的译著一定是归化和异化策略的有机结合。

影响翻译策略选择的因素错综复杂,显然不能从简单线性的角度来考察;现在虽然对影响翻译策略选择因素的讨论逐渐深入,但大多侧重某一方面,突出一点而不及其他,未能将所有影响因素纳入一个框架加以系统探讨。综观论的交际语境顺应视角可能有助于提供比较清晰、全面的解释。

既然归化策略的目的是通过运用译语文化易于接受的表达法,使译文通俗易懂,适合译文读者阅读,而异化策略则尽力再现原文的色彩,以便更好地保留源语文化的异国情调,加强译文读者对异域文化的了解,满足读者对翻译文学的审美期待,所以,不管译者使用归化策略还是异化策略,都必须考虑读者对象,注意与读者的交际效果。要实现预期的交际效果,译者所使用的语言结构就必须与交际语境相顺应。正如维索尔伦所说,"选择并非来自语言结构的每一个可能的层面,而是来自处在策略范围之内的每一个可能的语言结构层面"(1999:56)。这就是说:译者只有确定了翻译策略,才能更好地选择翻译方法技巧以及具体的表达方式;译者选择哪一种翻译策略,应考虑译者和译文读者的语境视野,在认知、社交、物理世界等方面作出顺应;由于语境具有动态生成特性,所以,翻译策略呈现动态顺应特性。

一、认知世界的顺应

翻译与言语交际一样是译者和译文读者心理间的交流,翻译策略的选择也受其认知世界因素的影响;因此,译者在翻译过程中的策略选择也应当顺应其认知世界以及其在认知世界中对译文读者的评价。

例如,建国前张谷若先生在翻译《德伯家的苔丝》时,选择多数读者熟悉的山东方言来对应英国乡村方言,就是一种归化现象,收到很好的阅读效果。例如:

"Oh, that's all!" said Tess.

"You couldn't expect her to throw her arms round'ee, an' to kiss and coll'ee all at once."

"哦,就是这么几句吗?"

"怎么,她哪能一下就把你抱上锅,撮上炕的呢?"

改革开放后,孙致礼先生再译此例时,认为第二句译文过于归化,不能满足认知世界已发生巨大变化的读者的阅读需求,于是建议用异化手段翻译为

"你总不能指望她一下子就抱着你又亲又啃吧?"(孙致礼 2003:49)

上述译文都是译者对读者认知世界顺应过程的结果:张译是顺应当时读者

认知环境而采取归化翻译方法的结果;孙译则是顺应现代读者认知环境而有意采取异化翻译方法的结果。

再如,"两脚踏东西文化,一心评宇宙文章"的林语堂从小深受东西方文化熏陶,为向西方介绍中国的真实情况,促进中西文化相互理解,无论是用英语著书立说,还是翻译汉语典籍,他都本着这样的心理:不以中国文化的价值观来替代西方的文化价值观,而是要"重新唤醒美国人脑海里也曾经有过的,但在当时已经丧失的自然主义哲学精神"。因此,他在翻译策略选择上作了灵活变通。例如,为让读者全面了解孔子、老子等中国哲人的思想,他选择面向源语(汉语)文化的异化策略,对原文作了不少编译、仿译等,将原文篇章结构抛开,将原文内容进行分类并加上自己的介绍和理解,使文章具有很强的可读性。在翻译包含浓厚中国文化色彩词语之时,他也多采用异化策略,如把"马褂""馄饨""燕窝汤""落花流水""挥金如土"等分别译为"makua""wonton""bird's nest soup""like dropping petals and flowing waters""spending money like dirt",从而使译作满足当时西方人的文化心理需求,在西方读者中产生很大影响,从而让更多西方读者了解中国文化。

二、社交世界的顺应

社交(文化)世界是交际环境中最重要的方面,因为语言使用者生活在具体的社会文化中,其言语行为必将受到社会文化规范的制约。因此,在翻译中,译者不仅要顺应原文描写的社交世界,还要顺应预期的译文读者的社交世界。

例如,明末清初来华传教的耶稣会士在翻译《圣经》时所采取的翻译策略就是顺应译文读者的社交世界。他们知道,中国文化受儒家思想影响较大,而基督教与儒家思想有根本的理念分歧,因此,其在翻译时采取对有悖于儒家价值观的福音信息进行删除或篡改等归化策略,来顺应中国的习俗和文化理念。例如,在《圣经·马太福音》中有一段:"你们不要想,我来是叫地上太平的;我来并不是叫地上太平的,而是叫地上动刀动兵。因为我来是叫人与父亲生疏,女儿与母亲生疏,媳妇与婆婆生疏。人的仇敌就是自己家人。爱父母过于爱我的,不配做我的门徒。"为顺应视家族和家庭为神圣的儒家文化,译者将这段话作删除处理。另外,该书中有六兄弟同妻的故事,也因为要顺应儒家的伦理道德,被翻译者篡改,只表明是六个男子,而未表明他们是兄弟。对于容易在译文读者的社交世界中产生误解的表述,译者也在翻译中对措辞进行淡化处理,从而顺应中国人的习俗,使中国的文人们在保持儒家信仰的前提下,心安理得地接受一种新的信仰。这样,译者就实现了其翻译目的,也表明其翻译策略的选择是成功的(丁艳

2006)。利玛窦还曾用中国史书中的"天主"来对应拉丁文《圣经》中的 Deus(即天主教的至上神)。为使权威的观念与上帝之名配合起来,他不用"上帝"一词,而总是用"天主"这个称号,意思是"上天之主"。在他看来,选这个特殊名称有一种庄严和神圣的意味,且令循古崇儒的中国人有似曾相识的亲切感。又如,《红楼梦》英译本最有影响的是杨宪益夫妇的 *A Dream of Red Mansions* 和大卫·霍克斯(David Hawkes)的 *The Story of the Stone*。这两个译本都产生于20世纪70年代,但所选用的翻译策略不同。总体而言:杨译本注重对原作文化的忠实,带有翻译策略上的异化和方法上的直译偏向;霍译本则以归化和意译为主①。杨氏与霍氏之所以采取不同的翻译策略,与其所处的空间环境是密不可分的:杨氏根植于中国文化,所以他的翻译是以中国文化为基础的;而霍氏则根植于英国文化,以英国文化为参照,以西方文化为取向。

异化或归化翻译策略的选择还受社会历史环境下意识形态的影响和制约。考察中国翻译史不难发现,在较为宽松的政治文化大环境和较为自由的社会经济发展大背景下,人们容易对外来文化表现出宽容和接受的态度,往往乐于接受异域语言文化。例如,唐朝"太平盛世"时期,人们对外来文化持平和的态度,并不顾忌异域的"文化渗入",在佛经翻译中大量采用异化译法,许多佛教文化成分(如"菩萨""涅槃"等)由此进入中华文化和语汇。在封闭自守和思想禁锢而又排斥外来文化的社会环境里,译者往往倾向于归化的翻译策略,归化的译文曾经一度成为译者追求的境界。例如,鸦片战争以后,在西籍汉译中存在强烈的为抗夷制夷而"师夷之长技"的心理,以及"启发民智、保种自强"的目的,翻译策略以归化为主调,严复的《天演论》及林纾的《巴黎茶花女遗事》就是杰出代表,产生过巨大社会影响。

三、物理世界的顺应

翻译策略的选择也是对译者物理世界顺应的结果。物理世界中影响译者策略选择的因素主要是空间和时间。首先,翻译应该顺应空间环境。同一作品,由于所处空间环境不同,其不同译本中所选用的翻译策略也不同。《圣经》翻译家奈达之所以推崇归化策略,其原因是他希望采用归化策略使译文具有可读性,以利于读者的理解和接受,使"译文文本的读者基本上能以原文读者理解和欣赏原

---

① 例如,对于"红"字的处理,霍克斯或回避西方人概念中与殉难和流血相关联的红色,或将"红"归化成西方人喜欢的"绿"。为回避"红"色,霍克斯将《红楼梦》这一书名译为《石头记》,把书中出现的而又不能回避的"红楼梦"译为"the dream of golden days",把"怡红院"译为"The House of Green Delight"。

文的方式来理解和欣赏译文文本"(1993:121)。然而,《圣经》中的故事多发生在中东地区,那里的自然环境及与之相应的风俗习惯与世界其他地方多有不同。例如,对于北极的爱斯基摩人来说,lamb(羔羊)就很陌生,所以,在将"Lamb of God"(上帝的羔羊)译成爱斯基摩语时,应当将其归化为他们最熟悉的 seal(海豹),译成"Seal of God"(上帝的海豹),才能达到与英语原文相同的效果(Snell Hornby 2001:19)。

　　译者在翻译中的策略选择还应顺应源语文化创作以及译文读者所处的时间环境,从而满足不同译文读者的审美心理和接受能力。翻译策略对时间环境的顺应,是同一作品在不同时期产生不同译本的主要原因,因为译者不是生活在真空中,其所处历史、文化和时代背景都会影响和制约其翻译目的及其对原文和译文读者的理解,从而影响其翻译策略的选择。以美国小说 Gone with the Wind 中人名翻译为例,Scarlett O'Hara, Melanie Hamilton, Red Butler 是小说中几个主要人物,译者通过阅读,对这些人物的性格、外貌、身份等都有了一定了解。按照常规,人名译成汉语,一般采用音译转写方法,具体操作时译者面临两种选择:或尽量使译名顺应中国读者的文化意识,或让译名尽量西化,显示出异域特征。这样,在语音转写的层面上就会产生不同的顺应,体现不同的翻译目的。例如,傅东华于 1940 年出版汉译本《飘》,其在译序言中写道,"这本书描写的美国南北战争,与我们现在相隔 80 年,地隔数万里。又跟我们自己的事情有什么相干呢?所以这个译文就是让读者,即普通的中国老百姓了解这个故事,获得如闻其声的效果"(傅东华 1979:2)。由于期望的译文读者是当时"普通的中国老百姓",所以译文用词简单平实,语言流畅自然,读起来毫无生涩、舶来之感。这种风格主要由大量使用归化翻译手法而催生。傅译中的归化策略首先表现在词汇层,而词汇中又突出体现在人名、地名和机构名的翻译上——《飘》中几乎归化、汉化了所有的人名和地名。小说中有身份、有地位人物的姓名,特别是姓氏,几乎都翻译成了汉语中的人名姓氏。例如,他把上面三个人名依据谐音分别译成颇具中国文化色彩的"郝思佳""韩媚兰"和"白瑞德"。傅译本《飘》在中国曾广为流传,正是对这种翻译策略的肯定。但事隔 40 年后的 1979 年,朱攸若和黄怀仁重译该书(书名为《乱世佳人》)时,国际交流已日益频繁,中西方国家在文化交流中的地位及读者的期待视野都不同于往昔,这时的读者已不再满足于通过汉化的译文了解西方世界,而是更乐于接触带有洋腔洋味的译文。为迎合这一阅读期待,朱和黄的译本采用异化策略,带有浓重的异域特征,如将上述三个人名进行严格的音译为斯卡利特·奥哈拉、梅拉尼·汉密尔顿和雷特·巴特勒。这些都是译者对以时空为主要因素的物理世界顺应的结果。

由上可见，选择翻译策略要依据交际语境中对认知、社交、物理世界作出的顺应情况而定。顺应论认为，语境是动态生成的，所以，翻译策略的选择也呈动态，应以动态的视角来考察归化与异化的关系。

德国语言学家、翻译理论家施莱尔马赫(Schleiermacher)认为翻译途径只有两种：一是译者尽量不干扰原作者，让读者靠近原作者；二是译者尽量使原作者靠近读者(Venuti 1995/2004)。美国学者韦努蒂(Venuti)在此基础上提出翻译策略中的归化(domestication)和异化(foreignization)。韦努蒂指出，作为不同的翻译策略，归化与异化只是相对而言，其会随着人们对异国文学接受程度、特定文化环境及国内价值体系的改变而改变(Venuti 1995/2004：272)。换言之，对归化和异化翻译方法的界定，只能参照译入语文化不断变化的价值体系。韦努蒂的上述主张揭示了两种翻译策略间的动态关系，不仅开拓了我们的理论视野，也为翻译策略的调整和转向提供了必要的理论依据。

异化和归化内部还可以进行次范畴划分，异化与归化只是程度上的差异，两者之间的界限是模糊的，从极端异化到极端归化正好形成一个连续体，异化与归化在一定条件下可以发生转化。因此，我们一般所说的异化和归化翻译策略仅是一个大概的方向而已，不加细分的异化策略和归化策略是两个界限模糊而又彼此连续的集合，而不是界限分明、两极对立的概念。既然"异化"与"归化"策略体现为一种动态关系，这就决定翻译策略在不同历史阶段、不同文化环境中存在程度上的差异，也存在策略调整和转向的可能和必要(马红军 2006：101)。所以，针对 Gone with the Wind 的两个比较极端的归化和异化译本，又出现以综合顺应原文和译文交际环境的、归化与异化并举的新译文。2005 年上海译文出版社请陈良廷先生重译《乱世佳人》时，Scarlett 和 Melanie 又分别译为"斯佳丽"和"玫兰妮"，综合了归化与异化的长处，既考虑中国读者习惯于把人名与人的品貌相联系，又尽量表达出源语的音韵，尤其是"斯佳丽"取自根据该故事改编的电影译名，并且也是《乱世佳人》续集的译名，使得这个译本也十分受人欢迎。

当然，在侧重归化的年代也存在异化翻译，而注重异化的历史时期依然有归化的存在。例如：在归化成主流的年代里，卞之琳用异化的策略翻译莎士比亚的戏剧；鲁迅批评归化翻译"严格讲起来，算不得翻译"，甚至要引进"自己们"以对应英文中反身代词的复数形式；董秋斯在其译作《大卫·科波菲尔》中使用直译的方法，有些地方甚至达到"字字对译"的地步。这正说明异化与归化是动态统一的。当前，各民族语言文化间的交往日益频繁，文化大融合使读者对异化翻译的需求空前扩大，我国《红与黑》译文读者的调查结果充分说明了这一点(许钧 1998：29)。1978 年，法国出版达尔斯翻译的《水浒传》，译者面对差别，大胆直译,譬如将"张天师"译为"天之师"(Le Maitre Celeste Zhang),而不是归化为"道教之师";将"天子"译为"天之子"(Le Fils du Ciel),而非归化为"皇帝"。由于译本反映了中国的历史与文明,因而深受读者欢迎,也得到译评家的肯定。

这样看来,在实践的层面上,离开翻译的动态顺应交际策略来谈归化和异化没有多少意义,译者并不是自己想归化就归化,想异化就异化,其翻译策略必然受到各种因素的限制,译者只能依据具体的语篇语境作出取舍。翻译策略产生于具体的语境才有生命力,如果脱离了语境,就会迷失方向。完全异化或完全归化的翻译是不切实际和过于理想化的(吴文安,朱刚 2006:99)。例如,严复在翻译的时候,他想到的可能不是归化翻译,而是动态顺应当时读者的认知语境,以求读者得到足够的语境效果。然而,鲁迅却提出:"动笔之前,就先得解决一个问题:竭力使它归化,还是尽量保存洋气呢?"尽管鲁迅本人对此有着极其清醒的头脑和明确的改造中国文化的文化重构目的(许钧 2001:67),但不可否认,他的朋友瞿秋白等人和他的敌人林语堂、梁实秋等人都不愿意接受他的翻译,甚至他自己也承认那是"硬译"(王宏志 1999:218-234)。事实上,每个译者在动手翻译之前,不考虑翻译语境而简单选择要异化或归化是不合理的,因为语境是动态生成的,而不是预先给定的。归化和异化只是翻译动态顺应选择过程中所使用的部分方法和结果,是译者从文化或语言的角度主观上对某些具体语言或文化因素所采取的部分方法和结果,其中既有主动顺应,又有被动顺应。单纯地讲要归化或异化或者要直译或意译,都可能把翻译的总体结果主观地认为是归化、异化、直译或意译的结果,犯了以偏概全的错误,遮掩了其他顺应策略下翻译方法的结果,导致不能全面地解释翻译现象。

翻译的选择顺应论认为,翻译就是译者不断作出决定和选择取舍的过程。从翻译标准的制定和翻译策略的选择到译文在目标文化中的地位和功能,都取决于译者的判断和选择,而译者的选择又离不开与翻译语篇语境相关一系列因素的影响和制约①。描述性翻译研究也表明,翻译活动作为动态的过程没有固定不变的法则,也不存在绝对正确的翻译方法,翻译策略的选择受各种复杂、动态、多层面因素的影响和制约。由于语言和文化的多样性和流变性,在不同时期,各种因素对翻译策略的影响是不一致的,而且这些因素本身也处在不断变化

---

① 从本书的图15来看,归化和异化、直译和意译以及具体的翻译技巧对应不同的语境层面:归化和异化与社会文化因素相关联,所以对应于译文语篇外语境;直译和意译与语篇类型、语域特点、衔接连贯相关联,故对应于译文语篇内语境;具体的增减正反分合等翻译技巧则是实现直译和意译的具体手段,局限于句子层面的衔接连贯之内。

中,这也是不同时期存在不同主导地位的翻译策略,或同一个时期不同翻译策略共存的原因。翻译策略的描述并不是为译者开出处方,硬性规定其必须如此这般地翻译,而是在于为实践者提供思路。译者在实践中可能用一种策略,也可能综合使用多种策略,还有可能创造出新的翻译策略。

第二节　选择顺应论及翻译原则探讨

根据《现代汉语词典》,"原则"是"说话或行事所依据的法则或标准"(2005:1676),而"标准"是"衡量事物的准则"(2005:89)。所以,翻译原则可以推衍为翻译行为(过程)所依据的法则或标准,翻译标准则可以推衍为"衡量译文的准则"。两个概念都含有"法则、准则"这样的词语,可见翻译标准与翻译原则往往很难区分开来,实际上人们在谈论翻译标准和原则时也往往不加区分。刘宓庆也认为"翻译标准"是一个非常模糊的术语,其"可操作性"也很不易把握,常常用以指"规范"(norm)、"原则"(principle),也有人将其当作一个"方法论问题"(methodological problem)来论述,争议颇多(刘宓庆 2003:69)。

本文作者认为,若把翻译分为过程和产品,有助于发现标准与原则的差别:"标准"衡量产品(译文)质量优劣,"原则"指导翻译过程,是翻译活动中应遵循的总的法则①。标准和原则讨论的都是译文与原文的对等程度及如何对等问题,因此,不论从哪个方面来看,二者都是翻译理论研究的中心课题,也一直是翻译界争论的焦点。译者在翻译时必须考虑译文读者对译文的评价,并且要尽量使自己的翻译原则迎合读者的评价,正如产品的生产过程要考虑使用者的需要才会有市场;所以,许多学者在探讨翻译标准问题时,时常有意无意地换成翻译原则,反之亦然②。因此,"信、达、雅""忠实、通顺""等值""等效"等提法,从译文读者或评论者的角度来看是标准,从译者的角度来看则是原则。由于本文探讨的是翻译过程,而不是作为过程结果的译文,所以用翻译原则更合适。

---

① 英语文献对翻译原则的解释值得参考,例如 Jean Delisle 等编著的《翻译研究关键词》(*Translation Terminology*)中 translation principle 词条的解释为 A general statement that provides orientation for establishing interlinguistic equivalences and that forms the basis for translation rules(Jean Delisle 2004:276)。显然,翻译原则研究的是建立对等过程的总原则。

② 曾有一篇文章,题目是《论翻译的原则》,奇怪的是,通篇无一处使用"原则"一词,都以"标准"代之。(冯国华,吴群 2001:16-18)

一、翻译语境视角下的原则

翻译原则(标准)作为翻译理论中的核心问题,也是颇有争议的问题。"翻译原则问题千百年来一直争论不休,悬而未决。直到今天,翻译界对此还没有完全一致的定论。"(林煌天 1997)虽然人们在翻译时都有意无意地遵循自己设定的某个原则,也都在一定程度上达到了自己的目标,但无论如何,能让所有译者都接受的绝对原则还没有出现。

自从有翻译活动以来,人们始终追求翻译的译文一元化原则,即译文与原文的一致性对等(equivalence)原则,翻译对等原则曾是压倒一切的原则。雅各布森(Jackobson)于 1959 年在他的《翻译语言面面观》(*On Linguistic Aspects of Translation*)中引入"对等"这个术语;奈达于 1964 年在《翻译科学探索》(*Toward a Science of Translating*)中提出形式等值(formal equivalence)和动态等值(dynamic equivalence)概念;英国学者莫娜·贝克(Mona Baker)在其《换言之:翻译教程》中用"对等"贯穿始终。

对等原则以原文文本作为衡量尺度。无论是语言学派的"信、达、雅""忠实、通顺""等值",还是文艺学派的"神似""化境""等效",都没有走出以原文为中心的樊篱,都是一元化的标准。虽然"等效"论似乎从原文文本走向了译文受众,但隐含的前提仍然是原文文本,因为其等效的内容就是把受众的反应与原文读者对原文的反应进行对比。

不可否认,按照某些对等原则制造出来的译本是相当成功的,例如,在奈达等效原则指导下翻译出的《圣经》。不过,也有一些违反对等原则的译本实际上也很成功,例如,林纾和严复的译著,在许多方面与原文很不对等,但其社会效益在中国翻译史上却是非常突出的。然而,越来越多学者对翻译的对等原则提出质疑,认为对等不适合作为翻译理论中的概念。除不精确的定义外,这个术语还预设语言之间是对称的,而实际上语言间除大致相似外,对等是不可能存在的。即使作为翻译对等原则的支持者,莫娜·贝克仅在单词层次就已发现 11 种不对等现象;所以,把翻译的对等看成是翻译的标准是不现实的。翻译的语言学派和文艺学派在翻译标准上的"求同"思想具有其哲学基础和思维定势的限制。哲学上缘于认识论主体哲学和科学主义影响,认为人作为主体通过语言工具,完全可以准确无误地把握和认识客观世界,尤其是近现代科学技术的飞跃发展,更增强了人们的这一信念。该信念体现在思维方式上就是简单的线性思维。然而,如前面所述,翻译活动是极其复杂的,必须综合考虑所有因素,采用全方位、多角度、多层次的非线性思维模式才有可能探及翻译的本质问题。以这样的立体思维方式来看,翻译原则不可能是抽象、静止、唯一的,而必须是具体、动态、多元的。译者面对多元的翻译原则,必须考虑翻译语境各因素的综合影响,根据具体的实际情况,确定对等原则运用的层面,从词义、句义到语用,从词语、句子到语篇,从语篇的类型到语篇的功能,从语域特点到衔接连贯的手段等,都需要译者整合思考,灵活选择。

总之,翻译原则的研究离不开相关的语境因素,将翻译原则语境化才能真正起到指导翻译过程的作用;从历史的角度,结合变化着的社会环境、文化价值取向和读者审美期待等因素看待以往的翻译原则,才能对衡量译文质量的翻译标准进行客观正确的定位。

在选择顺应论框架内,翻译原则的语境化体现在变异性、协商性、顺应性等3方面:

(1) 翻译原则的变异性。从翻译就是选择顺应的角度来看,翻译活动涉及一般意义上语言结构客体与语境相关成分的相互顺应关系,又涉及翻译活动特有的源语语篇内外世界、译语语篇内外世界、原作者、原文读者和译文读者以及译者的社会、文化、认知等因素,面对如此复杂多变、动态不拘的对象,制定恒定不变的行动原则既不可能,也不合实际。影响翻译的因素不可穷尽,翻译原则在理论上也是无限的,但理论上的无限性并不一定意味着实践的盲目性。面对具体的翻译任务,译者自然会考虑与这一翻译活动相关联的各种因素,从而在无限的原则中择定一个或多个顺应翻译语境的翻译原则。这里我们不妨参照杨晓荣教授探讨翻译标准时所持的观点,即"条件"是确定翻译标准的要素:

所说的"条件",是指随个案而明确的能对翻译标准形成不同程度制约的一系列相关因素,其中包括原作性质、翻译目的、对读者的考虑、译者状况(包括译者的翻译观)以及由翻译活动发生的时代、地域等因素所形成的各种具体限制。没有条件即无法确定标准,反过来,有了条件的限定,标准也就可以明确了。而且,条件越明确,标准越清楚。由于没有任何条件限定的翻译活动是不存在的,因此,任何一个具体的翻译活动只要一出现,与它相关的各种条件也必然同时出现,标准即据此产生(杨晓荣 2001:72)。

翻译原则也一样需要根据具体的条件,从动态的变异性中加以选择并确定下来。例如,奈达讨论的翻译现象主要集中于《圣经》翻译,而《圣经》是用来教育和感化人的,有其特定的目的。在这种条件下,翻译注重的是听众或读者的接受情况,追求交际的效果,所遵循的原则是"功能对等"或"等效"。为达到这一目的,适当调节或改变形式是符合其原则的。例如,在没有"雪"的语言里,人们可能不理解"白如雪"是什么意思,那么换成"白如霜"或"白如鹭毛"等保持交际功能的词语未尝不可。实际上,"条件"的理据就是"语境"对翻译原则的制约作用。由于翻译具有多重功能,人类的审美趣味具有多样性,读者和译者具有多层次性,翻译手法、译作风格和译作价值因而势必多样化,而这一切最终导致具体翻译原则的多元化。

（2）翻译原则的协商性。选择的协商性指选择不是按照机械的固定关系而是根据具有高度灵活性的原则和策略作出的（1999：99），也就是说,选择过程所遵循的原则是不断变化的。翻译选择过程也不例外,这是因为与翻译相关的条件十分复杂。无条件地讲翻译原则,好像怎么说都有道理,也都不完全对。但是,只要是针对某一项或某一类或某一时期内特定的翻译活动来说的,翻译这个原则就由抽象化为了具体。目前,越来越多的研究者开始认识到追求唯一的万能的原则是不现实的,进而提出"翻译标准多元互补论"（辜正坤 1994）。翻译原则也是随着时代的变迁而调整发展的：过去被认为"忠实"于原作而又能为读者所接受的译作,在新的时期很可能成为过时的东西。所以,重译外国著作,尤其是文学名著的活动方兴未艾,因为不同时代的人们对作品有不同的阐释,语言习惯和审美情趣也大相径庭。

（3）翻译原则的顺应性。在语用顺应论的框架内,翻译活动被认为可由多重动态的选择-顺应组成。该动态性理论框架为我们提供更为开放的视野,也赋予译者更多的自由。因此,我们可以设想从以下 3 方面来确定翻译原则：

第一,时间顺应性：根据源语和译语的时代特点解读原文并确定译文文本的文体风格、语言结构和修辞特点,以求最大程度地实现历史与现实的沟通。

第二,语境顺应性：根据译语受众的文化社会背景、个体心智特征调整译文的表述方式和语言风格,以求最佳的跨文化语际交际效果（如新闻传播、影视招贴、商业广告、公益服务等）。

第三,结构顺应性：根据源语和译语的语用目的确定译文的文本类别、文体风格和修辞策略,以求最大程度实现源语文本的结构性特征与译入语结构性特征的契合。

翻译是十分复杂的语言活动和思维活动,翻译活动的复杂性决定了翻译原则的多元性。在任何时候都会有多种翻译原则并存,人们在翻译原则问题上永远不会达成完全一致的意见。翻译是选择的过程,影响选择的因素是多种多样的,一般至少要考虑翻译的意图、语体、读者层次和时代要求、翻译的单位、译语文化的干预等因素。正因为翻译活动涉及的因素多,我们提出的各种翻译原则难免顾此失彼,总是在侧重和注意翻译的某些方面的同时忽略另外一些方面。面面俱到、放之四海而皆准的翻译原则永远不会有。奈达认为,翻译研究应当

"采用描写性而不是规范性方法"(谭载喜 1983：51)，所以，通过描写得出的原则本身就应当是开放性的。翻译原则的功能是指导翻译实践，规范翻译行为，因此，规定性是翻译原则的本质特征。翻译原则的本质是规定性的，但研究方法必须是描写性的，描写是手段，规范是目的。一元性翻译原则或标准有利于译著评价的有效性和可操作性，但翻译活动的复杂性和人类认识的局限性决定翻译原则或标准永远会多元并存。

用描写的手段考察已发生翻译事件中使用的翻译原则，就必须将其植入当时的具体语境、时间空间、社会文化、译者的翻译能力、诗学规范和读者的接受视阈。也就是说，翻译原则的研究是有历史性的。随着时代进步和文明发展，固守某一个阶段的原则和方法，或将一种语言文化的翻译原则和方法视为金科玉律，都是违背辩证法的。在一篇号称翻译研究"文化转向"宣言的文章中，作者从分析普鲁斯特《追忆逝水年华》第四部第二卷第二章的一个片断入手，指出"翻译标准问题似乎正在于标准原来并非一成不变"：

> 规范规则和契合条件都会发生变化。所以不同时代的译本往往是在不同条件下产生的，它们之间的差异并非因为哪些译本好，哪些译本不好，而是因为它们的产生是为了满足不同的需要，这一点怎么强调也不过分。不同时代产生不同译本并不表明对绝对标准的任何"背叛"，反而证明了根本没有那种标准。这才是译本产生和译本研究中的基本事实(Bassnett & Lefevere 1990；引自曹明伦 2007：401)。

传统的翻译观不把翻译原则看成一定历史时期的产物，却视之为放之四海而皆准、行之百年而不衰的"与时间没有关系的语言学规则"(timeless linguistic rules)(Tymoczko 1999：25)，严复的"信、达、雅"和泰特勒的"三原则"及奈达的"等值论"正是因为长期以来一直被看作与时间无涉的语言规则而成为一种规范。所以，用辩证论的观点和方法考查翻译的实际情境、具体操作、文化因素等可使翻译原则的制定更加灵活，更具指导性。

面对如此复杂多变的多元化原则，译者如何作出选择？既然译者不应该以难以操作的抽象对等为目标，也不应只侧重某一方面的对等，所以，有人建议译者应从全局出发，充分考虑所有因素，在翻译环境框架内的"不同层次、不同方面上力求多维度适应"，进行最优化选择，即以"整合适应选择度"为翻译原则(胡庚申 2004：29)。这也是目前许多人讨论翻译原则或标准的复杂多变之后提出的建议。

二、翻译选择过程的最小最大原则

然而优化的翻译原则也要随着具体的翻译语境发生变化。不同的时空、不同的语篇、不同的语篇内外语境及不同的译者等都决定着所谓最优化原则的具体内容。译者要综合考虑诸多因素,权衡各种关系,从而选择出最好的原则,就势必要付出相当的努力,深思熟虑,预先策划,反复揣摩,在选择时表现出很强的意识突显性,选择从而成为很有理性的行为。但是,心理学研究和日常生活的体验告诉我们,人不可能永远保持高度注意力,说话做事时的各种选择也不都是基于理性基础。"任何选择都暗含不足,所以把复杂的选择现象简化到只能带来积极结果的想法是不全面的。"(Wilss 1996:174-175)"如果每个选择都能完全满足交际的需要,那么日常交际简直就没法进行了。"(1999:57)正是基于这种合乎实际的观察和结论,我们就不应以所谓的优化原则指责译者的某些选择不当,而应从描写而非规范的角度考察所谓不当选择的心理因素。

列维早在于1967年发表的一篇论述翻译决策问题的论文中提出最小最大原则(minimax principle):译者在多种可能的选择中作决策时,总是下意识地倾向于自己付出最小的努力获得最大的效果(intuitively resolves for a maximum of effect with a minimum of effort)(Shuttleworth & Cowie 2004:106-107)①。他举例说,现代译者在翻译古诗时,尽管知道保留原诗的音韵节奏为上策,但考虑到保留原诗的音韵节奏会大大增加翻译的难度,译者要为此付出许多额外的努力,所以宁可选择放弃。他还指出,类似的情况在散文翻译中虽然不易为人察觉,却也到处可见。例如,译者常常满足于能基本上把原句主要意思和风格价值表现出来的译语形式,虽然经过冥思苦想还可能找出更好的译文(Lévy 1967:1179-1180)。

因此,从常规看,译者的翻译原则有些消极:他们总是急于采纳那些最先进入头脑且没有超出其语言和审美观点底线的选择。的确,实际情况就是这样:当译者面临一大堆错综复杂的选项时,往往由于时间的制约而失去耐心,难免匆匆作出决定,谈不上所谓最优化的抉择了(Wilss 1996:188-189)。也正因如此,世上才不会有最完美的译文,译文永远是可协商改进的。"没有破绽的译作"

---

① 匈牙利数学家冯·纽曼(Von Neumann)在其1963年出版的《游戏博弈论与经济活动》(*The Theory of Games and Economic Behaviour*)一书中最早提出最小最大理论,以证明博弈的一方总是想方设法最大程度地减少对方可能给自己带来的损失,但前提是博弈的双方都是理性的(Baker 1998/2004:91)。固特(Gutt)在《翻译与关联:认知与语境》(*Translation and Relevance: Cognition and Context*)一书中也提出过最小最大原则,不过他指的是译文读者付出最小的处理努力(processing effort)而获得最大的语境效果(contextual effect),从而使译文具有最佳关联性(optimal relevance)(Hickey 2001:44),与列维的"译者付出最小的努力使译文获得最大的效果"有很大不同。另外海提姆与曼迪在2004年合著出版的《翻译高级参考书》(*Translation: an Advanced Resource Book*)中误解了列维的原意,把最小误解为"译文读者付出最小的努力"(Hatim & Munday 2004)。笔者认为上述对列维最小最大原则的误解甚至歪曲,削弱了翻译研究考察译者选择行为时极为重要的非理性视角。

和"从不出错的译者"都是乌托邦式的幻想。对译文的改进或评论是在翻译过程之后对翻译产品(译文)的衡量,是规范性研究,而不是对过程的如实描写。现在的误区是,人们往往下意识地以自己定出的所谓最优化的原则对已有的译文进行评论,指出其不足,并提供自己的"佳译",以此框定翻译原则。

例如,胡庚申在《翻译适应选择论》中就将基本翻译原则概括为"多维度适应和适应性选择",并用实例加以简析,其中一个例子是北美一家动物园鳄鱼池观赏点旁的一块标示牌,原文:

The last one is delicious, bring me another one.

原文以鳄鱼的口吻说话,显示出一种幽默感。该标示牌原配的汉语译文是"鳄鱼伤人,禁止入水!"作者认为该译文警示功能有余,吸引功能不足,若改译成"人肉真香,再来一个!"并在汉语标示牌上画一条张着沾有血迹大嘴的鳄鱼,则"从语言、文化、交际、美学以及用户意图、语用场景、读者需要等多个维度比较完整地转换了原文的内容和交际含义,与原文信息效果最接近,整合适应选择度最高"(胡庚申 2004:130-131)。的确,改译本比起原译本更容易得到多数人的认同[①],但改译本并不是实际翻译的产品,而是译者在注意力高度集中状态下,有意识严格依照某项原则制作出来的,换句话说,它没有反映出原译者当时所遵循的翻译原则。译者在有限的时间内,在自身条件的制约下,得出如改译本那样所谓上佳译文,可能要付出相当高的代价,甚至是强人所难。在特定情况(如教学、研究)下,翻译主体可能会集中精力于译文的斟酌优化,但在实际翻译中,译者在大多情况下还是下意识地以最小最大原则进行翻译的选择顺应。正如维索尔伦所指出的:"语言使用者如果对选择过于挑剔,花大量时间选择琢磨,日常交际简直就无法进行了。通常的情况是,我们总是不得不接受最先进入脑海的选项,把它当作最接近需要的表达。"(1999:57)

面对原则的多样性而倡导优化选择,是不顾及翻译实际的规范性理论思维。当然,我们不否认理论对翻译实践的指导价值,尤其是对提高译者的翻译水平,更加全面地实现翻译的忠实、通顺、等值、等效有很大的启示作用。译者或学习者只有在平时有意识地以优化原则严格指导自己的翻译活动,通过大量的翻译训练使其内化为翻译原则的重要部分,才能在真正的翻译实务中游刃有余,以最小的付出获取最大的效果。可以说,优化原则体现出翻译教学或培训的意义所在,而最小最大原则则体现了翻译永无止境的创造性和艺术性。选择的复杂性、非线性、不确定性、不可预测性、不可逆转性等都与最小最大原则有着密切关系。

---

① 在186份问卷中,改译本的认同度高达62.49%,高于基准线33.33%近1倍(胡庚申 2004:131)。

如果说我们对翻译原则的影响因素及原则的多层次、多方位分类已有相当的认识，那么，正视并认可似乎有些消极的最小最大原则，并对其进行系统深入的研究，可能会让我们更真实地触及翻译过程的认知本质，这正是翻译选择顺应论解释翻译原则的意义所在。如果说等值原则是译者作为双语交际选择过程的特性，那么最小最大原则就是所有言语交际选择原则的共性。

然而，遗憾的是，长期以来人们过于注重研究翻译的特性，极少甚至完全忽略对共性的思考。自列维1967年提出最小最大原则后，40年过去了，再没有人对此进行认真探讨，就连正确理解这一原则的文献都凤毛麟角。相反，连篇累牍、不厌其烦地论述和评论旧原则，提出新标准，一厢情愿地希望译者把自己的观点当作指导翻译实践的不二法门，造成理论与现实的距离越来越远。今天翻译研究已从规范转向描写和解释，重申最小最大原则的原因在于，我们一方面敬佩列维当年的深邃思想，同时也应意识到该原则为我们探究译者翻译过程的认知心理状态提供了有益的视角①。

---

① 笔者推测列维的思想很有可能来自德裔美国人乔治·金斯利·奇普夫(George Kingsley Zipf)于1949年出版的《人类行为与省力原则：人类生态学导论》(*Human Behavior and the Principle of Least Effort: An Introduction to Human Ecology*)中提出的著名的"省力原则"(the Principle of Least Effort)，又称"经济原则"(the Economy Principle)，即把"以最小的代价换取最大的收益"看作是指导人类行为的根本性原则。奇普夫是这样解释省力原则的：第一，省力是一种平均量。一个人一生要经历很多事情，他在一件事情上的省力可能导致在另一件事情上的费力。反过来，在一件事情上的费力，又可能导致在另一件事情上的省力。第二，这只是一种概率而已。一个人不可能事先绝对地肯定某种方法一定能让他省力，他只能有一个大概的估计。奇普夫的专业是比较文学，但是以其名字命名的省力原则(通称 Zipf's Law)一经提出，就得到其他学者的热烈响应，不仅给语言学以深刻的启示，同时对信息学、计算机科学、经济学、社会学、生物学、地理学、物理学等诸多其他学科产生深远影响，在学术界享有极高声誉(姜望琪2005)。但我国语言学界直到1995年才由青年学者张绍杰先生在其发表在外语界权威刊物《外语教学与研究》第一期的《会话隐涵理论的新发展——新 Grice 会话隐涵说述评》中首次引入介绍奇普夫的省力原则。但随后近10年里，很少有人再提及这一原则，除了沈家煊在其2004年发表的一篇文章中稍微提及这方面的思想外(訾华东2006：101)，姜望琪发表在《同济大学学报(社科版)》2005年第1期的《Zipf 与省力原则》算是第一篇可以检索到的以 Zipf 和省力原则为主题的文献。必须指出：我们在理解省力原则的时候不能走入极端，不能把省力原则简单化，把"省力"简单地理解为"少用词语"或"信口胡说"；"省力"本身不是交际的目的，而只是交际手段而已，否则"什么也不说"应该是最省力的，而这样不会收到任何效果。我们所谓的"省力"，正如上文所述，只是一个平均量，只是表示相对于取得的效果而言，付出的代价比较小。一方面，说话人需要传递自己的信息；另一方面，他又要尽可能地减少自己的脑力和体力支出。"取得效果"才是交际的真正目的，"省力"不能以放弃这个目的为代价。因此，"省力原则"的核心思想是：人们在争取某种效果的时候，往往会采取相对经济、相对省力的途径，而不是绝对经济或绝对省力的途径。该原则对翻译研究的重要启示是，译者在日常的翻译活动中，不可能总是集中一切精力，付出所有的努力。他可能在某一个译法上或局部上花费相当的时间来精心选择，而在其他方面或整体上则全凭自己的感觉下意识地作出决策。我们恰恰对后一种情况关注甚少，所以我们总是强求译者，以至总能在译文中挑出"毛病"！

第七章 选择与顺应模式下翻译焦点问题研究

第三节 "翻译常态"的选择顺应论解读

在译者语篇语境示意(图15)中,所有选择和顺应都需要译者通过认知机制这一媒介的过滤才能作出。然而,综观论一再强调"任何一种严肃的语用学理论,都必须摒弃那种认为在社会与认知间存在严格对立关系的观点"(1999:174),所以,心智应看作是一种"社会心智"(mind in society)。这就是说,心智操作过程之所以能激活各种间接性隐含意义,是因为这种激活方式是建立在社会共有的并可以进行协商的常规(norms)基础之上的(钱冠连,霍永寿 2003:201)。20世纪70年代末,翻译描写派倡导者图瑞在考察特定社会文化环境下翻译行为的规律性时提出常态(norms)[①]的概念,并认为"常态决定翻译选择"(Baker 2004:164)。经过30年的发展,翻译"常态"已取代"对等",成为当代翻译研究中最活跃的核心术语(Hermans 1995:217)。

一、翻译常态与社会心智

传统译学理论对翻译的要求和评价以原文为根据和衡量标准,强调翻译要忠实于原文,使译文与原文之间产生对等一致的关系,译文要产生与原文同样的功能,因此,其对翻译的要求颇显理想化。翻译标准以静态的原文为尺度约束翻译过程,框定译文评价,带有明显的规定性特征,难以解释和指导复杂多变的翻译现象。如果我们舍弃传统的规定性翻译标准,那么,到底是什么因素决定了翻译中的种种选择?合乎实际的做法是,首先认可人类几千年来的翻译成就,然后以个案研究的手段,探悉译文选择背后的各种决定因素,再将这些因素放到译文产生的社会文化大背景中考察,以便从中找出某些规律,这也正是描写翻译学的研究思路。用描写的视角考察人类翻译历史,以译语社会文化为背景,用经验方法对翻译行为、翻译作品进行描写和解释,以求形成理论原则,由此产生"以译入语为导向"的研究方法,即在译语的社会文化背景中研究翻译。这种方法试图超越早期译学研究的理论起点,摆脱孤立研究译本、寻求译文与原文对等的理论桎

---

① "norms"一词的译文很多,如翻译规范、翻译准则、翻译标准、行为常式、翻译常式、常模,不一而足,反映出国内学者对这一概念理解还很混乱(林克难 2006:15),也未能突出其意义中"描写"、而不是"规定"的含义(安妮·布赫塞 2007:31)。本文建议用"常态",主要考虑到"规范、准则"给人以规定性嫌疑,而"常式、常模"又过于生僻,不太合乎汉语规范,《现代汉语词典》也没有收入,而译成"标准"则完全违背了图瑞提出这一描写译学概念的本意(注意 norms 用的是复数形式!)。《现代汉语词典》(2005)把"常态"解释为"正常的状态",这样我们就可依此把"翻译常态"与某一特定社会时期通常的翻译情况相联系。

梏,研究对象转向译语文化特征及其对翻译的决定性作用,目的是发现翻译活动产生和存在的理由。若要找出某一译本所遵循的翻译标准,必须结合当时的社会文化环境才能找到合理的解释。这就是说,翻译标准是动态的、相对的,且随着时代、社会的演变而变化。

为此,以色列著名翻译理论家图瑞于20世纪70年代末将"常态"引入翻译研究。他考察大量关于翻译的定义,最后提出自己的翻译概念:翻译是由历史、社会、文化所决定的,简言之,翻译是受常态制约的,翻译常态支配翻译过程中的选择和决策。图瑞认为翻译是具有社会文化意义的活动,其社会和文化特点使之不同程度地受多种因素的限制。影响翻译的因素不仅包括不同语言、文化和篇章传统间的系统差异,而且包括翻译者自身的认知局限及其他因素。常态可以用来确定翻译行为的合适程度,调整所有限制翻译的因素,掌握翻译常态是在文化环境中成为一名称职翻译的前提。

所谓"翻译常态"指在某一特定社会文化环境下的翻译行为中体现出来的规律性,是对翻译进行描述性分析的范畴,即某一译语社会里所共享的价值和观念,包括什么是正确的、什么是错误的、什么是适当的、什么是不适当的等价值判断观念,转化成在特定情况下正确的适当的翻译行为原则(Baker 2004:163)。翻译常态并非人为制定的标准,而是某一特定历史时期,在某一社会文化环境中,人们对翻译选材、翻译策略及译文的接受期待等的客观要求,译者在无形中受到这些客观要求的影响,从而在一定意识突显度的作用下作出带有共性的选择。翻译常态与翻译标准的区别在于:前者是动态相对的①,后者是静态绝对的;前者与特定的社会时代相关,后者只着眼于脱离翻译语境的对等;前者从译文的产生和接受情况描写、解释某一翻译活动,后者则以原文为尺度,规定译文必须尽可能与原文保持一致;前者是隐性无形的,对译者的影响是潜移默化的,后者是外在显性的,具有主观强制性②。翻译不受人为标准的制约,但译者又不应随心所欲、胡译乱译,译者的选择受翻译常态(即社会文化)对翻译的约束,即翻译常态处于绝对的"规则"(rule)和纯粹的"独特性"(idiosyncrasies)这两个极端之间。常态不仅体现于所有种类的翻译,而且制约翻译活动的每个阶段,因此,翻译产品的每一个层面对常态都有所反映(Toury 1995:58)。图瑞是提出翻译是受常态制约的行为的第一人。他认为常态在翻译行为和翻译过程中处于中心的地位,并就翻译常态的性质、种类、特征和重建常态的途径进行了深入探讨。图瑞认为:

---

① 常态的不稳定性并非由常态内在的缺陷所致,而是由常态的本质决定。
② 也有人认为,从广义上讲,翻译原则、标准和规则等都对翻译行为有约束力,只是有强弱差异,都应纳入"翻译常态"的范畴之内(韩江洪 2004:69)。

翻译是一种社会行为,翻译常态是内在化的规则,体现某一社会共享的价值观念对行为的制约;翻译过程中的所有决策主要受常态支配;翻译常态在某种程度上可以说是译者们在两种不同语言、文化、篇章传统常态之间取舍的产物(1995)。

图瑞认为,翻译就其本质而言是一种社会文化活动,因而受社会文化常态的制约。另一常态论学者赫曼斯认为,常态作为社会公认的、普遍的价值观或观念,是心理和社会实体,是人们互动交际中重要的构成因素,属于社会化进程的一部分。常态意味着一定的社会和心理压力;常态通过排除某些选择来约束个人行为,并选择、规定或建议特定行为方式(Hermans 1996),其规定性或者来源于某种社会压力,或者来源于个人认同该规范的态度,或两者兼而有之;常态的合法性来源于相互的期望模式,并要求相等程度的社会认可和个人对常态的内在化,但个人违反常态并不意味着一定有极端严厉的惩罚,在某些情形下,个人不遵从常态也并不意味着常态无效。

社会文化的约束对译者心理产生作用,或者说"常态"意味着一定的社会和心理压力,并通过翻译中的选择体现出来。该看法与维索尔伦讨论顺应性媒介时引入的"社会心智"这一重要概念不谋而合:"语用综观即全面考虑语言在认知、社会和文化中发挥功能的复杂性。"(1999:11)维索尔伦在阐述自己写作《语用学新解》时的情景表示:

今天的语用学已经不缺乏教科书,但这些书无论在理论还是在实证方面都有局限。讨论中虽然也常涉及认知问题,但只是为了满足特定的理论需求,社会文化因素并未得到系统阐释。即使增加了社会语用学章节,也似乎是事后补充。这样来看,在尝试按一定的原则综合考察不同的论题和研究方向方面,本书是无直接先例可援的(1999:Preface)。

可见,强调认知与社会文化的紧密结合及决不可将社会与认知对立起来,是综观论的主要特色,因此,作者采用"社会心智"(mind in society)这一术语①。"常态"和"社会心智"都强调将语言的具体使用者,即顺应论中的发话人和受话人及翻译活动中的译者与其所处社会文化语境的不可分离性。如果语言的使用不通过心智操作过程,就不可能有交际功能,而心智操作是在遵守具有公共制度特征的社会常态(socially shared norms)基础之上的。语言选择作为心智操作

---

① 维索尔伦说这一笨拙的术语来自维果茨基(Vygotsky)的发展心理学;描写翻译研究也认为常态"作为社会和心理实体,是社会化进程的一部分"(廖七一 2001:310)。虽然维索尔伦觉得"mind in society"这一术语由3个词构成显得笨拙,用起来不方便,以致每当讨论心智时,总要提醒读者"不要忘记心智是社会心智"(1999:87)。不过,笔者认为,这个术语的好处在于字面上就明示了社会与心智不可分离的关系,而独词术语"norms"用起来固然方便,却未能明示其作为社会和心理实体的特征。

过程,必须定位于某一语境,而心智若不能灵活把握社会认可的原则策略,则谈论选择的变异性、协商性和顺应性也就失去了意义(1999:174)。所谓"社会认可的原则策略"(socially sanctioned principles and strategies)即"常态"。翻译常态并不是一成不变的,而是随着整个社会文化系统的变化发展而变化。必须指出的是,新的规范出现后,旧的规范并没有马上消失,从而形成图瑞所说的翻译常态的多样性(Toury 1995/2001:62);不过,翻译常态的变化和多样化并不意味着翻译活动不受常态的制约。因此,在翻译选择顺应框架中引入翻译常态,不仅具有理论上的相通性,而且对翻译实践具有很好的解释力。

二、翻译常态约束选择顺应

以翻译常态为研究途径的前提是,翻译就是译者不断决策的过程(Hermans 1998:53;Baker 2004:164)。在翻译活动中,译者面对大量的、偶发的、不可预测的、动态的译文接受环境,从而必须在一系列错综复杂的选择中作出抉择,翻译常态使译者解决这一系列问题的潜在手段受到制约。选择有两种极端范畴,即可完全预测的、受语法制约的强制性选择和根本不可预测的、译者偶发的随意性选择,其余的大量选择现象都介于这二者之间。所以,选择的重要性不言自明。面对如此多复杂的、不确定的选择,是什么决定译者选择某一选项而放弃其他选项? 是什么使得译者不是偶发地、而是经常地作出某种选择? 如果我们把目光投向翻译常态,就有可能找到答案。图瑞认为翻译活动是受常态统治的行为(norm-governed behaviour),并为此提出翻译模式三分说(a tripartite model),即翻译能力、翻译行为和翻译常态(Toury 1980)。翻译能力描写的是理论上译者在一定语境中所有的潜在选择总和;翻译行为则是译者在上述所有选择中实际能够作出的选择子集;翻译常态则是子集的子集(a further subset),使译者在特定的社会历史环境下作出的有规律的习惯性选择。图瑞借用乔姆斯基的"语言能力"和"语言行为"二分概念,并引入"常态",将其放在二者之间,从而使对译者潜在能力与实际行为间关系的研究显得更有意义①。

同样,在综观论中,选择顺应要通过社会心智作为媒介才能实现,即心智操

---

① 图瑞的思想与乔姆斯基多有相关之处。例如,有人认为,图瑞译学理论的终极目的是想建立一套层次分明的相关因子体系,类似于乔姆斯基"管辖与约束理论"中的"限制条件",利用这套体系即可"决定"(类似于乔姆斯基"管辖论"中的"管辖"之义)翻译产品(傅勇林 2001:69)。图瑞认为"常态"在能力与行为之间发生作用:能力表示可供译者处理的潜在的选项,行为则指译者实际作出的选择。也有人认为这一思想来自语言学家考思瑞(Eugenio Coseriu)的三分法:潜在的语言系统(索绪尔的"langue")、实际的言语(索绪尔的"parole")以及语言"常态"——把语言看成社交机制和具有约定俗成的模式,以合适和可接受的语言与他人打交道(Hermans 1999:75)。

作必须锚定于某一特定语境,受既定社会规范的制约(1999:174)。对于翻译活动而言,从原文的选择、翻译策略和原则的选择到译文语篇特征的体现,直至具体句词的选择,都离不开特定社会规范——翻译常态的制约。从翻译常态考察历史上的翻译实例,将研究视野放入更广阔的译语文化的历史语境中,凸现译语文化社会常态与各种选择之间的关系,可以更好地解释其他理论难以圆满解释的现象,发现更多的翻译规律。例如,清末民初时期是小说翻译最活跃的时期,就数量而言可谓空前绝后,而就翻译的质量而言,当时绝大部分译著可以说都是不忠实的。那么,我们能不能把整整一代的翻译小说草率地贬斥为"胡译、乱译"呢? 长期以来,由于人们已经习惯用今天的标准来衡量当时的小说翻译,因而得出的结论往往失之于偏颇。要对晚清时期翻译小说作出正确评价,就必须研究造成该时期小说翻译产生种种令人困惑现象的原因。国内已有不少学者从文本比较转向翻译常态(规范)视角,着眼于那一时期的社会背景和文化需求,求解哪些因素影响和决定译者的种种选择,客观描写和分析清末民初小说翻译中出现的种种"不正常"现象(谢世坚 2002;章艳 2006;黄伟芳 2006)。还有学者借助时代背景分析,对张谷若先生翻译《德伯家的苔丝》时忽而意译、忽而直译作出令人信服的解释,同时对中国大陆 20 世纪 50 年代过分直译的翻译常态提出自己的见解(余静 2004;林克难 2006)。

描述性常态研究可以拓宽翻译研究的领域,为人们更深入地思考翻译现象,最终合理解释各种翻译现象奠定基础。曾有记载,钱钟书先生主持的《毛泽东选集》英译稿后来交给英国共产党中央,在伦敦出版了第一卷。当时有我国国内英语专家按照自己的英语程度或趣味,觉得译得实在不坏:不但做到"信"和"达",而且真正近乎"雅"。例如,"吃一堑,长一智",经钱先生提议,翻译成"A fall in pit is a gain in wit",令不少人拍案叫绝,一时传为美谈。不料后来却听说外文局的英国专家竟对这个译本提出批评:"译得太雅了,我们伦敦码头工人读不懂!"10 多年以后,"文革"期间,我国外文局出版的《毛泽东选集》英译本,果然不是当年大家所欣赏的那个译本,然而却比那个译本简明好懂多了。看来,当时中共中央宣传部接受了英国专家的意见,可能在钱先生他们的译本之外另起炉灶了(绿原 2002)。对前一个译本的尴尬结局,持规定性翻译理论者百思不得其解,但若用描述性常态理论就很好解释:该译本偏离了英国读者的期待常态(expectancy norms)。

虽然翻译常态随着时间的变化而呈现多样性,但译者选择哪种文本进行翻译以及在翻译中采用什么样的翻译策略不是偶然的现象,因为在翻译过程中的每个阶段以及在其产物即译文的每个层次上,翻译常态都在运作。译者在选择翻译文本时,为使译作能够顺利地进入目的语文化,往往要考虑所选择的文本是否与目的语文化中的信仰、价值观念、语言、道德规范、政治等因素有激烈的矛盾和冲突,因为这种矛盾和冲突会使译作在目的语文化中失去部分读者甚至被译语文化拒之门外。

译者遵守翻译常态是通过对翻译策略的选择实现的,译者选择一系列翻译策略,以译出满意的作品。举例来讲,为了方便译语读者的接受,同时又能够在一定程度上满足译语读者对"异质性"的期待,在晚清时期中国人对西方小说的翻译活动中,译者一般采用"归化为主、异化为辅"的翻译方法,因为只有这样才能最大程度地吸引读者,为译语文化所接受。意译是清末民初时期翻译的显著特点,但是这里的意译不同于我们今天的意译,它更多地是一种改译或编译。又由于翻译活动具有很强的政治性,翻译家们为迎合当时的政治风潮,会对所翻译作品内容进行随意篡改或删除,有时甚至直接在作品中插入自己的评论。当然,其他时期翻译策略的变化也可以通过考察翻译常态而求得解释。

但翻译常态约束选择并不意味着译者由此失去自由选择的权利,因为若果真如此,则译者就成了循规蹈矩的机器,翻译就成了可预知结果的机械活动了。图瑞和赫曼斯坚决反对这种想法。他们认为,虽然违背常态须承担某种意义上的风险,但只要译者敢于面对这种后果,就总是可以有自己的不同选择(Chesterman 1998:92),也许这类非常规的选择多了,或可能逐渐成为以后翻译常态的一部分。因此,他们建议翻译学者不妨考察研究一下那些没有被译者采纳的选项(roads not taken),可能会有不少新发现。总之,译者永远有自由选择的权利。

三、翻译常态与翻译的语篇语境

如何去寻找这些翻译常态存在的证据呢?在很多情况下,翻译常态并不是可以直接观察到的。我们能够直接观察到的是受常态制约下翻译行为的产品,即译作。那么,又该如何重建这些常态呢?图瑞指出了两大途径——篇章内和篇章外,前者为主,后者为辅。篇章内途径也即借助译作本身,译作是各种翻译常态的集中体现,是分析各种翻译常态的资料总库,是形形色色的翻译常态之源泉,这是最主要的方法;篇章外途径指借助一些理论性的或批评性的阐述(如译序、跋、发刊词、书评等)以及参与或与翻译活动有关的人,如译者、编辑、出版商等的评论。翻译常态来自于篇章是因为常态不是直观的,人们实际观察到的并不是常态本身,而是受常态制约的行为,更准确地讲,多半是这种行为的产品。这进一步说明为什么要在解释翻译行为的背景下谈论常态,意即必须将常态放到具体的翻译语篇语境中去研究,将翻译常态语境化(contextualize)。在翻译过程中,译者会有意无意遵循某些原则,这些原则既包括译者对源语和译语语言、文化及篇章传统限制因素的认识,也包括个人癖好,其中一些具有普遍意义和共性的东西逐渐为很多人所共同遵循,这就形成了翻译常态。常态本身并不是显性的,而是隐含在译文篇章之中,当人们研究翻译常态时,译文是最直接、最真实的第一手材料。

我们在讨论译者的翻译语篇语境视野问题时,认为翻译过程就是译者在源语语篇内外语境和译语语篇内外语境相互作用下,通过选择顺应把源语语篇转换为译语语篇。译者在生成译语语篇时受诸多因素的制约,除绝对的"语言规则"和纯粹的"个人风格"这两个极端因素之外,最重要的制约来自社会文化方面的常态。译者的选择只有顺应常态,排除个人的随心所欲,实现译者与社会的合作,才能体现翻译活动的跨文化交流价值。在实际翻译过程中,由于译文是有待生成的产品,故在译者语篇语境视野示意(图15)中以虚线示之,而通过翻译产品来重建翻译常态的过程,则是把虚线实体化的过程。当然,重建翻译常态属于事后回顾性研究,但不可否认其对上述虚线具体化具有相当的指导意义。所以,翻译常态理论既通过研究译文,探寻译者作出选择的动机,又同时对具体的翻译实践、教学培训具有指导意义,因为描述性翻译规范研究的最终目的是建立翻译的普遍法则,这种抽象的普遍法则本身即是一种常态,可用于指导翻译实践[①]。这样来看,翻译常态兼具描写、解释和规定功能(Munday 2001:113)。

综上所论,描写译学的翻译常态概念和思想完全可以在翻译的综观和选择框架内得到合理的解释。透过人与社会交际过程中语言的选择,将选择历史化、语境化,寻找影响选择的社会文化因素,既是选择顺应论也是翻译研究的中心任务。

---

① 图瑞曾提出过两条普遍法则,即渐进标准化法则(the law of growing standardization)和干预法则(the law of interference);切斯特曼在此基础上提出第三条法则:明晰法则(the law of explicitation)。这三条法则目前处于理论预设(hypothesis)阶段,尚需进一步实证检验,一旦验证为真,就成为具有一定普适性的翻译规律。不过译者的决策行为是否能真正充分地提升到普遍法则的地位,还很令人怀疑。例如,如何获得与翻译相关的所有变量以及如何发现对所有翻译都相关的法则尚有待解决,甚至连图瑞提出的两条普遍法则都显得相互抵触(Munday 2001:117-118)。"明晰法则"也常遭人诟病,例如,在文学翻译中,"译者把语用隐含变成明示,译变对了,便堵塞了读者的想象,译变一处堵塞一处,译变全部堵塞全部,结果是整个作品虽然可读但毫无趣味;而译变错了,便无异于毁灭了原来的创造,变错一处毁灭一处,变错全部便毁灭了全部,要多糟有多糟。"(钱冠连 1997:296)译者在构筑译语篇章时应相信读者的阅读能力,不可一概将原文中的隐秘信息明示出来,否则虽然节省了读者的脑力劳动,却堵塞了想象的空间,剥夺了他们的文学审美权利。

第四节 译者在选择顺应中的焦点地位

没有发话人和释话人就没有语言的使用;同样,在翻译过程中,一切顺应和选择的行为都要由译者作出决策和实施操作。没有译者就没有译文,而离开了译者,翻译也就无从谈起,原文作者与译文读者之间的交流也就无法实现。可以说,只要论及翻译问题,就不能回避译者在翻译过程中所扮演的角色问题。然而,翻译的主体性、译者的自由和选择在传统的规定性研究中并没有得到充分的认识。纵观现有的对翻译主体性地位的研究,译者在选择顺应论框架中的焦点地位为我们展现一个崭新的视角。

一、译者的地位:从边缘到中心

中外传统翻译理论都认为"忠实"于原文是翻译标准,译者要忠实、客观地再现原文,就必须"隐身"于翻译作品当中,翻译中任何带有译者个人色彩的痕迹都是不可接受的。以往的翻译理论主要围绕直译与意译、死译与活译、忠实与不忠实的概念展开讨论,都基于原文至高无上的理念,译文必须贴近原文,完全没有意识到译者的存在。持这种观点的翻译研究者认为翻译只是语言的转换,译者只是转换语言的工具。卡特福特(Catford)在《翻译的语言学理论》(*A Linguistic Theory of Translation*)一书中,将翻译定义为"用一种等值的语言(译语)的文本材料去替换另一种语言(源语)的文本材料"(1965:20)。这个定义颇有代表性:只提及"语言"和"等值",认为翻译理论的使命就在于确定等值成分的本质和条件,而不予考虑翻译主体的作用和影响。奈达把翻译视为一种交际活动,提出翻译首当其冲的是"动态对等",强调译文读者对译文的反应与原文读者对原文反应的相似性,他显然已经关注到了文本对读者的激发作用,但是对于译者的地位及其作用却毫未提及。

人们对翻译的认识在很长一段时期内局限在语言层面。语言学派翻译研究的兴趣在于探索用一种语言输入的句子与用另一种语言输入的句子之间发生了什么样的变化,其研究重点在于语言文字的转换或是文本的风格、翻译的标准。语言学派翻译研究以微观层次为主,主要研究译文本身,以"对等"为核心,作定量和定性的直观、客观、科学的分析,研究句子层面以下的句子和语言现象,而未把这种研究放到更为广泛的视野中去考察人与社会的因素,特别是译者的作用和地位。

翻译研究历史上长期以"忠实""对等"作为判定翻译的唯一标准,将原文文本置于翻译的核心地位,语言学派在翻译研究中确实有所建树,但受自身狭隘视野的局限,无法顾及更多语言之外的翻译现象,无法对翻译活动的人文因素作出合理解释,以致把翻译的标准绝对化,忽略了译者的作用和地位,忽略了客观存在的译者介入行为,从而使译者的作用角色被遮蔽,处在翻译研究边缘的尴尬地位。对这一局面的最好写照是把译者比喻为仆人,翻译活动被看作"一项苦差,一切得听从主人,不能自作主张。而且一仆二主,同时伺候两个主人,一是原著者,二是译文读者"(杨绛 1996:93)。不可否认,历史上也有一些学者提出过译者问题。例如,奈达等人在 1969 年就曾指出,"翻译中的真正问题不是技术问题,而是人的问题"(Nida 1969/2004:188),只是这里的"人"不仅指译者,也包括原作者和译文读者。由此可见,译者在翻译过程中的中心作用,在许多关于翻译本质和特征的讨论中并没有引起足够的重视。"从近代翻译理论研究的成果来看,几乎所有的注意力都集中到了对原作与译作的比较上"(孙会军,赵小红 1998:35),"译者是翻译过程中的决定因素,而过去的翻译研究却把译者这个翻译中的主题排斥于翻译研究之外,不能不说是一个极大的错误"(彭卓吾 2000:123)。

  无论遵循哪种翻译理论,事实上,主观地不允许译者介入是完全做不到的,因为在翻译过程中,无论在理解还是表达阶段,译者主观介入的事实勿庸置疑。随着 20 世纪 70 年代文化导向研究方法在翻译研究中的运用,以及 20 世纪 90 年代翻译研究中"文化转向"的形成,人们开始采用更加公正和全面的视角来看待翻译和译者。在宏观的社会、历史和文化背景下,翻译被看成是跨文化交际中的一个过程,而不是最终产品,处于一定文化和历史背景之下且具有显著个人特征的译者逐渐"现身"。译者主体性得以彰显,译者作为翻译主体和文化互动中协调人(mediator)的地位得以确立。译者的地位从最初的被完全忽视转变为受到注视,并进而发展到彰显。这一客观的过程反映译者从心甘情愿作奴仆到争取自己创造性地位的演变。对译者作为翻译主体的研究已成为翻译研究文化转向的一个重要研究课题。许多研究从"原文/原文作者-译者-译文/译文读者"三元关系,译者集"读者、译者、作者"于一身的三重身份及其功能、意义的解读和重构等角度,探讨译者的主导作用,确立译者在翻译过程中的中心地位。特别是胡庚申先生在详细阐述翻译活动与达尔文生物进化论"适应-选择"学说的关联基础上,通过"生物界的互联规律""自然选择的译学解释""相邻学科的研究成果"等 3 个主题论述,极有说服力地奠定了"以译者为中心"的翻译适应选择论的哲学理据,首次将以译者为中心的翻译理念明确体现在翻译定义——翻译就是译者适应翻译生态环境①的选择活动(胡庚申 2004:59-81)之中,"为译者找回了地位"(胡功泽 2006:39),从而确立了译者的地位和作用,使译者的中心地位和主导作用得到实质性凸显。"译者为中心"的提出解决了翻译理论界长期对"译者主体"这一概念界定不清的问题(翟红梅,张德让 2005:119)。

二、译者的视野:从中心到焦点

译者中心论把译者的地位从边缘提升至中心,与原作中心论和读者中心论形成鼎足之势,"从翻译过程来看,它一担挑两头,均衡了翻译研究的格局"(李亚舒,黄忠廉 2005:96)。显然,译者中心论容易被人当作原作中心论和读者中心论的平衡物,三者处于平等地位。然而,认真思考之后,我们发现这一结论并非无懈可击。如果没有译者,就谈不上翻译活动;"译者不同,翻译结果也会不同"(谭载喜 2002:8)。译者不仅处于中心地位,而且起着十分关键的作用,作为集三元关系于一身的译者,其地位不应当与原作或译文读者等量齐观。

在语用综观论框架内,人作为语言使用者得到特殊关注。"没有发话人和释话人及二者的心智功能发挥,就没有语言的使用……发话人和释话人之所以呈现为语境的焦点,是因为语境中物理世界、社交世界和心智世界的各方面都要经由语言使用者认知过程激活,才能开始在语言使用中发挥作用。"(1999:87-88)如图 13(见第四章第一节)所示,语言使用者在语境中明显处于焦点地位,发话人和释话人对心智世界、社交世界、物理世界诸"现实"的关照是顺应性语境的基础。三个世界诸"现实"的不同方面要在发话人和释话人各自的选择活动中才能被"激活",所以,选择是语言使用的一部分。心智世界、社交世界和物理世界不是脱离人的主观认识而孤立存在的,对其的确定需要锚定交际的参与者(主要是发话人和释话人),这是语用综观论看待语境的出发点。没有发话人和释话人,就无法明确语境的范围,交际就无法进行。语境的范围即以发话人和释话人为焦点所形成的视角,视角之外的世界并不参与交际。我们都知道,视角指人们看待或描述某一事物的方式。"我们在观察和思考时都是从一定的角度出发的。视角是一个涵盖社会和认知两方面的动态的概念,在语言和交际中起着重要作用。"(汪少华 2004:1-2)在综观论中,交际者被赋予"焦点地位"(focal points)(1999:77),其视角决定着交际得以进行的语境范围,由此可见

---

① "翻译生态环境"(translational eco-environment)是胡庚申在《翻译适应选择论》(2004)中参照达尔文生物进化论提出的翻译研究术语,指原文、源语和译语所呈现的世界,即语言、交际、文化、社会以及作者、读者、委托者等互联互动的整体。该词另见方梦之的《论翻译生态环境》(2011)。

交际者的重要性①。

在翻译作为跨语言、跨文化的双重交际活动中,译者理解原文时与不在场的原文作者进行交际,译文表述时又与不在场的译文读者发生交际活动,译者因此既是释话人又是发话人,翻译活动发生于译者的翻译语境视野中,也就是说,没有译者也就不会有真正意义上的翻译活动。原文作者、译者、译文读者三元视角关系如图21所示。

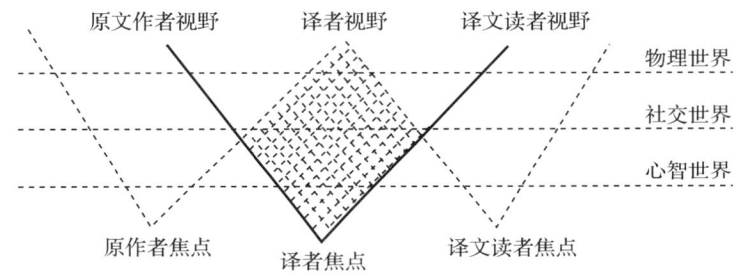

图 21　原文作者、译者、译文读者三元视角关系

由于原文作者、译文读者不与译者同时在场,所以二者的焦点及视野只存在于译者的想象之中。在这三元关系中,译者视角与原文作者视角和译文读者视角部分重合,所以,译者既是读者又是作者,同时还有自己的独特视角(图21阴影部分),包括译者个人的世界观、价值观及审美情趣;因此,前者决定了译者不同于原文作者和译文读者的特殊身份,后者决定了任何译文都不能不打上译者自身个性的烙印。图21清楚地揭示了为什么译文与原文只能是相对忠实和对等,译者自己视角的存在说明译文永远不是唯一的,而是永远具有差异性的②。这样来看,译者不仅仅处于三元关系的中心,更确切地说,译者处于起关键作用的焦点地位:译者的焦点位置不同,视角扫射区域就会不同,整个翻译过程进展

---

① 最近有学者把语篇/话语研究中的 staging(staging in discourse)也译为"视角"(莫爱屏 2007),笔者以为不妥,一来容易与通常的 perspective 译文混淆,二来 staging 只是语篇/话语中的特殊现象,是语篇中各因素所体现的凸现性,与语篇结构和谐统一。也就是说,先有语篇/话语,才可确定 staging。而 perspective 则指从人的角度出发,是人看待或描述、思考和观察某一事物的方式。

② 本书第五章讨论的复杂性科学认为:承认事物的复杂性并不是否认客观实在,而是使得客观实在在人类的认识论视野中更为真实了。"实在"在复杂性科学视野中是生成的、演化的,而不是固定不变的(比较维索尔伦的语境动态生成观);"实在"的观察者也不是外在的、独立的,而是处于观察中的。因此,"实在"本身的演化和观察者与这个演化的"实在"相互作用,使观察者的观察事实并不完全等同于实在。"实在"是视野中的"实在",所以,认识与实在的差距永远是存在的。对翻译研究来说,这里的"实在"即原文,译者则类似观察者。

就会不同,译文的效果和质量当然也会不同。如果要突出翻译交际的跨文化、跨时空性,我们还可以把原文作者与译文读者的心智、社交和物理世界分开来表示(见图22)。

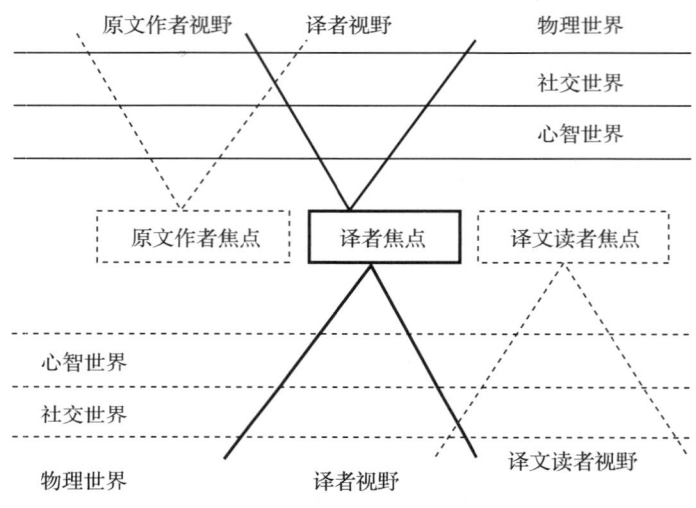

图22　翻译过程中的译者焦点和译者视野

认知视角具有明显的主观性,不同交际者具有不同认知聚焦点,从而形成不同的认知视野。图22形象地表明,处于焦点位置的译者,通过自己的视角把原文(作者)与译文读者联系起来,原文作者的视野和译文读者的视野都聚焦在译者身上[①]。译者的作用就是不断调整自身的焦点位置(选择),尽量扩大自己视角与原文作者和译文读者视角的重合区域(顺应),这正是本文阐述的译者操作选择顺应的翻译过程。

三、译者的选择:顺应性"叛逆"

不同交际者的语境视野不同,即使是同一个人,在生命的不同阶段或在不同的情境中,其语境视角和视野也会发生变化。在翻译过程中,译者调整焦点,以顺应原文作者视角和译文读者视角,而由于译者有自己的独特视角,所以调整体现为翻译的顺应性,而译者自己视角的独特性则使译文在某些方面偏离原文,体

---

① 英语 focal point(焦点)有两种解释:一种是形成光波、声波等的源发点,另一种是光波、声波等反射后的聚焦点。所以 focal point 一词在英语中还含有互动的意味,而汉语"焦点"则只有第二种解释。见《现代汉语词典》(2005)第683页。

现为翻译的"叛逆性"①。"由于人们在产生和理解话语以及交际过程中总是以自我为中心(尽管双方会作一些调整,体现为视角的互动性),所以不同的人视角各异"(汪少华 2004:1-2)。因此,作为处于焦点地位的译者,在尽可能忠实于原作、同时又尽可能迎合潜在译文读者"期待视野"(horizon of expectation)的同时,还要意识到自己的独特存在,正视自己的特点并积极发挥它的长处,将顺应与叛逆完美地结合起来。

例如,奥尔伍德(Allwood)等著的《语言学中的逻辑》(*Logic in Linguistics*)一书中有一解释逻辑推理的例句:

Premises：Either the Anarchists or the Communists will win the final victory. The Communists won't.

Conclusion：The Anarchists will win the final victory.

(Allwood, Andersson & Dahl 1977:17)

若译成汉语,本应为:

前提：要么是无政府主义者要么是共产主义者将获得最后的胜利;
　　　共产主义者不会获胜。

结论：无政府主义者将获得最后的胜利。

国内 1982 年出版的汉译本中,这一句译成:

前提：要么是无政府主义者要么是共产主义者将获得最后的胜利;
　　　无政府主义者不会获胜。

结论：共产主义者将获得最后胜利。(王维贤译)

译者竟然将(小)前提"The Communists won't"和结论"The Anarchists will win the final victory"中的 Communists 与 Anarchists 换了位置,使得结论由"无政府主义者将获得最后的胜利"变成了"共产主义者将获得最后的胜利"。译者如此"背叛"原文,既是出于自身视角的制约,也是为了迎合译文读者的阅读期待:在译者意识形态领域的视角下,难以接受"共产主义者不会获胜,而无政府主义者将获得最后的胜利"这样的说法;同样以共产主义为主流意识形态的译文读者对原文的结论也很意外,甚至反感。所以,译者只好冒"叛逆"之大不韪,以顺应自己的视角及读者的预期(Li Zhanxi 2007:77-78)。

---

① 意大利语有一名谚："Traduttore, traditore",意即翻译者即反逆者。其表达的思想与"翻译是仆人"形成鲜明对比。法国著名学者罗伯特·埃斯卡皮(Robert Escarpit)也提出过"创造性叛逆"(creative treason)说法,其意指翻译过程中原文经过译者创造性的处理,形式上背离了原文。埃斯卡皮高度评价文学翻译中的"创造性叛逆",并指出:"如果大家愿意接受翻译总是一种创造性的叛逆这一说法的话,那么,翻译这个极富挑战性的问题也许能获得解决。"(谢天振 2003:112,略有改动)

宗教观念的冲突也可能造成"叛逆"的译文。例如,《红楼梦》中的一句:

"世人都晓神仙好,惟有功名忘不了。"

"神仙"是中国道教中的概念,喻指长生不老。道家最高理想是修炼成仙,而基督教的最高追求是从罪孽中得到拯救而成为圣徒,与道家的"成仙"一说有很大差异。身为基督徒的霍克斯(Hawkes)在翻译此句时,竟大"逆"而不"道",将中国道教的"成仙"改为西方基督教的"救赎"(salvation):

"Men all know that salvation should be won."

从事文学翻译的优秀译者大多有其独特的追求目标,总能体现出译者的译文个性,各有侧重,各具风采。例如,同样是翻译拜伦的诗"(哀希腊)*The Isles of Greece*",梁启超用的是元曲体,马君武用的是七言古诗体,苏曼殊用的是五言古诗体,而胡适则用的是离骚体。马君武试图表现自己的政治寄托,梁启超有意识地突出目的语文化本位,胡适则强调诗体翻译从贵族化到平民化的演变(穆雷,王斌华 2007:31)。又如,同一莎士比亚的剧本,就有卞之琳、朱生豪等多位大师的不同译本,在体裁上有诗体,也有散文体。莎士比亚的原著是"五音步、抑扬格的无韵白体诗"诗体,卞之琳先生和朱生豪先生虽然都很出色地把原著翻译成汉语文本,但在音形方面各有不同:卞译用五顿一行的汉语诗来翻译莎翁的五音部抑扬格的无韵白体诗,在体裁上较好地与原著保持一致;朱译则采用散文体。又如,王佐良先生翻译的培根"*Of Studies*"(论读书)译文采用略带古奥的浅近的汉语文言文体,高度凝炼而又极其准确的用词、流畅简约的行文遣句、通篇浑然一体的风格,令人不仅得到思想的教益,而且获得美的艺术享受。虽然后来出现许多可能更"忠实"的译本,但王先生的《论读书》却独具魅力,备受推崇①。即使在选择原文时,成功的译者也会流露出自己的偏好。著名翻译家萧乾在选择作品时,特别强调必须"喜爱它":"译的必须是我所喜爱的,而我一向对讽刺文字有偏爱,觉得过瘾,有棱角,这只是我个人选择上的倾向……由于业务关系,我做过一些并不喜欢的翻译……但是,我认为好的翻译,译者必须喜欢甚至爱上原作,再动笔,才能出好成品。"(萧乾,文洁若,许钧 1999:70-73)

有人把顺应分为主动顺应和被动顺应:主动顺应指交际者为实现自己特定的具体交际目的而采取的一种积极主动的交际策略,是交际者的心理动机;被动顺应则包括对语言现实和社会规约的顺应,其中前者是由于两种语言缺乏对应

---

① 试比较原文第一句"Studies serve for delight, for ornament and, for ability."的四种译文:读书足以怡情,足以博采,足以长才。(王佐良 译)读书能给人乐趣、文雅和能力。(廖运范 译)读书可以怡情养性,可以撷拾文采,可以增长才干。(王楫 译)读书予人乐趣、赋人文采、长人才干。(周仪 译)

表达或者两种对应表达之间的语义覆盖面存在差异而作出的,后者是考虑和尊重特定社会的文化、习俗和规约等因素而作出的,这些被动顺应都是交际者为了取得交际成功而必须作出的,无选择可言。换句话说,主动顺应和被动顺应之间最根本的区别在于交际者有没有选择权(于国栋 2004:83)。如果这种划分基本成立,那么翻译中的顺应性叛逆则集主动顺应和被动顺应于一体。其被动性体现在译者要尽量使自己的视野与原作者和译文读者的视野更多地重合,其选择还要受到原文语篇语境、译语翻译常态等客观因素的制约,译者的选择余地较小,在这个意义上,译文就是一定社会文化背景下译者被动选择的结果,顺应的被动性大于主动性;但译者视野还有与原作者和译文读者的视野不发生重合的部分,体现出自身特色的认知心理状态,即他的认知能力,包括他的智力水平、知识水平、双语使用能力、逻辑思维、形象创造能力、艺术创造能力、社会心理和社会文化积淀等方面,以及个性特征及素养、社会、经济地位,短时间的暂时性情绪,等等。在这里译者有着相当大的选择余地,可以充分发挥自己的选择能力,虽然有些方面可能与原作有偏离,即所谓叛逆,但却能收到特殊的效果,呈现特有的魅力。这也正是真正的翻译活动(特别是文学翻译)的引人入胜之处。在这个意义上,翻译就是选择的艺术。

第五节 选择顺应论对翻译教学的启示

翻译学创始人霍姆斯把翻译学分为三大分支:① 描写翻译研究;② 翻译理论;③ 应用翻译研究。描写翻译研究和翻译理论同属纯研究性质,其研究结果可应用于以翻译培训为主的应用翻译研究之中(Holmes 1988/2007;Shuttleworth& Cowie 2004:10)。翻译研究成果应用于培训的一个重要领域,即翻译教学。这里我们有必要区分"翻译教学"与"教学翻译"。加拿大学者德利尔(Jean Delisle 1988)首先提出了"教学翻译"与"翻译教学"的概念,认为"教学翻译"只是外语教学的一种工具,用来检查学生对语言点的掌握和理解程度,而"翻译教学"则是为了培养专业翻译技能而进行的教学。区分"教学翻译"和"翻译教学"很有必要,因为"教学翻译"是以语言教学为目的的翻译,"翻译教学"是以翻译技能培养为目的的教学,前者针对的是非外语专业的人文社科或理工科专业的学生,后者针对的是外语或翻译专业的学生,尽管在选用材料和培养目标方面均不相同,但是两种翻译教学都非常重要,其教学效果直接影响到未来翻译人才的培养。由此可见,"教学翻译"把翻译当成提高外语技能的手段,重视对语音、语法、语义、语用等方面的理解和把握,强调语言结构本身的缜密性和规范性,主要体现在以语法翻译法为代表的一系列以母语为教学语言的外语教学中。选择顺应翻译理论不以提高译者的外语水平为目标,而是注重翻译的社会性和实践性,解释翻译过程中译者如何作出选择的机制,必须注意的一个问题是如何有针对性地做好翻译,满足不同需求,因此必然对翻译教学有一定的启示作用。

一、以翻译过程为取向

通常来说,先有过程,后有产品。译文是经由翻译过程产生的,译者只有理解过程才有望改进翻译技巧,提高译作水平。选择顺应贯穿于翻译的整个过程,译文就是一系列选择顺应的结果。所以要想使学生译出满意的译文,就应当把翻译教学的重点指向译者的翻译过程,而不是结果。传统翻译教学的做法往往是采用以结果为导向的教学法,强调知识的获得。

多年来,我们的翻译教学向来强调以结果为中心,重视翻译的终端结果——译文。翻译教师着眼于对学生译文的评价,如理解是否正确、表达是否准确、译文是否流畅等,对学生的翻译过程不够重视,忽视学生在翻译过程中所遇到的问题,更谈不上帮助学生解决问题,这种教学方法可看作结果教学法。其典型的上课模式是:教师首先讲解一些翻译理论或翻译技巧,然后根据所讲的这些理论或技巧,布置一些相应的翻译练习,一般以短文的形式出现,接着教师对学生的译文逐一进行批改。批改时,教师的注意力往往集中在学生的错误上,力求将学生翻译中的所有错误挑出,然后在课上讲评这些错误并给出正确或标准的译文。最后,对学生的译文进行讲评,仍以纠错为主,偶尔也讲评学生中好的译文,翻译的讲与练至此结束。这种做法固然可行,但是,因为这种教学法注重的是翻译的内容与结果,所以往往忽视翻译的过程与方法,其教学效果往往有诸多不尽如人意之处,特别是容易使学生过分相信和盲目崇拜所谓标准译文。期待获得最佳译文是他们在翻译课上不能取得预期效果的原因,这种以为"译文只有一个是对的"的幼稚想法一方面可归结为学生不了解翻译的性质,另一方面也和多年来翻译课上教师习惯提供所谓的"范文"有关。学生盲目地追求标准译文,对教师的译文如获至宝,努力去模仿范文的表达,而对自己的翻译却很怀疑,以致束缚了翻译创新能力。而教师也乐于以现成的"标准译文"指导教学,并以此树立自己的威信和尊严。但从前文的讨论我们认识到,"翻译有范文"的认识从根本上是违背翻译事实的,因为翻译是面对各种复杂因素的选择过程,它不同于做数学题,也不同于常规的语言测试,只有唯一正确的答案,翻译的结果取决于诸多不定因素(译者所处的社会文化环境、语言的差异、不同的译文接收者等),译者就是其中的一个重要变量：他首先是个读者——原文的阐释者,由于译者的文化素质、心理素质、个人阅历的不同,他们不可能对同一原文作出相同的理解。所以译者向别人解释的只能是他自己所理解的。译者是怎样理解的,取决于他个人的"认知结构"。其次译者又是作者,把自己的理解用另一种语言再表达出来,到底有多少种表述形式,译者选择哪一种表达,都是无法预先确定的。可见,在教学程序中何时引进参考译文要有针对性。

讨论英语翻译课怎么教,笔者曾尝试引用写作课中的"过程教学法"(process-oriented approach)到翻译教学中。以过程为导向的教学法重视翻译的过程和方法,强调获得知识的方法与运用知识能力的培养。"过程教学法"是一项积极的交际活动,它与翻译者的心理、感觉、社会体验以及认知模式均有很大关系。在过程教学法中,我们强调翻译是一个非线性的、探索的、生成的过程。其中译者不断地发现、重新组织自己的思路以把握原作意义,在这个探索原意、斟酌语言表达的再创造性过程中,译者的心理活动直接影响着表述出来的译文,译者的认知有可能得到不断的印证。

采用过程教学法,还要转变教师的角色,把学生(译者)置于中心位置,充分发挥译者的主观能动性和表达的创造性。译者是翻译活动的主体,也是翻译教学过程的中心。种种翻译技巧和方法的认识和把握,必须通过译者的感悟和内化才能实现。长期以来,翻译教学忽视译者主体的存在和译者主体性的发展,片面强调翻译理论和翻译技巧的作用,把学生"物化"为可以灌注的容器、可以编程的计算机,造成译者主体的缺失。过程教学法重视以学生为中心,在课堂上学生不再是消极的译者,而是积极的创造者。教师的任务是去启发和指导学生进行分析和理解,并辅导他们自行修改译文,或相互对改。在整个教学过程中,教师仅起到指导和监控的作用,而学生则发挥了积极的主导性作用,教师要充分肯定学生的译文。有的教师经常只提供学生参考译文,要求学生仿照译例进行训练,造成学生心不在焉地依样画葫芦,极大地压抑了他们的创造性。在过程教学法模式下,译文不是判断翻译能力的唯一标准,学生的注意力还包括明确翻译任务、充分的课堂交际活动、小组讨论、同座商量、个人特点的发挥等。讨论形式应该多样化,可以采用教师提问、学生作答,也可以分小组或同桌讨论,还可以全班同学一起集思广益,把可能的译法罗列出来,由教师归纳要点。总之,把学生的积极参与看成提高翻译能力的有效手段,是翻译过程教学法的突出特征。

采用过程教学法,也可将有声心理思维的研究成果(见第五章第一节)运用到教学之中。如笔者在课堂上经常叫学生口述翻译过程,有时是面对翻译材料边译边同时将心理的思维活动说出来,有时则让他们口述(追忆)课下完成的翻译任务,把自己当时的翻译思维过程展示给大家。通过这种活动,教师和学生能比较清楚地看到译文的来龙去脉,体味译者的选择过程,从而对每段译文都给予客观的评价。学生也会因此提高翻译的自信,逐渐摆脱死译、硬译、文笔滞涩的窘境。即使对于自身的不足,也容易发现问题产生的环节,从而更快进步。不过,引入有声思维于翻译教学只是笔者粗浅的尝试,许多问题还有待探讨。

当然,以过程为导向的翻译教学,并不完全排斥传统的教师的技法讲解、佳译赏析、正误判断等教法,但过程教学方法应是有益的补充,也是翻译教学有别于教学翻译的主要方面,其作用和具体方法值得我们认真研究摸索。

二、培养翻译语篇语境意识

翻译的选择发生在源语语篇语境与译语语篇语境的相互作用过程中(见第四章)。翻译的每一具体选择都离不开译者对语篇内和语篇外语境因素的处理。翻译学习者应该考虑尽可能多的翻译语境因素,熟悉这些语境对翻译活动制约性的体现及协商策略,培养强烈的语篇语境意识。教学中,教师要改变以句子为中心的教学模式,从语篇出发、自上而下(top-down)的语篇翻译教学方法有助于学生从一开始就高屋建瓴地统揽全局,意识到字、词、句的具体操作要受其所在语篇的种种制约,把注意力从较低的语言层次扩展到段落和语篇这样较高的层次,从语篇的角度体味翻译的种种原则、策略和技巧。

引进语篇翻译法,关键的一环是改进评判译文的评价标准,特别是少用"正、误"这样的二元对立的标准衡量译文质量。近来国外学者提出的一种叫作"评注翻译"(commented translation)(林克难 2000:57)的做法值得参考。所谓评注翻译是让学生翻译一篇文字之前,向学生交代清楚原文的出处、原文的功能和意图、译文的潜在读者、译文的意向功能,这就相当于建立了原文和译文语篇的外部语境。他们认为只有在这样的前提下翻译出来的文章,教师才能比较全面、公正地评判译文的质量。另外,贝尔在《翻译与翻译过程:理论与实践》(*Translation and Translating: Theory and Practice*)一书中,曾引用英国诗人吉卜林(Kipling)一首诗中的第一段来谈如何弄清翻译目的,从而作出选择,也是引导学生如何建立语篇语境的有益模式:

我有六位忠实的仆人,

(教我如何获取知识)

名叫:"什么?""为何?"与"何时?"

"如何?""何处?"与"何人?"。① (Bell 1991: 7)

这首诗中六个问题中的每一个都规定了一个(或多个)语篇参数:"什么"指语篇所包含的信息,是信号的意义、言语行为的命题内容,也即语篇的范围(语场);"为何"指信息发送者的意图、产生语篇的目的、言语行为的施为作用等;"何时"所关心的是交际的时间背景;"如何"含有两种意思,交际者的态度,即语篇的基调(语旨),及交际的手段,即语篇方式(语式);"何处"所关心的是交际的地点(语场);"何人"指的是交际者的身份和他们之间的关系。学生在翻译过程中不论是重构源语语篇语境,还是新建译语语篇语境,只要利用这六位"仆人"就可组成十分实用的参考框架。同时由于近年来语篇分析学科发展迅速,也衍生了大量理论性很强的概念术语,对于以实践为主的翻译教学,不宜用过多的理论术语去干扰翻译学习过程。六位"仆人"模式通俗易懂,是一个较好的选择。

三、提高学习者以选择为特征的翻译能力

参照乔姆斯基(Chomsky)对语言活动中"能力(competence)"与"行为(performance)"的划分②,图瑞(1980)提出了"翻译能力"与"翻译行为"的概念,并认为"翻译行为必备翻译能力"(Toury 1995/2001):翻译能力指译文与译文之间各种关系构成的潜在的系统,这些关系理论上都可以在翻译中体现出来,但实际上多数处于内隐状态。也就是说,翻译能力是译者寻找翻译途径时所可依赖的语言(包括文体与文学)资源,是潜在的解决翻译问题的所有可能方法的资源,一句话,是译者作选择时的所有待选项的总和。翻译行为则指实际翻译(即选择)的结果。③

由于译者的能力因素包含的内容十分复杂④,平姆(Pym)将其总结为:① 从一个原文生成一系列译文的能力;② 从这一系列译文中选择一个合乎某

---

① 所谓六个仆人的原文分别是 what, why, when, how, where, who。
② 转换生成语法坚持认为,对语言能力的研究应优先于对语言行为的研究,因而转移了对语言作为交际功能的注意力,而语言的交际功能却是翻译工作的实质。
③ 不过,图瑞认为"翻译能力"与"翻译行为"的二分法还不够全面,无法解释怎样从"翻译能力"(待选项的集合体)到"翻译行为"(选择的具体结果),于是又提出了"翻译常态"(norms)概念,并将其置于"翻译能力"与"翻译行为"之间,"翻译常态"决定了译者的选择,即翻译能力→翻译常态→翻译行为。图瑞的三分法可看作对乔姆斯基二分法的有益补充(参见第三节)。
④ 根据翻译活动所涉及的各种成分,翻译能力应至少包括以下几个方面:① 语言能力,包括双语语言知识和言语交际能力;② 文化能力,主要指译者内化的两种文化的规范准则和知识结构;③ 审美能力;④ 转换能力,指源语接受能力与译语生成能力之间的转换机制。当然一个成功的译者应具备的能力因素远不止这些,这只是基本能力结构,还需有应付各种不定因素的能力等(姜秋霞,权晓辉 2002)。

一特定目的、适合特定读者的译文的能力(Pym 1992：281)。平姆的定义显然有别于通常所说的"语言能力"。尽管翻译能力也包含对语法知识、逻辑修辞、语篇交际等方面的能力,但更主要体现为"一个生成多项文本并从中作出选择的过程"(Hatim 2001：169)。可以说这两种能力就是译者必须具备的选择顺应能力:生成一系列译文就是建立选择的范围,这是选择的前提;选择某一译文,就是生成顺应特定目的和特定读者的译文的过程。

由此可见,翻译教学提高译者的翻译能力,实际就是提高学习者的选择顺应的意识和能力。例如,告诉学生"to gild the lily"意为"多此一举"不难,但要求学生再找出类似意思的"徒劳无益""画蛇添足""锦上添花(贬义)",甚至"花上贴金""花上添锦""给百合花镀金(上色)"等其他说法,并训练学生根据上下文语境、译文风格、读者背景、翻译目的等因素加以综合分析作出选择,才会有助于培养学生的翻译能力。而培养生成和选择译文的意识,一个关键问题是教师要使学生明确"错误"一词在语言教学与翻译教学中的不同含义。

首先,翻译错误不同于母语使用时的失误,因为在译入语为母语时(如中国学生的英译汉),母语表达的失误主要来自于原文语言体系的干扰;其次,翻译错误也不同于外语使用时的错误,因为外语学习者的目的语输出错误多为语言性错误,而一旦把译入语为外语(如汉译英)的翻译错误与这类外语学习者的错误混为一谈,则"翻译错误"的概念就失去了存在的意义,所以切不可将翻译错误与语言学习错误混为一谈。例如,不少人将"We still call the copper-colored natives of the New World Indians"译成"我们仍把古铜色皮肤的土著称作新大陆印第安人",此译确实为误译,但误译的原因绝不在于译者对翻译技巧或原则标准等运用不当,而是其原文语法意识较差所致。换句话说,即使不翻译,译者也仍然没有真正理解这句话的正确意思:"我们仍把新大陆古铜色皮肤的土著称作印第安人"。所以,与其把这类误译看做翻译错误,不如说是译者的原文理解不当更为贴切。那么对原文理解失误是否就是翻译错误?

如果我们不考虑将母语文本译成外语文本(如汉译英)这一翻译活动,那么可以发现,传统做法都将翻译错误与对外语原文的理解错误联系在一起,如纽马克(Newmark 1988：189)认为翻译错误包括所指错误和语言错误两类,后者主要归因于译者的外语水平较差。提高译者的外语水平为避免或减少错误的最重要途径,而外语水平与对原文的理解程度有直接关系,进而翻译错误问题可以归结为对原文的理解问题。我们认为这是看待翻译错误的一大误区,因为作为译者的一个基本前提是具备较强的双语使用及转换能力,否则我们所讨论的就不是真正的翻译问题了。

由于译者的外语使用能力一般不会超出母语,故外语译为母语时易在理解中出现错误,而母语译为外语时则易在表达中出现错误,二者都属于译者外语能力欠缺所致的语言错误,严格来讲都不应算作翻译错误。例如,汉译英的技术性错误、词语用法错误、语篇组织错误等语言表达方面的错误(杨晓荣 2008:11-15)。

传统意义上的翻译错误主要指理解错误,这一点无论国内还是国外都有着相似的情况。坊间出现的大量有关翻译正误辨析类的书籍文献都基于译者对原文的理解不当,从各种角度层面分析译者如何误解原文,甚至连译者疏忽大意造成的误解也作为主要原因之一。如周兆祥(1986:45)将翻译常犯的错误分为 12 类:① 误译出字面意义;② 跳不出原文句法的规限;③ 混淆语法规律;④ 没有好好查词典;⑤ 忽略文化的差异;⑥ 忽略原文的习语成语;⑦ 忽略源语社会的语言习惯;⑧ 忽略个别行业的术语;⑨ 误译原文的意图;⑩ 译文上下文不对称;⑪ 误用地方语;⑫ 粗心大意。柯平(1993:76)认为造成翻译错误的原因可分为 3 方面:言内因素、言外因素以及译者有意或无意遵奉的翻译原则。其讨论的主要是误解问题。这样的对比分析确能让读者有所收获,因为它会使译者从别人的失误中提高自身的外语水平,或扩大词汇量,或巩固语法知识,至少会在翻译时更加小心谨慎,因为"翻译的难处常常在于一些不起眼的小地方,一个连接词、一个介词,都可能成为翻译的拦路虎……教授翻译尤其要指出翻译中的一些陷阱,一些似是而非的错误"(陈德彰 2007:前言)。但这种认识忽略了翻译活动的最终目的。翻译绝非以提高译者的外语水平为目标,否则即是混淆翻译教学与教学翻译的不同——后者只是借助翻译工具来实现提高外语水平的目的,而翻译教学旨在培养双语转换的翻译能力,尽管这一能力的一项重要基础是译者的外语水平。否则,误解了原文,翻译活动就无从谈起。换句话说,原文的理解错误应在翻译教学开始之前就已经基本解决,而只有讨论如何将正确理解后的原文在译文中表现出来的问题,才使翻译教学与其他外语教学形式区别开来。

例如,讨论"You can never have too many friends"是译成"一个人绝不可能有太多的朋友"还是译成意思相反的"一个人的朋友怎么多也不为过",属于教学翻译问题,以使学生掌握"can never...too"句型表达的双重否定含义;而讨论译成"一个人的朋友怎么多也不为过"还是"一个人的朋友越多越好",抑或"朋友多多益善",则属于翻译教学问题,重点放在同一个原文意思在另一语言中不同的表达方式。而对不同表达方式选择的恰当与否,正能看出译者翻译能力的高低。所以,那种认为"误译评析在提高翻译水平方面的作用则更有效、更实在,它能使人看到一种原文理解或表达方面的错误,从而引以为戒"(李青,2005),甚至于借用那句俗话"聪明的方法是从别人的错误中吸取教训",进而以为借鉴自己或他人的误译就能提高翻译能力的观点,更是片面的和不合实际的。

翻译错误的理解也与传统上人们对翻译单位的静态观有密切关系。把翻译单位局限在句以下的词句语法层面,从而忽略了对话语或篇章层面的关注。前者以原文与译文对比为中心,翻译错误不涉及转换技巧,属于语言学习错误,后者则以翻译过程为中心,涉及翻译选择的诸多方面,翻译错误已不是简单的正误问题。可以说,所选取的翻译单位越大,翻译错误的评价就越趋于多元化,因此,在句以上的语篇、语用层面讨论翻译错误已逐渐成为研究的中心内容(Hatim & Mason 1997:87)。

另外,"翻译对等"的概念过于根深蒂固,以致总是将原文作为客观的参照标准,任何层面的"不对等"都自然视为错误而必须改正,特别是与原意不符的不等值译文,更属于不容置疑的错误。

与翻译错误密切相关的是翻译评价问题。美国翻译者协会(American Translators Association)曾列出22种错误类型作用职业译者工作和翻译考试评分方法的依据:① 译文不完整或有明显遗漏;② 书写难以辨认;③ 误解原文;④ 误译;⑤ 信息增减;⑥ 术语与措辞;⑦ 语域不一致;⑧ 过于意译;⑨ 过于直译;⑩ 错误同源词;⑪ 译文多项;⑫ 词语前后不一致;⑬ 语意模糊不清;⑭ 语法;⑮ 句法;⑯ 标点;⑰ 拼写;⑱ 重音及其他变音符号;⑲ 大写、小写;⑳ 词形;㉑ 用法;㉒ 风格(蓝顺德 2007:81-87)。很明显,这些错误主要涉及翻译工作的语言方面,因此实际上更适于用在译者作为语言学习者的场合。而对于真正的职业译者,这些错误类型却由于没有考虑到语篇或话语等句以上层面的错误,难以反映出翻译能力。

美国翻译协会的翻译评价模式可视为终结性评估(summative assessment)模式,是以静态的翻译成品为目标的,它忽视了翻译过程中诸多不确定因素对译者选择机制的影响。事实上,如果允许学习者在翻译时发挥自身的特点,追求译文的多样性,将翻译过程作为评估对象,则应加强形成性评估(formative assessment)机制,这是能更真实地反映翻译过程的更客观有效的工具。

在语言教学中,"错误"与"正确"相对,因此是二元对立的(binary),而翻译教学中的"错误"则多指在程度上未能合乎"理想的标准(即所谓的'正确')",比如语言、语用、文化等层面的理解不充分或表达不适宜等问题,呈现非二元对立性(non-binary)。二元对立的错误只有"正""误"两个选项,而非二元对立的错误则有两个以上的"正""误"选项,即选择一个"正确"选项的同时,还要意识到一系列其他的"正确"选项的存在,同样,作出一个"错误"选项的同时,还要意识到一系列其他的"错误"选项的存在。这也正是维索尔伦所说的"选择的不等值性和不确定性"(1999：57-60)。这样看来,如果只对二元对立错误感兴趣,基本上就可看作是语言教学或教学翻译,而不是真正意义上的翻译教学。因为翻译教学的终极目标是培养学习者在翻译活动中的选择和顺应的能力,或者说"不断产生非二元对立的错误,并将其转变内化为翻译知识的能力"(Pym 1992：283)。所以,在翻译教学中,关注的焦点不应是在何处犯了"错误",而是如何着手"改正"错误①。

二元对立错误和非二元对立错误的区分非常重要,甚至可以说,考查一个学生翻译能力提高的程度,就看他是否能尽快减少二元对立错误,同时增加非二元对立错误的比例,这是非常有效的衡量指标。因为所犯的非二元对立错误越多,就意味着选项增多,选择余地越大,顺应性选择的翻译行为就越明显,从而有利于提高学习者的选择顺应的意识和能力②。在此基础上,才能谈到要学生根据各种具体翻译策略,译出基于不同翻译理论的各式译文,然后选择他们认为在某情境中合适的译文,最终熟练掌握具体的翻译策略和复杂的决定过程。例如,"The old man's *heart missed a beat* when he saw the pearl"中的斜体部分是译成"(老人一看到这颗珍珠高兴得连)心都跳不过来了"(倜西,董乐山,张今 1984：17),还是鼓励学生找出更多的可选择性译文,如"(高兴得)心停跳了一拍""(高兴得)心都跳漏了一拍""心跳骤然停了一下""心少跳了一拍""心猛地一缩""心突地一跳""心咯噔一下""心停跳了一下""心里一跳",甚至"(高兴得)心少跳了一跳"(马红军 2000：43-45),才能凸显翻译能力的培养和翻译意识的提高。这样来看,现在许多考试中出现的"译文正误判断"或"选择正确译文"之类的翻译测试题型,都是基于二元对立错误的思想,这样的试题做得再多,也只是改善了译者的源语知识结构,但却可能与提高译者的翻译能力无关。

教师一定要让学生意识到：真正意义上的翻译不存在译文对错的问题。因为根据选择的协商性特征,任何一种选择都有其存在的理由,且译者"如果有理由采用某种形式,那就意味着如果情况不同就会有理由选择另外的形式"(Thompson 1996/2000：8)。例如,把"There are no winners in a divorce"译成"在离婚中没有胜者"还是"离婚的人都是两败俱伤",选择哪一个或其他形式的表达都必然有其道理,而不存在正误问题。莫娜·贝克(Mona Baker)在1992年出版的《换言之：翻译教程》(*In Other Words*：*A Coursebook on Translation*)

---

① 当然,翻译教学也不能完全排除对二元错误的改正,如学习者由于外语能力不够而造成的外语译为本族语时误解原文,或本族语译为外语时的表达错误。但改正这类错误不应是翻译教学的主要任务。

② 语言教学到了高级阶段也应作如是观。

的导言中也着重指出:"除非在极特殊的情况下,否则我们几乎不可能明确区分所谓好译文和坏译文。每个译文都各有自己的长处和短处,所以每个译文都可以再改进。"(Mona Baker 1992:7)"翻译选择无所谓'对''错'还可以理解为:作出某个选择,虽然限制或引发了另外的可能性选择,同时也创造出了新的联系"(Gentzler 2001:96)。因此,对译文的评价不能笼统地用"优"或"劣"来下结论,而应该考察译者是在什么样的情况下作出这种选择的,译者的意图何在。语言教学中,错误与正确相对,二者矛盾不可调和,但在选择顺应框架里,所谓"错误"不过是译者的某个选项相对于其他未被选中的选项而言,这些选项之间往往并无严格意义上的正误之分。每一个选项都构成了一个具体的译文,我们见到的译文只是众多可能的译文之一,而不一定是唯一正确或错误的译文,因为"任何选择都是有意义的……甚至不选择也有意义,因为不选择也是一种选择"(黄国文 2001:44-54),"选择就是意义(Choice is meaning)"(Thompson 1996/2000:8)。因此提高翻译能力并非教学生如何判断所谓译文的正误,而是训练其创造尽可能多的选项的潜力,并根据需要作出实际选择的能力。

当然,译者要有足够的选项意味着必须具备足够的语言能力,否则选择就失去了存在的基础。而选择范围有限就难免造成死译、硬译或风格单调现象。这也就是为什么有人认为翻译能力的第一要素是语言能力或双语转换能力(图瑞 1984:5-7;刘宓庆 1998:1-11)。在纽伯特提出的翻译能力所包含的5个参数中,语言能力居第一位(其余4项为文本能力、学科能力、文化能力及转换能力)(文军,胡晓皎 2001:2)。不过,无论怎样强调语言能力的重要性,它也只是翻译活动的前提,因而不在本文所讨论的翻译错误的非二元性分析之内。

第六节 小 结

本章从选择顺应模式探讨了翻译研究中的一些焦点问题,提出了一些新观点、新思路。例如,翻译策略和翻译原则的研究已不仅仅局限在"异化、归化""直译、意译""等值、通顺"等概念讨论,而是将其看作选择和顺应的内容,体现出策略和原则的动态特征,而这一动态特性又与当代翻译研究另一重要概念——翻译常态紧密关联。以社会认知为基础的翻译常态制约和决定着翻译选择,而从选择顺应角度重释翻译常态,也给描写翻译研究注入了新的研究视角。

同样,这一新视角对方兴未艾的翻译主体研究也有新发现。译者的地位不仅从"边缘"转到"中心",而且在翻译语境视野框架中上升到独特的"焦点"地位,并由此合理解释了所谓"译者叛逆"现象。把翻译看成选择顺应的过程,翻译教学就应摒弃正误判断、提供标准译文等做法,而把训练学习者生成多种译文、进而选择适当译文作为教学的主要内容和提高翻译能力的重要途径。

可以说,选择顺应模式对翻译研究中许多问题都有理论上的创新意义,其描写解释力更合乎实际情况,更加合乎情理,令人信服。对于以翻译教学为主的理论应用领域,选择顺应模式也给我们展示了不少值得探索的空间。

第七章 余 论

从题目"翻译选择与顺应过程的语用综观"可以看出,本研究从语用综观的视角对翻译过程各主要方面进行了探讨,也表明语用综观是建立翻译过程研究体系的有益视角。可以说,本文的选题思路和框架结构在很大程度上归功于这一视角的启发。其实,人文科学就应看作一个对人类社会现实各个方面进行观察的趋同性与发散性视角所构成的网络,而不应看作各个学科的集合。例如,社会学与其说是一个领域,更不如说是一个视角,一个与政治、经济、习俗平行的视角。同样,观察语言的视角有句法的、语义的等,语用学也是一种独特视角。对于翻译研究的跨学科性质而言,人们也一直在尝试从不同学科借鉴新的理论和方法,从各种不同的角度讨论翻译问题。每一种方式都为研究者提供了一个特定的视角,凸显出翻译现象的某一方面;但与此同时,也限定了他的视野,使他的目光很难触及视野以外的现象。每一种视角都能起到作用,只是无法展示翻译现象的全貌。今天的翻译研究以多元化为主要特点,一是引起学者关注的课题多元化,二是用来研究这些课题所使用的视角和方法多元化(莫娜·贝克 2005:52-56)。所以引用一种综合性的学科视角,对于翻译学科的发展具有不可低估的作用。

第一节 综观论视角的价值

"视角"指人们看待或描述某一事物的方式。毋庸置疑,我们在观察和思考时都是从一定的角度出发的。格罗曼(Graumann)认为视角是一个认知概念,包括三个要素:视点(viewpoint)(观察者的位置)、视体(aspect)(从某一特定的视点所能观察到的该事物的某些方面)、视野(horizon)(观察者观察某个事物的整个参照背景)(汪少华 2004:1-2)。就翻译活动而言,视点有三个——原作者、译者、译文读者,但原作者、译文读者与译者并不同时在场,二者的视点只存在于译者的想象之中,译者的任务是使这两个视点尽量融合。视体则是译者所能看到的由源语符号构成的原文文本以及在此基础上不断生成的译语文本,视野则是由原文文本以及生成中的译语文本所形成的,主要涉及心理世界、社交世界、物质世界的语篇语境。三个要素相互作用、相互定义,从而形成了特定的视角。视角呈现动态性,总是融于从一种观察状态向另一种观察状态转变的过程之中。传统的语言理论将视角看作一种次要的语用滤镜(pragmatic filter),而近来的研究表明,视角不应看成是次要的因素,它恰恰构成了语言结构和高级认知的核心。视角是一个涵盖社会和认知两方面的、动态的概念,在语言和交际中起着重要作用。人们在产生和理解话语以及交际过程中总是以自我为中心(尽管双方会作出一些调整,体现为视角的互动性),所以不同的人视角各异。

"视点越多,对事物的了解就越深"(邢福义 2001:48)。近几十年来,翻译理论流派纷呈,翻译思想异常活跃,从各个不同的视角出发,提出了相关的译论研究,如语言学视角、文艺学视角、文化学视角、交际学视角、目的论视角、多元系统论视角、解构主义视角、后殖民主义视角、女性主义视角等[①]。翻译活动到底该采取何种视角去观察和研究,已是翻译界日益关心的问题。2000年4月在英国曼彻斯特召开的主题为"翻译学中的研究模式"的研讨会上,各国学者对这一问题作了有益的探讨。有人把翻译活动看作一个过程,认为可用认知学心理学模式考查译者的创造性决策过程和翻译能力;有人运用"有声思维"的内省方法和"选择网络分析法",已在识别决策结点(decision-making nodes)方面取得一些成果。若把翻译看作是译语语篇和源语语篇的对应,便可用对比语言学的方法,从分析译文与原文的异同入手,考察不同语篇类型的转换规律。若把翻译看作是一种因果生成关系[②],则可考察导致译文生成的各种情境文化和认知因素(Olohan 2007)。然而,由于研究者的语言、文化、教育背景、研究兴趣的不同等因素,使得其理论各有偏重,各有所长,"都只是从某个侧面说明翻译的某些问题,而未能从更高的层次上说明更多的问题"(谭载喜 2002)。

我们应该意识到不同的观点必须综合才能做到充分的理解(1999:43-44)。翻译关乎源语与译语两种语言,又与广阔的社会文化密不可分,因此宜用综合的方法进行研究。斯奈尔·霍恩比在《翻译研究综合法》(*Translation Studies: An Integrated Approach*)一书中,借鉴格式塔心理学理论——整体并

---

① 胡庚申曾从不同视角对当代主要译论在译论、角度、翻译定义、翻译过程、翻译方法、翻译标准、代表人物、译论局限等8个方面列表加以简明扼要的对比(胡庚申 2004:33-34)。
② 考虑到翻译过程的非线性特征,这种因果生成关系只能是局部的。参见第四章第二节。

非部分的简单相加,对部分孤立的分析并不能为我们提供对整体的把握——论证了4个假设:① 翻译研究不是任何其他学科(如语言学和比较文学)的派生学科或子学科。译者和翻译理论家所关心的领域,是存在于学科之间、语言之间和文化之间的一个实体。② 语言学研究领域已逐渐由微观层面转向宏观层面,翻译研究也应相应地把文本置于具体情景、文化背景之下,采取从下到上分析的视角。③ 传统的范畴划分方法阻碍了翻译研究,类型应改为原型,允许模糊边界的存在。④ 传统的语言和翻译研究方法执着地研究孤立的语言现象,而当今的翻译研究所关心的对象,实际上是各种因素相互作用的网络。铁木琴科(Tymoczko 1999)也尝试综合地进行翻译研究,并用望远镜和显微镜作比喻:用望远镜观察宏观世界,用显微镜观察微观世界,用宏观和微观相结合的方法才能全面观察世界万象。所以翻译研究应该综合考察它的微观层面(即用语言学的途径对文本的内部结构进行描写)和宏观层面(即用文化学途径对文本的外部结构进行描写)。

  本文之所以借助语用纵观,是因为该视角理论从交际参与者的视角出发,统观语言使用的认知、社交、文化诸因素研究,以语言和语境的相互选择顺应作用为研究核心,试图构建一个统一连贯的语用学理论框架。笔者认为,将这一框架引入翻译过程研究,则翻译就是译者不断作出选择与顺应的过程,选择顺应发生在源语语篇语境和译语语篇语境的双重制约,而语篇语境的确立取决于译者的语境视野,即译者视野中的双语篇语境。从译者的视角确立语境的范围,不同于以原文为中心的传统翻译观念,以双语篇语境确立语境的内容,又有别于当代译论过分张扬以译者为主体的人的个性、翻译本体无所归依的倾向。前者过分侧重于客体的构成规律,而完全忽视人的主体因素,甚至排除主体的目的性和活动的场域性等因素,因而走向静止与封闭。后者否定客体的规律性,完全不顾客体的制约性以及翻译作为社会活动的社会主体需要的一致性,而只强调个体的目的性,从而失去评价的社会客观标准,使翻译活动成为个人随心所欲的活动(吕俊 2006:58)。可以说,兼顾"以文为本"和"以人为本",是综观论翻译框架的重要特色。提出把翻译看作选择与顺应这一论题后,本文尝试了采用认知心理学中的"有声思维"和"选择网络分析"两种方法,探讨如何发现、证明译者翻译时选择与顺应现象的存在,并在这一框架指导下重新审视翻译标准、译者地位、教学培训等理论与应用基本问题。可以说,通过上述初步研究论述,语用综观中语言使用者的语境视野和选择顺应理论的确展示出了全面的描写功能,对翻译现象具有很强的解释力。

第二节 选择的风险意识

由于来自语言、译者、社会等方面的原因,翻译活动必定存在着风险,译者也必须做好承担风险的准备①。任何一次不可忽略的选择都有一定的冒险性,"冒险永远是翻译过程的一部分"(Gentzler 2001:66)。因此我们必须在更广阔的框架结构中审视选择,认识到选择不仅带来积极结果,也可能产生消极后果(Wilss 1996:174)。

首先,选择未必都是理性的。一般情况下,理性的选择行为有4个特征:可证实性、合理性、语境完备性和价值取向确定性。即使是理性的选择,也会由于事物的复杂性,所谓最优选择也只能是相对而言(Wilss 1996:174)。大量事实表明,人类作选择时也有很多非理性的成分。而且之所以许多选择是非理性的,就是因为我们很难把所有的决策因素都考虑周全,特别是每一个人决策时都体现出各自的选择风格,因为"风格的关键因素之一就是选择"(Kess 1976:190)。语言的使用(至少在风格上)不可局限在"是/否"这样的二元对立框架里(Wilss 1996:180)。从决策的逻辑性看,译者的选择行为呈现出译者个人的体验特征:体验因人而异,选择的经验就不具普遍意义。译文文本交织着复杂的个体的、社会文化和智力的特性。因此译者作出的选择难免具有武断的主观性。而且,"大量的有声思维数据表明,译者在翻译过程中作出的下意识的、直觉的判断也许比理性的、受控制的选择更为重要"(Gentzler 2001:67)。所以,真正意义上的选择(genuine choice-making),常常伴随着一定的风险。

其次,在要不要选择的问题上,语言使用者是没有选择自由的。一旦使用了语言,无论选择的范围能否完全满足现实交际的需要,使用者都必须尽选择的义务。当选择迫在眉睫的时候,我们总是只得勉强接受一个出现在我们脑子里的表达方式,权且把它当作最为贴切的表达,尽管哪种选择都同样令人不满意。②

---

① 国外早有把翻译比作"实现乌托邦的冒险""地狱寻路""原则与游戏间的走钢丝"的说法,甚至奥地利某大学还曾专门出版以诗歌翻译为研究对象的名为《翻译冒险》的专著,以示翻译之难(桂乾元 2004:247)。

② 有人形象地把译者决策过程的这种无奈比作"霍布森的选择(Hobson's Choice)"(Davis 2004:52)。该说法起源于16世纪的英国,当时有位名叫托拜厄斯·霍布森(Tobias Hobson)的商人,经常把闲置的马匹出租给剑桥大学的学生。霍布森总是对他的顾客说:你们可以选择任何自己看中的马,只要它是离马厩门最近的那一匹。霍布森的不近人情使顾客没有任何选择的余地。后来,Hobson's choice 表示"没有选择余地"的说法就逐渐传开了。

换言之,使用语言总要承担大量的风险(1999:57)。事实上,译者的任何选择都是下一次协商的对象。不管怎么说,从事翻译活动(笔译和口译)都要承担风险,风险可能来自文化、社会、教学、宗教、经济、政治等方面(Verschueren 2006)。

另外,选择意味着失去未被选择的,而未被选择的未必意味着其没有价值或者价值不大。"没有某种付出就没有选择,'译'即'易'——译文与原文的差异是无法避免的"(Gentzler 2001:96)。再者,译者也不可能翻译出原作的所有方面,不可能把原作完整地复制到译作中去,所以译者选择了他认为更有价值的东西。译者的选择是能动的,是他对自身能力的有限性作出的积极反应,它是在创造性地寻求解决问题的方法,在力所能及的范围内着力解决他认为重要的问题。

德里达(Derrida)认为:选择的可能性取决于选择的不确定性程度(undecidability),因为如果一个问题可以通过运用某个预先做好的程序予以解决,就根本谈不上选择。即是说,人类的决策如果可以预测(calculable),就谈不上任何责任问题,而只有超出了因果决定论的程序化影响(programmable effect of determinate causes),才会出现承担责任风险的问题(Davis 2004:93)。选择行为既然带有风险,译者就要为风险承担责任。译者不仅需要"自重",还需要"自律",更需要"他律"。胡庚申认为这个"他律"就是运用"适者生存"的自然法则制约"译者为中心"的翻译行为(2004:112)。可以说,在揭示了对译者"事后追惩"的制约机制的同时,"适者生存""优胜劣汰"也从反面揭示了选择活动的风险。

讨论译者选择的风险,会使译者意识到翻译不是一个自我娱乐、自我满足的文字游戏,而是译者与社会的交际过程。"而交际中不可能做到意义的完全外显表达"(1999:26),所以选择的风险不可避免。这正是为什么拉瓦萨(Rabassa)在论述翻译就是作选择的过程时,感叹选择的技巧有赖于译者的本能。哀叹无法对自己作出的选择有绝对的把握,因此翻译也是一种令人烦恼不安的技艺(a disturbing craft)(Rabassa 1989:2)。所以,译者在翻译时一方面慎重对待每一个问题,从选择翻译材料、确定预期读者,到语篇分析、风格体现,乃至一字一词的斟酌,都要尽可能降低其所带来的风险,尽量作出相对最优化的选择。译者实现这一目标,就需不断通过实践加以摸索,不断增强翻译选择意识,提高翻译选择能力。另一方面,译者选择时必须尽到应尽的职责,即再现原作,完成委托人要求,符合目的语社会文化的规范,满足目的语读者的需求,恪守职业道德。

第三节 相关课题研究前景与展望

将语用综观和语言顺应论引入翻译研究,建立翻译过程研究的选择顺应论框架,探讨这一模式的性质及对传统课题的解释力,乃至对翻译教学的应用尝试,在某种程度上,都是具有原创意义的探索。然而如何发展完善一套特定的分析方法,决定一批相关课题仍是翻译选择顺应论研究所面临的问题。例如:

(1) 根据顺应论,语言顺应指语言顺应环境,或者环境顺应语言,或两者同时相互顺应,而目前的翻译研究更多讨论的是环境(语境)对翻译活动的制约,即翻译如何顺应语境,却少有人注意到翻译活动如何影响改变环境,如何对人类文明——物质文明、精神文明——产生影响①。"语言选择也会影响到语境的变化"这一观点,为翻译研究开拓了一个崭新的领域,而且相应的研究成果又会进一步丰富发展顺应理论,真正体现顺应的双向性特征。

(2) 选择或决策普遍存在于人们的日常生活及相关的学科领域中,如经济学、统计学、运筹学、哲学、心理语言学、数学和计算机科学等(Wilss 1994:131),著名哲学家维特根斯坦也曾把翻译过程看成"由一语言到另一语言的游戏过程"(Wittgenstein 1953:23;Gorlée 1989:77),列维更是有过"翻译中的决策犹如棋手在下棋时根据一系列情况,不断作出决定移动棋子"的比喻(Lévy 1967:1171)②。然而,翻译毕竟是一种以语言为媒介的选择活动,其与上述选择现象

---

① 纵观人类翻译史,可以说它也是一种文化语境对另一种文化语境产生影响力的历史。各民族在丰富、发展自身文化的过程中,翻译始终起着十分重要的作用,它为人类以语言思维模式和行为活动方式表现出来的文化的沟通提供了可能性。它促进了不同文化的交流融合,促进了不同文化的共同发展,促进了不同文化的人们对世界的认识。通过翻译活动引进了新思想、新观念、新技术、新的艺术流派和新的表现手法,丰富译语语言,活跃学术空气,促进文化交流和文化进步,这样的例子在世界各民族发展的历史上并不少见,例如,中国东汉末年到唐宋时期的佛经翻译对中国文化各个层面所产生的深刻影响和渗透,欧洲文艺复兴时期对古希腊文明典籍的重识与翻译对结束黑暗中世纪的启蒙作用等,都对人类历史的发展起到了根本性的作用。

② 列维特别区分了两种游戏类型——下棋和打牌,并称翻译活动更像前者。但格雷(Gorlée 1986,1994)认为棋手总是在先看到对方作出选择后,再根据整个棋面情况走出自己的一步,而翻译时译者与原作者和译文读者并不同时在场,不能总是在掌握完全信息(complete information)的条件下作出决策,所以不如说翻译更像纸牌游戏,或者更像拼图游戏。当然,拼图游戏只有一种成功的结果,而翻译结果则不确定,这是二者间极为明显的不同。

有何异同？上述领域有关决策论的研究成果对于翻译选择有哪些参考价值？①

（3）从意识突显性这一研究角度出发，选择可以置于有动因选择（motivated choice）和无动因选择（unmotivated choice）为两端的连续体上。如果把翻译看成由源语语篇向译语语篇转换的选择顺应过程（见第三章），则对语篇某篇脉络（texture）的选择应是有动因的，因为语篇作者、语篇表达和意义之间的关系绝不可能是随意的，在受到两种语言特定的语法系统限制的同时，还必定受到各种语境因素的驱使，但译者总是想方设法实现自己的交际目的，通过对语言表达施加自身的影响来作出选择。那么以语篇为界线，语篇之上的宏观语境选择与语篇之下的微观语言选择是否呈现出动机程度的明显不同？这种差异与翻译选择的主观性/客观性、主动性/被动性、有理性/无理性、自动性/创造性存在着怎样的关系？

（4）译者把外语译为本族语和把本族语译为外语时的选择顺应机制是否相同？或者说，翻译方向（Directionality）（Baker 1998/2004：63-67）与选择顺应间存在何种相关程度？一般来说，翻译的策略、原则、技巧、方法等都不能不考虑翻译方向，尤其是同一译者在不同翻译方向过程中的心理状态与选择顺应的关联问题。例如在同等条件下，把外语译为本族语和把本族语译为外语所面临的选择范围有何变化？译者的意识突显度是否也有相应的改变？译者的外语水平差异是否构成变化的主要原因？这方面的探讨不仅对提高我们的汉译外教学质量，也对外语教学及认知心理学研究等有很好的参考价值。

（5）选择与顺应是两个可以分开的概念，还是一个事物的两个方面？维索尔伦的理论名为顺应论，但其出发点是把语言的使用看成不断作出选择的过程，而所谓顺应性又是选择所以能够进行的语言的三大特点之一（即变异性、协商性、顺应性），可见，他认为这两个概念相互依存，很难加以清晰的界定，所谓顺应论实际是选择顺应论。但就本文讨论的翻译过程选择顺应现象而言，可否将选择与顺应看作翻译过程的两个层次或两个过程？可否把选择看成如何对原文的形式和内容作出抉择，把顺应看成在译文中如何顺应译语的表达习惯与阅读效果？换言之，翻译过程中是否存在着有较强操作性的选择顺应模式？选择的范

---

① 比如说，由于译文与原文之间的"多对一"关系，将决策论中的形式化模式运用到翻译研究，其解释力可能会受到很大挑战。从运筹学观点看，决策的行为论模式与认知论模式是相对立的。前者可以解释翻译中一些确定元素的选择，如"主语—谓语—宾语"之类句法结构，两种语言的一些惯用表达法、一些高度格式化的文本范式，但对于那些杂乱无章、模糊隐晦的因素，如记忆限制、知识与注意力间歇、模糊性、态度因素、干扰效果等，因其超出简单的二元对立范畴，故应用认知论模式则显得更切合实际。

围是否如纽马克(Newmark 1982：134)所言主要取决于双语间的语言差异大小？原文和译文的语篇体裁与选择顺应又有怎样的关系？

可以说，本研究提出的问题比已回答的问题要多得多，但提出问题至少是寻求答案、解决问题的基础，正显示出该研究具有很强的发展活力和拓展空间。本文即使对一些问题作出了解释，也只是初步的探索。正如"在语言学中，能够解释的事实还少得可怜，已经作出的解释也是探索性的，准备修正的，从这个意义上说，语言学仍是一门年轻的科学，还有许许多多的领域等待人们去开辟"(刘润清 1995：327)，本书也如同任何理论都具有"不完备性"的特征一样，在许多方面还有改进的余地和发展的空间，例如，该框架与"语用综观论"的关系还需要进一步论证，与现有翻译理论的比较研究、理论的实证研究和实践应用等，都还需要继续进行深入系统研究。从综观视角及其顺应理论研究翻译过程，还处在尝试摸索阶段，期望本文能引起翻译学、语言学、认知心理等领域更多的关注参与，使相关课题的研究取得更有意义的成果。

Abstract

Jef Verschueren proposes a pragmatic perspective view on language use and assumes that language use is a continuous making of linguistic choices with different degrees of salience for the purpose of adaptation. In view of this new understanding of pragmatics, it is suggested that translation, as a form of verbal communication, though secondary if not primary, can be approached in the similar vein. A translating process, therefore, can be defined as the continuous making of linguistic choices, in the secondary communication situations, for adaptation to translation purposes. The so-called secondary translation situations refer to the fact that when interpreting a source text an audience may fail to use the context intended by the source language communicator and perhaps use other contexts instead. This leads to the essential feature of translation — communication involving two contexts and two structures (in Verschueren's terminology). Thus, the choice-making activity in interlingual transfer is notoriously far more complex and dynamic, which means that the basically monolingual adaptation theory will have to be revised or amended to fit the interlingual translation activity.

The present research is intended to approach the translation process from the adaptation theory of pragmatics as a perspective. Through exploring the translating process and relevant issues, the dissertation aims to establish a tentative framework for translation studies in which those traditional aspects of research, including the interplay of translation with context, the nature of translation process, strategies and principles, the role of a translator, and didactics of translation and so on, are possibly accounted for in a practical manner. It is also assumed the proposed model would be conducive to the study of translation universality.

The first chapter briefly reviews the current turns in translation studies from prescriptive to descriptive moving on to explanatory paradigms as well as from inter-disiciplinary to multi-disiciplinary and multi-perspectives, which paves the way for introducing the pragmatic perspective view into translation research.

Chapter two differentiates between pragmatics as a component of linguistics and pragmatics as a general functional perspective on language use. Although both can be applied to explain translation, the dissertation argues, by tracing and comparing the generally parallel progress made in the fields of pragmatics and translation sdudies, that Verschueren's point of view is more relevant and adaptative, not merely to specific translation problems, but rather to all translation in general.

Chapter three is devoted to the preliminary study of translation as a process in the framework of adaptation theory. Following the similar line of argument, the author assumes that "translating must consist of the continuous choice-making and adapting, consciously or unconsciously, for language-internal (i.e. structural) and/or language-external (i.e. contextual) reasons". The examples mostly quoted from classical translation works are analyzed in this way to show that choice and adaptation permeate all translational activities.

Chapter four, drawing upon Verschueren's notion of "contextual correlates of adaptability", presents an elaborate account of "translatior's discourse context" in the the proposed framework by formulating a rather intricate but illuminating cognitive diagram, which describes choice-making and adapting behaviour in terms of an interaction between the translator's cognitive vision of discourse context, source text writer's discourse context, and intended version reader's discourse context. The conception that discourse and context are incorporated in the translator's contextual field of vision not only realigns the countless choice-making factors but is exploratory and interpretive in nature and helps greatly to reexamine some intriguing problems in translation process.

Chapter five deals with the issue of research methods concerning the translator's choice behaviour and the nature of translating in the context. It suggests that two empirical study means, namely TAP and CNA, be tried to discover choice-making procedures and collect choice data. In relation to the findings, the study offers a tentative approach to translation in the emerging paradigms of nonlinear and complexity sciences, defending the view that the translation process is entirely typical of nonlinear dynamics, illustrating the abandonment of determinism and the adoption of the principle of unpredictability as the main features of choice-making in translating. It is therefore argued that the event of choice-making in translating is not governed by a rule or a set of rules with a definite "output", but rather by various factors of a different nature, which affect the translator in one way or another.

Chapter six dwells upon a few of traditional key translation notions in the context of choice and adaptation, in which translation strategies and principles should be viewed as highly dynamic and adaptable to varied translational context. The concept of "norms", influential in current descriptive translation studies and closely related to decision-making is further interpreted in and supported by the adaptation model advanced in this dissertation. Accordingly, the identity of translator, a typically important element in choice making, is characterised as the focal point, which is posited as a more appropriate evaluation of its role in translating. Last but not the least in this chapter, the author probes into some implications of the new framework for the didactics of translation, proposing a turn from product-oriented to process-oriented teaching procedure with an ultimate goal of developing translation learners' awareness of making choice and adapting.

The last chapter, as a concluding part, recapitulates the major points concerning the topic of the study by further elaborating on the significance of the new perspective for establishing a comprehensive framework of translation studies. Besides, it is stressed that particular attention should be drawn to the study of translator's risk in making his certain choice, which is indispensable for a comprehensive understanding of translator's choice-making behaviour, but unfortunately left unnoticed frequently in the previous researches. In order to constitute a rounded vision of how the pragmatic perspective view and its relevant adaptation theory relates to translation, the chapter also raises some important questions for still further investigation.

To sum up, the study of translation within the framework of Verschueren's theory helps us to acknowledge not only the necessity of making choice (what to do) in translation process, but also the orientation to adaptation (how to do). It is hoped that the main contribution of this dissertation to the study of translation can be made in the four aspects: First, this is a considerably systematic study of translating in the framework of translation as choice and adaptation. Second, in the process of transplanting the theory of adaptation, the TAP and the CNA are introduced for the first time as the empirical methods to study a translator's choice behaviour in translation. Third, the notion of context in pragmatics as a perspective is tentatively broadened by formulating a framework for translation discourse context with the translator as the focal position of observation. Fourth, the study is the first attempt to search for the potential implications of this new model for the innovation of translation teaching.

Key words: choice and adaptation; pragmatic perspective; translation process

参 考 文 献

[1] ALLWOOD J, ANDERSSON G, DAHL O. Logic in Linguistics[M]. London: Canxbridge University Press, 1977.

[2] BAKER M. In Other Words: A Textbook on Translation[M]. London: Taylor & Francis Limited, 1992.

[3] BAKER M. Routledge Encyclopedia of Translation Studies [M]. London and New York: Routledge, 1998. /Shanghai: Shanghai Foreign Language Education Press, 2004.

[4] BASSNET S. Translation Studies[M]. London and New York: Routledge, 2002. / Shanghai: Shanghai Foreign Language Education Press, 2004.

[5] BEAUGRANDE R. Complexity and linguistics in the evolution of three paradigms[J]. Theoretical Linguistics, 1991, 17: 1-3, 43-73.

[6] BELL R T. Translation Theory: Where are we going? [J]. Meta, 1987, 32(4): 403-415.

[7] BELL R T. Translation and Translating: Theory and Practice[M]. London and New York: Longman, 1991. / Beijing: Foreign Language Teaching and Research Press, 2001.

[8] BIGUENET J, SCHULTE R. The Craft of Translation[M]. Chicago: University of Chicago Press, 1998.

[9] BORSCHS. Introspective Methods in Research on Interlingual and Intercultural Communication[C]//Juliane House, Shoshana Blum-Kulka. Interlingual and Intercultural Communication: Discourse and Cognition in Translation and Second Language Acquisition Studies. Tübingen: Narr, 1986.

[10] BRONOWSKI J. The Ascent of Man[M]. Boston/Toronto: Little, Brown & Co, 1973.

[11] CAMPBELL S. Choice Network Analysis in Translatin Research[C]//Maeve Olohan. Intercultural Faultlines: Research Models in Translation Studies Ⅰ, Textual and Cognitive Aspects. Manchester: St. Jerome Publishing Ltd, 2001. /Beijing: Foreign Language Teaching and Reaearch Press, 2007.

[12] CATFORD J C. A Linguistic Theory of Translation[M]. Oxford: Oxford University Press, 1965.

[13] CHESTERMAN A. Memes of Translation: the spread of ideas intranslation theory

[M]. Amsterdam and Philadelphia: John Benjamins,1997.

[14] CHESTERMAN A. Description, Explanation, Prediction: A Response to Gideon Toury and Theo Hermans[J]. Current Issues in Language & Society,1998,5(1&2):91-98.

[15] Ch'ien Chung-shu. Fortress Besieged [M]. Kelly. J. & N. K. Mao (trans.) Beijing: The People's Literature Publishing House,2003.

[16] DAVIS K. Deconstruction and Translation[M]. Shanghai: Shanghai Foreign Language Education Press,2004.

[17] DOLLERUP C, APPEL V. Teaching Translation and Interpreting (3) [M]. Amsterdam and Philadelphia: John Benjamins,1996.

[18] DOLLERUP C. Basics of Translation Studies[M]. Shanghai: Shanghai Foreign Language Education Press,2007.

[19] DELISLE J. Translation: An Interpretive Approach[M]. Ottawa: University of Ottawa Press,1989.

[20] DELISLE J, LEE-Jahnke H, CORMIER M C. Translation Terminology[M]. Beijing: Foreign Language Teaching and Research Press,2004.

[21] FOLKART B. Translation and the arrow of time[J]. TTR: Traduction,Terminologie, Redaction,1989,2(1):19-50.

[22] FRASER J. The Translator Investigated: Learning from translation process[J]. The Translator, 1996: 1-2.

[23] GENTZLER E. Contemporary Translation Theories [M]. Clevedon: Multilingual Matters Ltd, 2001./Shanghai: Shanghai Foreign Language Education Press, 2004.

[24] GORLÉE D L. Translation Theory and the Semiotics of Games and Decisions[C]// Lars Wollinand Hans Lindquist. Translation Studiesin Scandinavia. Lund: Gleerup, 1986:96-104.

[25] GORLÉE D L. Wittgenstein, Translation, and Semiotics[J]. Target, 1989,1(2):70-91.

[26] GORLÉE D L. Semiotics and the Problem of Translation: With Special Reference to the Semiotics of Charles S. Peirce [M]. Amsterdam: Rodopi,1994.

[27] GIORA R. A Probabilistic View of Language[J]. Poetics Today,1991,12(1):165-179.

[28] GUTT E-A. Translation and Relevance: Cognition and Context[M]. Oxford: Basil, 1991./Manchester: St. Jerome Publishing Ltd,2000.

[29] HALLIDAY M A K. Grammatical Metaphor in English and Chinese [C]// 3rd Conference on Chinese Language Use. Canberra,1981.

[30] HATIM B, MUNDAY J. Translation: An advanced resource book. [M]. London and New York: Routledge,2004.

[31] HATIM B. Teaching and Researching Translation [M]. Pearson Education Limited,

2001. /Beijing: Foreign Language Teaching and Research Press, 2005.

[32] HATIM B, MASON I. Discourse and The Translator[M]. London and New York: Longman,1990. / Shanghai: Shanghai Foreign Language Education Press, 2001.

[33] HERMANS T. Toury's Empiricism Version One[J]. The Translator 1995,1.

[34] HERMANS T. Norms and the Determination of Translation[M]// ALVAREZ R. Translation, Power, Subversion. Clevedon: Multilingual Matters Ltd,1996.

[35] HERMANS T. Translation and Normativity[J]. Current Issues in Language and Society 1998,1&2.

[36] HERMANS T. Translation in Systems: Descriptive and System-oriented Approaches Explained[M] Manchester: St. Jerome Publishing Ltd, 1999. /Shanghai Foreign Language Education Press. 2004.

[37] HICKEY L. The Pragmatics of Translation[C]. Clevedon: Multilingual Matters Ltd, 1998. /Shanghai: Shanghai Foreign Language Education Press, 2001.

[38] HOLMES J. The Name and Nature of Translation Studies[M]//HOLMES J. Translated! Papers on Literary Translation and Translation Studies. Amsterdam: Rodopi,1988. /Beijing: Foreign Language Teaching and Reaearch Press,2007.

[39] HOLMES J. Transalted! Papers on Literary and Translation Studies[M]. Beijing: Foreign Language Teaching and Research Press, 2007.

[40] HOUSE J. Text and Context[J]. Journal of Pragmatics,2006,3.

[41] JIN Di. Shamrock and Chopsticks: James Joyce in China: A Tale of Two Encounters [M]. Hong Kong: City University of Hong Kong Press,2001.

[42] KASHKIN V B. Choice Factors in Translation[J]. Target,1998,10: 1.

[43] KESS J F. Psycholinguistics. Introductory Perspectives[M]. New York: Academic Press,1976.

[44] KRAMSCH C. Context and Culture in Language Teaching [M]. Oxford: Oxford University Press,1993.

[45] LÉVY J. "Translation as a Decision Process." In To Honor Roman Jakobson. Essays on the Occasion of his 70th Birthday, Vol. Ⅱ. The Hague: Mouton, 1967: 1171 - 1182. /VENUTI L. The Translation Studies Reader[C]. London: Routledge,2000: 148 - 159.

[46] LEVINSON S. Pragmatics[M]. Cambridge: Cambridge University Press,1983.

[47] LI Zhanxi. Relevance and Adjustability: a study of translating process in cultural image renderings[M]. Beijing: Science Press,2007.

[48] LONGA V M. A Nonlinear Approach to Translation[J]. Target,2004,16: 2.

[49] LÖRSCHER W. Models of the Translation Process: Claim and Reality[J]. Target, 1989,1: 1.

[50] MUNDAY J. Introducing Translation Studies: Theories and Applications[M]. London: Routledge,2001.

[51] NEUBERT A. Models of Translation[C]// S. Tirkkonen – Condit(ed.). Empirical Research in Translationand Intercultural Stuidies. Tübingen: Narr,1991: 17 – 26.

[52] NEUBERT A, SHREVE G M. Translation as Text[M]. The Kent State University Press,1992.

[53] NEWMARK P. Some notes on translation and translators[J]. Incorporated Linguists, 1969,8(4).

[54] NEWMARK P. Approaches to Translation[M]. Oxford: Pergamon Press Ltd,1982.

[55] NEWMARK P. A Textbook of Translation[M]. London and New York: Prentice Hall (UK) Ltd,1988.

[56] NIDA E A. Toward a Science of Translating. With Special Reference to Principles and Procedures Involved in Bible Translation[M]. Leiden: Brill,1964.

[57] NIDA E A, TABER C. The Theory and Practice of Translation[M]. Leiden: Brill,1969.

[58] NIDA E A. Componential Analysis of Meaning: An Introduction to Semantic Structures[M]. The Hague: Mouton,1975.

[59] NIDA E A. Translating Meaning[M]. San Diams: English Language Institute,1982.

[60] NIDA E A. Language, culture, and Translating [M]. Shanghai: Shanghai Foreign Language Education Press,1993.

[61] NORD C. Text Analysis in Translation. Theory, Methodology, and Didactic Implications of a Model for Translation – oriented Text Analysis[M]. Amsterdam: Rodopi,1991.

[62] OLOHAN M. Intercultural Faultlines: Research Models in Translation Studies Ⅰ, Textual and Cognitive Aspects [M]. Beijing: Foreign Language Teaching and Research Press,2007.

[63] PYM A. Translation Error Analysis and the Interface with Language Teaching[C]// DOLLERUP, LODDEGAARD. Teaching Translation and Interpreting 1: Training, Talent and Experience. Amsterdam and Philadelphia: John Benjamins,1992.

[64] RABASSA G. No Two Snowflakes Are Alike: Translation as Metaphor[M]// BIGUENET J, SCHULTE R. The Craft of Translation. Chicago: University of Chicago Press,1989: 1 – 12.

[65] RICHARDS I A. Towards a Theory of Translating[M]// Arthur F. Wright(ed.). Studies in Chinese Thought. Chicago: University of Chicago Press,1953.

[66] SANG Zhong gang. A Relevance Theory Perspective on Translating the Implicit Information in Literary Texts[J]. Journal of Translation,2006,2.

[67] SAVORY T H. The Art of Translation[M]. London: Jonathan Cape, 1957.

[68] SCHÄFFNER C, HOLMES H K. Cultural Functions of Translation [M]. Clevedon: Multilingual Matters Ltd, 1995.

[69] SHAW R D. The Translation Context: cultural factors in translation[J]. Translation Review, 1987, 23.

[70] SHUTTLEWORTH M, COWIE M. Dictionary of Translation Studies [M]. Shanghai: Shanghai Foreign Language Education Press, 2004.

[71] SNELL-HORNBY M. Translation Studies: An Integrated Approach [M]. Amsterdam/Philadelphia: John Benjamins, 1988. /Shanghai: Shanghai Foreign Language Education Press, 2001.

[72] THOMPSON G. Introducing Functional Grammar[M]. London: Arnold, 1996. / Beijing: Beijing Foreign Language Teaching and Research Press. 2000.

[73] TOURY G. In Search of a Theory of Translation [M]. Tel Aviv: Porter Institute, 1980.

[74] TOURY G. Descriptive Translation Studies and Beyond [M]. Amsterdam/ Philadelphia: John Benjamins, 1995. /Shanghai: Shanghai Foreign Language Education Press, 2001.

[75] TYMOCZKO M. Translation in a Post-colonial Context—Early Irish Literature in English Literature [M]. Manchester: St. Jerome Publishing Ltd, 1999.

[76] VENUTI L. The Translator's Invisibility: A History of Translation [M]. London: ROUTLEDGE, 1995. / Shanghai: Shanghai Foreign Language Education Press, 2004.

[77] VERSCHUEREN J. The pragmative perspective[M]// VERSCHUEREN J, Ostman J O H, BLOMMAERT J, BULCAEN C. Handbook of pragmatics. Amsterdam and Philadelphia: John Benjamins, 1995.

[78] VERSCHUEREN J. Understanding Pragmatics[M]. Edward Arnold (Publishers) Limited, 1999. /Beijing: Foreign Language Teasching and Research Press, 2000.

[79] VERSCHUEREN J. Translation and/as (re)contextualization[C]// July 2006 IATIS conference. Cape Town, 2006.

[80] WARREN R. The Art of Translation: Voices from the Field [M]. Boston: Northeastern University Press, 1989.

[81] WILSS W. The Science of Translation: Problems and Methods [M]. Tübingen: Gunter Narr Verlag, 1982. /Shanghai: Shanghai Foreign Language Education Press, 2001.

[82] WILSS W. A Framework for Decision-making in Translation[J]. Target, 1994, 6(2): 131-150.

[83] WILSS W. Knowledge and Skills in Translator Behavior [M]. Amsterdam and Philadelphia: John Benjamins, 1996.

［84］ ZIPF G K. Human Behavior and the Principle of Least Effort：An Introduction to Human Ecology［M］. Cambridge，Mass：Addison-Wesley Press，Inc,1949.

［85］ 蔡寒松. 英语因果关系句汉译过程心理语言学个案研究［J］. 外语研究,2000(3)：32-38.

［86］ 蔡新乐. 论翻译学的三个新概念［J］. 外国语,2002(1)：70-79.

［87］ 曹明伦. 英汉翻译实践与评析［M］. 成都：四川人民出版社,2007.

［88］ 陈德彰. 翻译辨误［M］. 北京：外语教学与研究出版社,2007.

［89］ 陈福康. 中国译学理论史稿［M］. 上海：上海外语教育出版社,2000.

［90］ 崔 刚,姚平平. 联结主义引论［J］. 外语与外语教学,2006(2)：4-8.

［91］ 丁 艳. 翻译策略的选择对交际语境的顺应［J］. 安徽工业大学学报,2006(2).103-104.

［92］ 董 明. 翻译：创造性叛逆［M］. 北京：中央编译出版社,2006.

［93］ 冯庆华. 文体翻译论［M］. 上海：上海外语教育出版社,2002.

［94］ 方梦之. 译论研究的综合性原则——译学方法论思考［J］. 中国翻译,1996.(4).8-11.

［95］ 方梦之. 翻译新论与实践［M］. 青岛：青岛出版社,1999.

［96］ 方梦之. 论翻译生态环境［J］. 上海翻译,2011(1)：1-5.

［97］ 傅东华. 飘［M］. 杭州：浙江人民出版社,1979.

［98］ 傅勇林. 翻译规范与文化限制：图瑞对语言学与文学藩篱的超越［J］. 外语研究,2001(1)：68-70.

［99］ 辜正坤. 翻译标准多元互补论［J］. 中国翻译,1989(1)：16-20.

［100］ 辜正坤. 个性—道德—容错率：翻译理论和批评三大制约因素［C］//第二届海峡"两岸四地"翻译与跨文化交流研讨会论文摘要（澳门）,2007.

［101］ 桂乾元. 翻译学导论［M］. 上海：上海外语教育出版社,2004.

［102］ 桂诗春. 认知与语言［J］. 外语教学与研究,1991(3)：3-9.

［103］ 郭建中. 当代美国翻译理论［M］. 武汉：湖北教育出版社,2000.

［104］ 郭元林. 复杂性科学知识论［D］. 北京：中国社会科学院研究生院,2003.

［105］ 海 芳. 翻译过程及其思考——TEM8考生汉译英词汇策略研究［J］. 中国翻译,2003(1)：79-81.

［106］ 韩江洪. 论中国的翻译规范研究［J］. 山东外语教学,2004(6)：69-72.

［107］ 何自然. 语用学概论［M］. 长沙：湖南教育出版社,1988.

［108］ 何自然,吴亚欣. 语用学概略［J］. 外语研究.2001(4)：10-16.

［109］ 胡定邦. 评《围城》英译本［M］//张泉. 钱钟书和他的《围城》. 北京：中国和平出版社,1991.

［110］ 胡庚申. 翻译适应选择论［M］. 武汉：湖北教育出版社,2004.

［111］ 胡庚申. "翻译适应选择论"再思［M］//胡庚申. 翻译与跨文化交流：转向与拓展. 上海：上海外语教育出版社,2007.

［112］ 胡庚申. 翻译与跨文化交流：转向与拓展［C］//首届海峡两岸翻译与跨文化交流研讨

会论文集.上海：上海外语教育出版社,2007.
[113] 胡庚申.生态翻译学导论[M].北京：商务印书馆,2013.
[114] 胡功泽.一个转向译者的理论——《翻译适应选择论》评介[J].博览群书,2006(2)：39-42.
[115] 胡壮麟.语篇的衔接与连贯[M].上海：上海外语教育出版社,1994.
[116] 黄国文.语篇分析理论与实践：广告语篇研究[M].上海：上海外语教育出版社,2001.
[117] 黄国文.翻译研究语言探索——古诗词英译本的语言学分析[M].上海：上海外语教育出版社,2006.
[118] 黄伟芳.翻译规范与严复的翻译[J].湖北教育学院学报,2006(3)：127-129.
[119] 黄忠廉.翻译研究的"三个充分"[J].外语研究,2006(5)：58-64.
[120] 姜秋霞,权晓辉.翻译能力与翻译行为关系的理论假设[J].中国翻译,2002(6)：11-15.
[121] 姜望琪.Zipf 与省力原则[J].同济大学学报：社会科学版,2005(1)：87-95.
[122] 蒋骁华.对比解读生态翻译学的两个核心概念[J].生态翻译学刊.2011(1)：15-20.
[123] 金　隄.等效翻译探索[M].北京：中国对外翻译出版公司,1998.
[124] 蓝顺德.建立国家中英文翻译人才能力鉴定考试"一般文件笔译"评分机制[M].中国台北：国立编译馆,2007.
[125] 李德超.TAPs 翻译过程研究二十年：回顾与展望[J].中国翻译,2005(1)：29-43.
[126] 李明菲,许之所.动态语境中的博弈[J].探索与争鸣,2006(12)：122-124.
[127] 李　青.新编英汉汉英翻译教程：翻译技巧与误译评析[M].北京：北京大学出版社,2005.
[128] 李银芳.论英汉翻译的"异化""归化"运用原则[J].云梦学刊,2005(6)：130-133.
[129] 李　斯.科学进化史[M].海口：海南出版社,2002.
[130] 李运兴.语篇翻译引论[M].北京：中国对外翻译出版公司,2001.
[131] 李运兴.翻译研究中的跨学科移植[J].外国语,1999(1)：55-61.
[132] 李运兴.论翻译语境[J].中国翻译.2007(2)：17-23.
[133] 廖七一.当代英国翻译理论[M].武汉：湖北教育出版社,2001.
[134] 林克难.翻译教学在国外[J].中国翻译,2000(2)：56-59.
[135] 林克难.翻译研究：从规范走向描写[J].中国翻译,2001(6)：43-45.
[136] 林克难.解读"norm"[J].中国翻译,2006(1)：15-19.
[137] 刘立香.翻译过程的实验研究[D].曲阜：曲阜师范大学,2006.
[138] 刘艳丽,杨自俭.也谈"归化"与"异化"[J].中国翻译,2002(6)：20-24.
[139] 刘宓庆.文体与翻译[M].北京：中国对外翻译出版公司,1986.
[140] 刘宓庆.翻译教学：实务与理论[M].北京：中国对外翻译出版公司,2003.
[141] 刘润清.西方语言学流派[M].北京：外语教学与研究出版社,1995.
[142] 刘兴林.歧义的语境解读[J].徐州师范大学学报,2006(5)：69-73.
[143] 刘兴林.语篇语境初探[J].徐州师范大学学报,2005(5)：69-72.

[144] 吕　俊,侯向群.英汉翻译教程[M].上海:上海外语教育出版社,2002.
[145] 吕　俊.价值哲学与翻译批评学[J].外国语,2006(1):52-59.
[146] 绿　原.几次和钱钟书先生萍水相逢[J].新文学史料,2002(3):161-164.
[147] 鲁　苓.语用学的界面——"综观论"的一个基本问题[J].外语与外语教学,2006(4):7-9.
[148] 罗新璋.翻译论集[M].北京:商务印书馆,1984.
[149] 罗选民.话语的认知模式与翻译的文本建构[J].外语与外语教学,2002(7):11-14.
[150] 马红军.翻译批评散论[M].北京:中国对外翻译出版公司,2000.
[151] 马红军.从文学翻译到翻译文学[M].上海:上海译文出版社,2006.
[152] 苗东升.非线性思维初探[J].首都师范大学学报,2003(5):94-102.
[153] 苗　菊.有声思维——翻译内在过程探索[J].外语与外语教学,2005(6):43-46.
[154] 莫爱屏.话语中视角现象的语用翻译[J].外语学刊,2007(4):103-107.
[155] 莫娜·贝克.翻译研究中的语言学模式与方法[J].外语研究,2005(3):52-56.
[156] 穆凤良.译途佳境跨时空[M]//胡庚申.翻译与跨文化交流:转向与拓展.上海:上海外语教育出版社,2007.
[157] 欧阳康.人文社会科学哲学论纲[J].江海学刊,2001(4):90-97.
[158] 彭建武.连通理论在英语词汇教学中的应用[J].外语界,2002(4):45-50.
[159] 彭利元.论语境化的翻译[D].长沙:湖南师范大学外国语学院,2005.
[160] 彭卓吾.翻译学——一门新兴学科的创立[M].北京:北京图书馆出版社,2000.
[161] 钱冠连.汉语文化语用学[M].北京:清华大学出版社,1997.
[162] 钱冠连.语用学:统一连贯的理论框架[J].外语教学与研究,2000(3):230-232.
[163] 钱冠连.语用学的大格局[J].外国语言文学,2003(1):1-2,32.
[164] 钱冠连,霍永寿.语用学诠释[M].北京:清华大学出版社,2003.
[165] 冉永平.言语交际的顺应—关联性分析[J].外语学刊,2004(2):28-33.
[166] 任　洁,许尚侠.当代心理学对口语报告的研究评述[J].心理科学,1998(1):77-78.
[167] 沈家煊.语法研究的分析和综合[J].外语教学与研究,1999(2):1-7.
[168] 沈家煊.语用学和语义学的分界[M]//束定芳.中国语用学研究论文精选.上海:上海外语教育出版社,2001.
[169] 沈家煊.语用原则、语用推理和语义演变[J].外语教学与研究,2004(4):243-251.
[170] 沈家煊."分析"和"综合"[J].语言文字应用,2005(3):1-7.
[171] 沈家煊.语法研究的目标——预测还是解释?[M]//杨自俭.英汉语比较与翻译.上海:上海外语教育出版社,2006.
[172] 司显柱.以语篇为翻译的基本单位[J].中国翻译,1999(2):14-17.
[173] 宋志平.选择与顺应:语用顺应论视角下的翻译研究[J].中国翻译,2004(2):19-23.
[174] 宋志平.翻译适应选择论:一部简约创新之作[J].外语研究,2007(5):105-106.
[175] 宋志平.选择顺应论视角下的翻译错误非二元对立分析[J].外语研究,2009(6):74-78.

[176] 宋志平.语用学分项论与综观论视角下的翻译研究[J].上海翻译,2011(3):2-6.
[177] 宋志平.生态翻译学视角下的翻译教学反思[J].民族翻译,2012(3):84-90.
[178] 倜　西,董乐山,张　今.英译汉理论与实例[M].北京:北京出版社,1984.
[179] 孙会军,赵小红.翻译过程中原作者—译者—读者的三元关系[J].中国翻译,1998(2):35-37.
[180] 孙致礼.再谈文学翻译的策略问题[J].中国翻译,2003(1):48-51.
[181] 孙致礼.译者的职责[J].中国翻译,2007(4):14-18.
[182] 谭惠娟.从文化的差异与渗透看翻译的异化与归化[J].中国翻译,2002(1):45-47.
[183] 谭弘剑,刘绍忠.近年来国外语境研究综述[J].四川外语学院学报,2002(6):106-110.
[184] 谭载喜.翻译是一门科学——评奈达著《翻译科学探索》[M]//外国翻译理论译介文集.北京:中国对外翻译出版公司,1983.
[185] 谭载喜.语篇与翻译:论三大关系[J].外语与外语教学,2002(7):3-10.
[186] 汪少华.视角的选取与词汇选择过程解析[J].外语与外语教学,2004(1):7-10.
[187] 汪少华.语言和交际中的视角化现象[M].南京:南京师范大学出版社,2004.
[188] 王　斌.关联理论对翻译解释的局限性[J].中国翻译,2000(4):276-295.
[189] 王大伟,王跃武.关于翻译理论现状与发展的思考[J].外国语,2004(1):69-74.
[190] 王东风.翻译文学的文化地位与译者的文化态度[J].中国翻译,2000(4):2-8.
[191] 王建国.从语用顺应论的角度看翻译策略与方法[J].外语研究,2005(4):55-59.
[192] 王金铨.英语定语从句汉译过程的个案研究[J].外语教学与研究,2002(6):471-475.
[193] 王宏志.重释"信达雅"——二十世纪中国翻译研究[M].上海:东方出版中心,1999.
[194] 王志松.文体的选择与创造——论梁启超的小说翻译文体对清末翻译界的影响[J].国外文学,1999(1):82-86.
[195] 王维贤.语言学中的逻辑[M].石家庄:河北人民出版社,1982.
[196] 王耀东.略论简单性思维与复杂性思维[J].沈阳师范大学学报,2003(2):50-52.
[197] 文　军,胡晓皎.《发展翻译能力》评介[J].外国语言文学研究,2001(2).
[198] 文　军.文化介入翻译过程的实验研究[J].外语学刊,2005(1):81-88.
[199] 吴俊标.林琴南书话[M].杭州:浙江人民出版社,1996.
[200] 吴　彤.复杂性和非线性研究及其哲学问题评述[J].哲学动态,1999(2):31-34.
[201] 吴　彤.复杂性范式的兴起[J].科学技术与辩证法,2001(6):20-24.
[202] 吴义诚.翻译研究的认知取向[J].外国语,2000(5):55-61.
[203] 吴文安,朱　刚.翻译策略的语境和方向[J].外国文学评论,2006(2):90-99.
[204] 肖　辉.翻译过程的认知思维观[J].南京理工大学学报,2001(3):38-41.
[205] 萧　乾,文洁若,许　钧.翻译这门学问或艺术是没有止境的[J].译林,1999(1):70-73.
[206] 谢世坚.从翻译规范论看清末民初小说翻译[J].山东师范大学外国语学院学报,2002(2):9-13.

[207] 谢天振.从政治的需求到文学的追求[J].翻译季刊(香港),2000:18-19.
[208] 谢天振.翻译研究新视野[M].青岛:青岛出版社,2003.
[209] 谢天振.当代西方翻译研究的三大突破和两大转向[J].四川外语学院学报,2003(5):110-116.
[210] 邢福义.20世纪现代汉语语法八大家[M].长春:东北师范大学出版社,2001.
[211] 熊学亮.语用学和认知语境[J].外语学刊,1996(3):1-7.
[212] 修旭东,肖德法.从有声思维实验看英语专业八级写作认知过程与成绩的关系[J],外语教学与研究,2004(6):462-466.
[213] 徐 剑.英语结构被动句汉译的流程与参数研究[J].四川外语学院学报,2006(1):132-135.
[214] 许冬平.《浮生六记》的英译和白话文翻译[J].文景,2006(11):60-62.
[215] 许 钧.论翻译之选择[J].外语语,2002(1):62-69.
[216] 许 钧.翻译论[M].武汉:湖北教育出版社,2003.
[217] 许 钧.我国译学界当前应该面对的几个重大问题[M]//胡庚申.翻译与跨文化交流:转向与拓展.上海:上海外语教育出版社,2007.
[218] 许力生.语言学研究的语境理论构建[J].浙江大学学报,2006(4):158-165.
[219] 许渊冲.译学要敢为天下先[J].中国翻译,1999(2):4-9.
[220] 杨 绛.失败的经验——试谈翻译[M]//金圣华,黄国彬.因难见巧——名家翻译经验谈.香港:三联书店(香港)有限公司,1996.
[221] 杨仕章.略论翻译与文化的关系[J].解放军外国语学院学报,2001(2):15-19.
[222] 杨晓荣.翻译标准的依据:条件[J].外国语,2001(4):70-76.
[223] 杨晓荣.汉英翻译基础教程[M].北京:中国对外翻译出版公司,2008.
[224] 杨衍松.试论翻译的不可逆性[J].外语与翻译,2004(3).
[225] 杨自俭.翻译学研究的返祖模式[J].四川外语学院学报,2005(3):117-120.
[226] 杨自俭.英汉语比较与翻译[M].上海:上海外语教育出版社,2006.
[227] 杨 忠,张绍杰.语言符号的线性特征问题[J].外语教学与研究,1992(1):46-51.
[228] 杨 忠,张绍杰.语言理论与应用研究[M].长春:东北师范大学出版社,1995.
[229] 于国栋.语码转换研究的顺应性模式[J].当代语言学,2004(1):77-87.
[230] 余 静.迎合与抗争:中国二十世纪五六十年代的文学翻译[J].翻译学报,2004(9).
[231] 曾文雄."文化转向"的核心问题与出路[J].外语学刊,2006(2):90-96.
[232] 曾文雄.语用学翻译研究[M].武汉:武汉大学出版社,2007.
[233] 翟红梅,张德让.译者中心论与翻译文本的选择[J].安徽师范大学学报,2005(1):115-119.
[234] 张传彪.语体翻译研究的一个误区[J].外语研究,2007(3):86-89.
[235] 张静庐.中国近代出版史料(二编)[M].上海:群联出版社,1954.
[236] 张 蕾.静态与动态语境[J].山东外语教学,2004(2):38-40.

[237] 张　琳.从系统论角度看翻译目的的实现[D].青岛:中国海洋大学,2005.
[238] 张美芳,黄国文.语篇语言学与翻译研究[J].中国翻译,2002(3):5-9.
[239] 张美芳.翻译研究的功能途径[M].上海:上海外语教育出版社,2005.
[240] 张南峰.走出死胡同　建立翻译学[J].中国翻译,1995(4):1-3.
[241] 张南峰.艾克西拉的文化专有项翻译策略评介[J].中国翻译,2004(1):18-23.
[242] 张绍杰.会话隐涵理论新发展——新Grice会话隐涵说述评[J].外语教学与研究,1995(1):28-37.
[243] 张文涛.从文体功能看语言变异的翻译——《围城》的两种译文[J].外语学刊,2005(2):68-71.
[244] 章　艳.清末民初小说翻译规范及译者的应对[D].上海:上海外国语大学,2006.
[245] 张　允,朱章华.译者与翻译策略的选择[J].中国科技翻译,2005(2):6-8.
[246] 林语堂.京华烟云[M].张振玉,译.西安:陕西师范大学出版社,2005.
[247] 赵　宁.Gideon Toury翻译规范论介绍[J],外语教学与研究,2001(3):216-219.
[248] 赵彦春.关联理论对翻译的解释力[J].现代外语,1999(3):37-38.
[249] 周兆祥.翻译实务[M].香港:商务印书馆香港分馆,1986.
[250] 訾华东.Zipf省力原则对新旧格莱斯语用思想的影响[J].四川外语学院学报,2006(5):101-104.

后　　记

本书是在笔者博士论文基础上补充修改而成的。2004年,我在《中国翻译》第二期上发表了《选择与顺应:语用顺应论视角下的翻译研究》一文,首次提出了翻译研究的选择顺应模式,在翻译界引起一定反响,据中国知网引文数据库显示,截至目前,被引频次达338次,成为相关研究领域的重要文献。2005年,完成博士课程学习之后,决定将该模式作为博士论文选题继续研究。

在三年的论文写作过程中,许多师友都给予了无私的帮助,令我难以忘怀,感激不尽。首先,要感谢导师张绍杰教授。作为导师的第一届博士生,我深知自己肩上的重负,所以常常鞭策自己多读书多思考,唯恐辜负了导师的殷切希望。导师扎实深厚的理论功底、深远的学术前沿意识、缜密的治学态度,给我的求学生涯留下了宝贵的财富。从论文的选题、撰写到答辩,无不凝聚着导师的心血。虽大恩不言谢,在此我仍要对导师的教诲致以深深的谢意!

我还要衷心感谢德高望重的杨忠教授多年来对我学习、工作和生活上无微不至的关怀。先生不仅学术修养深厚,而且平易近人,每次见面都嘱我多注意身体,劳逸结合,令我感动不已。我还要感谢已故的戎逸伦教授,是他在我读研期间带我步入了翻译研究和实践的殿堂,他的中英语言修养和对翻译活动的独到洞察力令人高山仰止。我在英国Warwick大学研修期间,曾就论文中一些问题向翻译界著名学者Susan Bassnett请教,得到她热心指点和鼓励,并为我提供了以前没有注意到的文献,为本论文增色不少。

2007年论文答辩前夕,我赴澳门理工学院参加了第二届海峡"两岸四地"翻译与跨文化交流研讨会,并宣读了论文中的第五章第三节"翻译选择的非线性特征",引起了许多专家学者的兴趣。大会评论人、台湾国立政治大学张上冠教授,福建师范大学博士生导师刘亚猛教授,河南大学博士生导师蔡新乐教授等对该文的独创性给予了充分肯定和热情鼓励。论文外审和答辩过程中,北京外国语大学博士生导师戴曼纯教授、华中师范大学博士生导师廖美珍教授、广东外语外贸大学博士生导师冉永平教授也提出了中肯的修改意见,在此一并表示深深的谢意。

还有参考文献中列出的许多学者虽未能谋面,但他们的思想光辉为我的学术生涯指明了方向。在当今这样的时代,任何一件事情的完成都直接或间接地受到他人的影响和惠助,更何况一篇 20 多万字的专著,所以这里的致谢绝非应景之语。

最后需要说明的是,论文原拟用英语写作,改用汉语后,除标明出处的译文外,国外文献的引用多由笔者首次译出,并对一些术语的译法提出了建议。部分文献虽然国内已有人译过,但经过反复对照原文,仍觉难以让人满意,所以重译。首译和重译中凡有不当之处,皆由本人负责,与原著和原译无关。

2013 年 12 月 18 日
于上海临港新城